KEY 新能源汽车
TECHNOLOGIES OF NEW 关键技术
ENERGY VEHICLES

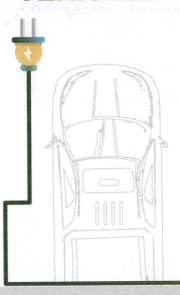

主编　付铁军　郭传慧　沈　斌
参编　朱　凯　丁海涛　戴　维
　　　许丽敏　李兆平　张树波
　　　柴文慧

本书在系统介绍纯电动汽车、混合动力电动汽车、燃料电池电动汽车等新能源汽车的结构与原理的基础上，详细介绍了新能源汽车的各项关键技术，还阐述了与新能源汽车相关的政策，并给出了一些有代表性的维修实例，内容翔实、图文并茂，可使读者在掌握新能源汽车关键技术的同时扩大知识面。本书可作为新能源汽车相关专业学生的教材，也可作为相关工程技术人员的参考书。

图书在版编目（CIP）数据

新能源汽车关键技术 / 付铁军，郭传慧，沈斌主编 . —北京：机械工业出版社，2020.6

（新能源汽车维修入门书系）

ISBN 978-7-111-65356-1

Ⅰ.①新… Ⅱ.①付…②郭…③沈… Ⅲ.①新能源 – 汽车 – 基本知识 Ⅳ.① U469.7

中国版本图书馆 CIP 数据核字（2020）第 061805 号

机械工业出版社（北京市百万庄大街22号　邮政编码100037）
策划编辑：何士娟　责任编辑：何士娟
责任校对：李　杉　责任印制：张　博
北京铭成印刷有限公司印刷
2020年8月第1版第1次印刷
184mm×260mm · 16印张 · 395千字
0 001—1 900册
标准书号：ISBN 978-7-111-65356-1
定价：89.90元

电话服务　　　　　　　　网络服务
客服电话：010-88361066　机 工 官 网：www.cmpbook.com
　　　　　010-88379833　机 工 官 博：weibo.com/cmp1952
　　　　　010-68326294　金 书 网：www.golden-book.com
封底无防伪标均为盗版　　机工教育服务网：www.cmpedu.com

前　言

在历史长河中，人类社会已经经历了两次交通能源动力系统变革，每一次变革都给人类的生产和生活带来了巨大变化，同时也成就了先导国家或地区的经济腾飞。第一次变革发生在 18 世纪 60 年代，以蒸汽机技术诞生为主要标志，煤和蒸汽机使人类社会生产力获得极大的提升，开创了人类的工业经济和工业文明，从而引发了欧洲工业革命，使欧洲各国成为当时的世界经济强国。

第二次变革发生在 19 世纪 70 年代，石油和内燃机替代了煤和蒸汽机，使世界经济结构由轻工业主导向重工业转变，同时也促成了美国的经济腾飞，并把人类带入了基于石油的经济体系与物质繁荣中。

今天，人类再次来到了交通能源动力系统变革的十字路口，第三次变革将是以电力和动力蓄电池（简称动力电池，包括燃料电池）替代石油和内燃机，将人类带入清洁能源时代。今后，在能源和环保的压力下，新能源汽车无疑将成为未来汽车的发展方向。

随着双积分政策的实施和新补贴政策的出台与完善，我国汽车产业正发生着巨大的变化。汽车专业的学生不仅要掌握新能源汽车的技术知识，更应该了解新能源汽车的法规标准，并将理论知识运用于检修实践。本书全面系统地论述了新能源汽车的各项关键技术，对新能源汽车进行了详细的介绍，全书共六章，分别介绍了纯电动汽车、混合动力汽车、燃料电池电动汽车等新能源汽车的各项关键技术，并阐述了与新能源汽车相关的政策，给出了有代表性的维修实例，内容翔实，图文并茂。

本书由吉林大学付铁军教授、襄阳汽车职业技术学院郭传慧副教授和中国汽车工程研究院股份有限公司沈斌部长共同主编。书中运用了吉林大学与中国汽车工程研究院股份有限公司校企科研课题多项研究成果，融入了郭传慧副教授在职业院校汽车检修技能竞赛中的故障诊断思路，借鉴了李兆平老师在汽车检修技能大赛中的训练经验。

在编写本书的过程中，广泛参考借鉴了国内外新能源汽车的研究成果，在此对这些成果的研究人员表示衷心的感谢！

由于编者水平有限，本书难免有疏漏之处，竭诚欢迎广大读者批评指正，交流探讨，以便再版时修改补充。

编者

目录

前言

第一章 总述

第一节 新能源汽车关键技术概述 ……………………………… 01

第二节 我国新能源汽车的发展现状和展望 …………………… 08

第三节 我国新能源汽车的发展政策 …………………………… 13

参考阅读：其他国家新能源汽车的发展政策 ………………… 18

第四节 世界各国新能源汽车一览 ……………………………… 20

第二章 新能源汽车动力源关键技术

第一节 动力电池技术 …………………………………………… 27

第二节 动力电池能量管理技术 ………………………………… 38

参考阅读：新能源汽车仪表盘 ………………………………… 44

第三节 新型驱动电机技术 ……………………………………… 47

第四节 驱动电机的选用及应用实例 …………………………… 56

第五节 逆变器与变频器 ………………………………………… 60

第六节 驱动电机控制器与整车控制器 ………………………… 66

参考阅读：特斯拉 Model S 动力驱动系统 …………………… 72

第三章　纯电动汽车关键技术

第一节　纯电动汽车的结构及评价指标 …… 75
第二节　纯电动汽车的总成 …… 80
第三节　纯电动汽车高压电气系统 …… 88
第四节　纯电动汽车高压配电回路检测技术 …… 98
第五节　纯电动汽车空调系统维修技术 …… 106
第六节　经典车型关键技术剖析 …… 118
第七节　纯电动汽车车型实例 …… 129
参考阅读：电动汽车的热点问题 …… 134

第四章　混合动力电动汽车关键技术

第一节　混合动力汽车的结构 …… 138
参考阅读：典型混合动力汽车发动机 …… 142
第二节　混合动力汽车的分类 …… 143
第三节　混合动力驱动控制技术 …… 156
参考阅读：大众途锐混合动力汽车 …… 160
第四节　丰田普锐斯混合动力控制系统技术 …… 161
第五节　丰田普锐斯混合动力控制系统的检修技术 …… 178
第六节　比亚迪秦混合动力汽车高压系统技术 …… 186

第五章　燃料电池电动汽车关键技术

第一节　燃料电池电动汽车的类型与基本结构 …… 197
第二节　燃料电池电动汽车的产业发展状况 …… 206
参考阅读：本田燃料电池电动汽车关键技术 …… 208

第三节　燃料电池电动汽车的发展历史及现状 ……………………… 211

第四节　燃料电池电动汽车的典型车型 …………………………… 214

第六章　新能源汽车的维修技术

第一节　高压电路的维修安全 ……………………………………… 218

第二节　高压电路的设计策略及故障处理 ………………………… 225

第三节　动力电池系统常见故障及案例分析 ……………………… 228

第四节　动力总成系统常见故障及案例分析 ……………………… 230

第五节　充电系统常见故障及案例分析 …………………………… 235

第六节　空调系统常见故障及案例分析 …………………………… 237

第七节　混合动力电动汽车常见故障及案例分析 ………………… 243

参考阅读：新能源汽车维修工具 ………………………………… 246

参考文献

第一章 总 述

本章任务

1. 掌握新能源汽车的定义与分类。
2. 了解我国新能源汽车的发展现状。
3. 了解我国现行的新能源法规，并比较其与以往的法规有什么不同。
4. 了解我国新能源汽车的补贴标准与双积分政策。
5. 掌握国内外新能源汽车的发展状况，并了解各类新能源汽车的价格以及主要优点。

随着地球资源的不断匮乏以及人们对环境保护的日益重视，传统燃油汽车的发展潜力已经越来越小。我国是一个能源生产大国和消费大国，拥有丰富的化石能源资源，但是人均能源资源拥有量较低，煤炭和水力资源人均拥有量仅相当于世界平均水平的50%，石油、天然气人均资源拥有量仅为世界平均水平的1/15左右。在经济高速增长的条件下，能源的消耗速度更快，能源枯竭的威胁可能来得更早、更严重。因而，日益增长的能源压力迫使我们不得不寻找解决能源危机的突围之路。我国作为能源消费大国，发展新能源汽车产业是低碳经济时代必然的选择。因此，新能源汽车的产业发展也将成为汽车行业的新导向。

本章主要对新能源汽车的定义、分类、发展以及相关的政策法规进行简单的介绍。

第一节 新能源汽车关键技术概述

一、新能源汽车的定义

新能源又称非常规能源，是指传统能源之外的各种能源形式，也指刚开始开发利用或正在积极研究、有待推广的能源，如太阳能、地热能、风能、海洋能、生物质能和核聚变能等。

我国对新能源汽车的界定没有统一的定义，比较权威的有两个。

1）工业和信息化部于2009年6月17日制定的《新能源汽车生产企业及产品准入管理规则》中明确了对新能源汽车的界定。此规则界定新能源汽车是指采用非常规的车用燃料作为动力来源（或使用常规的车用燃料、采用新能车载动力装置），综合车辆的动力控制和驱动方面的先进技术，形成的技术原理先进，具有新技术、新结构汽车。新能源汽车包括混合动力汽车、纯电动汽车、燃料电池汽车、氢发动机汽车及其他新能源（如高效储能器、二甲醚）汽车等类别产品。

2）国务院于2012年7月9日发布的《节能与新能源汽车产业发展规划（2012—2020年）》中对新能源汽车的界定。此规划界定新能源汽车是指采用新型动力系统，完全或主要依靠新型能源驱动的汽车。此规划中所指新能源汽车主要包括纯电动汽车、插电式混合动力电动汽车（图 1-1）及燃料电池电动汽车。这一界定的不同之处在于将其他类型的混合动力汽车纳入节能汽车的范畴。节能汽车指以内燃机为主要动力系统，通过先进的技术手段使车辆油耗明显降低的汽车（见图 1-2）。

图 1-1 插电型 Prius

图 1-2 丰田普锐斯Ⅱ

参考上述新能源汽车的界定，本章确定研究的新能源汽车对象，主要是指普通混合动力电动汽车（简称混合动力汽车）、插电式混合动力电动汽车、纯电动汽车和燃料电池电动汽车（简称燃料电池汽车）。

二、新能源汽车的分类

新能源汽车有多种分类方式，以下介绍两种常见的分类方式。

（一）按油、电的分配比例分类

根据目前市场上成熟车辆的类型，结合传统汽车、纯电动汽车和混合动力汽车，按照油、电的分配比例，划分成图 1-3 所示级别的油、电类新能源汽车。

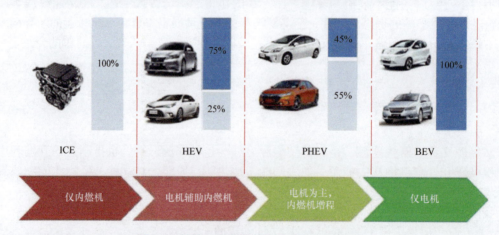

图 1-3 按油、电比例划分的新能源汽车类型

ICE：纯内燃机驱动的汽车，动力能源 100% 来自内燃机输出。

HEV：油电混合动力汽车，通常情况下，电力输出能量占到电力与内燃机总能量的 25% 左右。

PHEV：插电式混合动力汽车，此类汽车可以通过外部电网获取电能，电力输出能量占比一般较高，达到 45% 左右。

BEV：纯电动汽车，驱动车辆的动力全部是电能。

（二）按驱动系统获取能源的方式分类

鉴于当前新能源汽车的技术发展，根据新能源汽车驱动系统获取能源的方式不同可分为如下两种类型（图1-4）：一是以电力驱动技术为主的电动汽车；二是在内燃机基础上研发以替代燃料技术为主的替代燃料汽车，如氢能源汽车、LPG（液化石油气）燃料汽车等。需要特别注意的是，对于燃料电池汽车、太阳能汽车和超级电容汽车等，实际上也可以将其归类到电动类型汽车中，主要原因是此类汽车的能源最终都是以电力的形式存储在汽车中或者直接通过电机驱动车辆。

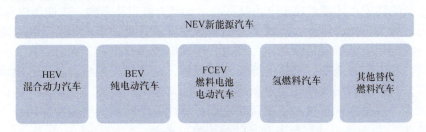

图1-4 新能源汽车分类

1. 混合动力汽车（Hybrid Electric Vehicle，HEV）

混合动力汽车是指驱动系统由两个或多个能同时运转的驱动系统联合组成的车辆，车辆的行驶功率依据实际的车辆行驶状态由单个驱动系统单独或共同提供。

混合动力汽车一般指油电混合动力汽车，即采用传统燃料的内燃机，同时配以电机来改善低速动力输出和燃油消耗的车型。按照燃料种类的不同，其主要分为汽油混合动力和柴油混合动力两种。国内市场上，混合动力汽车的主流都是汽油混合动力车型，而国际市场上柴油混合动力车型发展也很快。

混合动力汽车可按平均需用的功率来确定内燃机的最大功率，使车辆在油耗低、污染小的最优工况下工作。当内燃机功率不足时，由动力蓄电池来补充；负荷小时，富余的功率可发电并给电池充电，由于内燃机可持续工作，动力蓄电池又可以不断得到充电，故其行程和普通汽车一样。

2. 插电式混合动力汽车（Plug-in Hybrid Electric Vehicle，PHEV）

插电式混合动力汽车是可以在正常使用情况下从非车载装置中获取电能，以满足车辆具有一定的纯电动续驶里程的混合动力汽车，可分为插电式和增程式两种。

插电式混合动力汽车是由混合动力汽车进化而来的，它继承了混合动力汽车的大部分特点，但把混合动力汽车的功率型电池替换为比容量更大的能量型电池，使动力电池有足够的能量保证车辆可以在零排放（无油耗）的纯电动模式下行驶一定的距离。

增程式混合动力汽车是指能外接充电电源和车载充电、由电机驱动的车辆。它是在纯电动汽车的基础上增加增程器，相当于在普通电动车上装载了一台汽油/柴油发动机，以进一步提升纯电动汽车的续驶里程，使其能够尽量避免频繁地停车充电。它介于混合动力电动汽车和纯电动汽车之间，兼有两种汽车的特点。本类车型的代表车型有宝马i3（可选装增程模块）、雪佛兰沃蓝达（有隐藏的直接驱动模式）和奥迪A1e-tron等。

从驱动的角度分析，增程式混合动力汽车不论工作在纯电动模式还是增程模式下，其车轮始终仅由电动机独立驱动，而对于插电式混合动力汽车，如果工作在混合动力模式下，发动机会与电机经动力耦合后共同参与驱动车轮。从电气化程度的角度分析，增程式混合动力汽车的电气化程度无疑更高，具体表现就是电功率占总输出功率的百分比是100%，而插电式混合动力汽车不足100%。

从系统选型的角度分析，增程式混合动力汽车必须是串联式混合动力车型，而插电式混合动力汽车可以是并联式，也可以是混联式。

3. 纯电动汽车（Battery Electric Vehicle，BEV）

纯电动汽车就是纯粹由车载可充电蓄电池（动力蓄电池）或其他能量储存装置提供电能、由电机驱动的汽车。一部分车辆把电机装在发动机舱内，也有一部分车型直接以车轮作为四台电机的转子，其难点在于电力储存。由于电力可以从多种一次能源中获得，如煤、核能、水力、风力、光、热等，解除了人们对石油资源日见枯竭的担心。纯电动汽车还可以充分利用晚间用电低谷时富余的电力充电，使发电设备日夜都能充分利用，大大提高了其经济效益。相关研究表明，同样的原油经过粗炼，送至电厂发电，经充入电池，再由电池驱动汽车，其能量利用效率比经过精炼变为汽油再经汽油机驱动汽车高，因此有利于节约能源和减少二氧化碳的排量。正是这些优点，使纯电动汽车的研究和应用成为汽车工业的一个"热点"。目前纯电动汽车主要有以下几类：

（1）城市纯电动汽车（Urban Electric Vehicle，UEV）

城市纯电动汽车适合于城市短距离通行，主要车型是小型纯电动汽车和城市公交车。目前国内主要汽车厂家，如一汽、上汽、北汽、江淮等生产的主要是城市纯电动汽车，动力电池以锂电池为主。

（2）全纯电动汽车（All Electric Vehicle，AEV）

这类汽车装有足够容量的动力电池，车速和续驶里程基本可满足日常较远距离的行驶要求，如美国特斯拉（图1-5），达到了高端跑车的水平。特斯拉ModelS省去了汽油机、油箱、变速器、传动轴等，使得车身结构变得空前简洁，几乎就分底盘和车身两部分。与国内大多纯电动汽车不同的是，特斯拉的轮胎和电机几乎融为一体，而整个底盘由动力电池组成，电池和框架紧密结合，刚性很好很强大，85kWh版本的百公里加速时间仅为5.6s，最高速度为200km/h，续驶里程达到425km。

图1-5　美国特斯拉跑车

4. 燃料电池电动汽车（Fuel Cell Electric Vehicle，FCEV）

燃料电池电动汽车（简称燃料电池汽车）是指以氢气、甲醇等为燃料，通过化学反应产生电能并依靠电机驱动的汽车。由于电池的能量是通过氢气（或甲醇等）和氧气的化学作用（而不是经过燃烧反应）直接变成电能获得，燃料电池的化学反应过程不会产生有害产物，因此燃料电池车辆是无污染汽车。燃料电池的能量转换效率可达60%~70%，比内燃机高2~3倍，因此从能源的利用和环境保护方面考虑，燃料电池汽车是一种理想的绿色新型环保汽车。

近几年来，燃料电池技术取得了重大的进展。世界著名汽车制造厂，如戴姆勒 - 克莱斯勒、福特、丰田和通用汽车公司已经宣布，计划将燃料电池汽车投向市场。燃料电池轿车的样车正在进行试验，以燃料电池为动力的运输大客车在北美的几个城市正在进行示范运行。燃料电池汽车的开发仍然存在技术性挑战，如燃料电池组的一体化，提高商业化电动汽车燃料处理器和辅助部件。汽车制造厂都在朝着集成部件和减少部件成本的方向努力，并已取得了显著的进展。

5. 氢燃料汽车

氢气不含碳，燃烧后不增加大气中的温室气体，而且可以通过利用太阳能、风能等可再生能源电解水得到，因此被认为是人类的终极能源。氢气作为传统内燃机燃料，极易实现稀薄燃烧，排放物少，同时，氢燃料发动机能满足高压缩比的要求，热效率高，氢燃料汽车是一种真正实现零排放的交通工具（排放出的是纯净水），其具有无污染、零排放、燃料储量丰富等优势。因此，氢燃料汽车（图1-6）是传统汽车最理想的替代方案。与传统汽车相比，氢燃料汽车成本至少高出20%。中国长安汽车在2007年完成了我国第一台高效零排放氢内燃机点火，并在2008年北京车展上展出了自主研发的我国首款氢动力概念跑车"氢程"（图1-7）。

图1-6 现代氢燃料电池车NEXO

图1-7 长安"氢程"氢动力汽车

6. 其他替代燃料汽车

目前，以天然气和甲醇为燃料的清洁节能汽车在我国也得到了广泛的运用，天然气和甲醇也是理想的低污染车用燃料，可降低污染物和二氧化碳的排放，但政策分类上不属于新能源汽车，不享受国家及地方政府的政策补贴。

（1）天然气汽车

天然气汽车是以天然气为燃料的一种气体燃料汽车。天然气中甲烷含量一般在90%以上，是一种很好的汽车发动机燃料。按照所使用天然气燃料状态的不同，天然气汽车可以分为压缩天然气（CNG）汽车、液化天然气（LNG）汽车、液化石油气（LPG）汽车（图1-8）。

在我国，LPG在车辆方面的运用也仅仅是有政府扶持的公交车；而在国外，除了商用车以外，在乘用车方面也运用得

图1-8 宝马ACSCHNITZERGP3.10液化石油气汽车

较多。

（2）甲醇汽车

甲醇是以甲醇作为主要燃料的汽车，也可以汽油或汽油-甲醇混合燃料为燃料，是一种甲醇-汽油燃料灵活转换的具有节能环保科技含量的新型汽车（图1-9），也可以由普通汽车改装而成。

（3）生物燃料汽车

生物燃料（biofuel）泛指由生物质（如玉米、大豆、秸秆等）组成或萃取的固体、液体或气体燃料，主要包括乙醇、生物柴油和航空生物燃料，可以替代由石油制取的汽油和柴油，是可再生能源开发利用的重要方向。巴西是世界上最早发展乙醇汽车的国家，其汽车用乙醇燃料占其乙醇总产量的95%。生物燃料汽车主要有燃料乙醇汽车、生物柴油汽车（图1-10）。

图1-9　华普海锋甲醇-汽油动力轿车

图1-10　采用生物柴油发动机的瑞典柯尼塞格（Koenigsegg）CCXR

虽然生物燃料属于可再生能源，但是生产生物燃料的农作物也存在污染、粮食安全等诸多问题，目前尚未得到全球性的广泛应用。

三、新能源汽车与传统汽车的区别

新能源汽车的基础仍然是汽车，只是驱动车辆的能源形式变了，因此要了解新能源汽车，首先要具备传统汽车的基础知识。

图1-11所示为新能源汽车的基本结构特征，说明了新能源汽车是在传统汽车一些系统的基础上，改进了驱动汽车的动力，如采用了存储电能的动力电池加电机，或者是继续保留内燃机，但通过增加一套电力驱动系统来优化内燃机燃烧的混合动力。

图1-11　新能源汽车的基本结构特征

需要特别说明的是，本书中所说的新能源汽车是指纯电动汽车或油电混合动力汽车，因此以下内容在没有特别说明的情况下，所述的新能源汽车即为上述两种类型。

与传统汽车相比，新能源汽车具有一些基本的结构特征：

（1）改变了驱动车辆的动力形式

如果是纯电动汽车，那么驱动汽车行驶的动力全部依靠电机输出，电机的驱动电能来自加装在车上的动力电池。如图1-12所示,其驱动系统上不再有传统汽车的内燃机、变速器、减速器,取而代之的是位于尾部的动力电池,以及位于原内燃机位置的一个带有电机的驱动单元(也称变速器)。

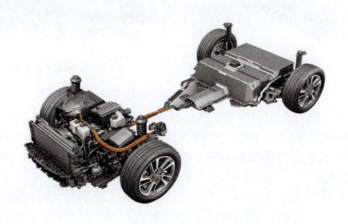

图1-12 纯电动汽车典型驱动结构

如果是混合动力汽车,那么它的驱动系统会继续保留传统汽车的内燃机、变速器等部件,但是在驱动部件上还会多一些部件,这就是增加的电力驱动系统。如图1-13所示,内燃机仍然位于车辆前舱,但是连接内燃机位置多了一条明显的橙色电缆,以及位于电缆末端的动力电池,这是一个内燃机与电力组合的混合动力汽车典型驱动结构。

图1-13 混合动力汽车典型驱动结构

(2)保留了传统汽车的大多数部件

无论是纯电动汽车还是混合动力汽车,从车辆的外观上是很难区分出来的,因为这类新能源汽车改进的只是一些目视看不到的地方。如图1-14所示,卡罗拉汽车的传统版和油电混合动力版,从外观上并不能明显地看出混合动力的区别特征。

要注意的是,新能源汽车与传统汽车相比,有着类似的车身设计以及汽车的基本设计要素,如行驶系统、制动系统、转向系统、车身电器等。

a) 传统版　　　　　　　　　　　　　　b) 混合动力版

图 1-14　传统版与混合动力版丰田卡罗拉汽车外观

（3）驱动系统和运行模式的改变使整车部分系统进行了升级

新能源汽车的动力源不再只是内燃机，因此虽然新能源汽车是在传统汽车基础之上诞生的，但是新能源汽车有些系统是不同于传统汽车的，例如空调与暖风系统、发电系统以及加注能源的形式等。

第二节　我国新能源汽车的发展现状和展望

一、我国新能源汽车的发展现状

1. 我国新能源汽车产业现状

进入 21 世纪以来，我国汽车产业高速发展，已经成为世界汽车生产和销售大国。新能源汽车方面，通过自主研制，开发出混合动力、插电式混合动力、纯电动和燃料电池汽车等各类整车产品，形成了多品种、全系列的各类整车和零部件生产及配套体系，产业集中度不断提高，产品技术水平明显提升，初步掌握了新能源汽车整车设计、系统集成等关键技术，但总体的技术水平与国外相比尚存在较大差距，特别是产品工程化能力亟待加强。此外，在整车设计开发流程、底盘开发及整车、发动机、变速器的匹配技术等汽车共性技术方面，我国新能源汽车的技术水平与国外先进水平也存在较大差距。我国新能源汽车产业发展路线全景图如图 1-15 所示。

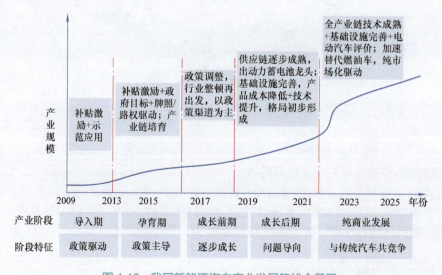

图 1-15　我国新能源汽车产业发展路线全景图

20世纪80年代伊始，我国就已经对新能源车开展了研究工作，主要是对压缩天然气、液化石油气、甲醇等方面开展部分研究，并成功研制出利用菜籽油、大豆油、废煎炸油等为原料生产生物柴油的工艺。1999年，国家政府有关部门组织实施"清洁汽车行动"，从此开始了较大规模的替代燃料发展计划。

2004年，科技部又启动了"十五"国家科技攻关计划"生物燃料油技术开发"项目。目前，这些技术在我国已经取得了预期的成果，有些已大规模推广应用，并实现了商业化、产业化，有些尚在研发阶段。另外，在"十一五"期间，科技部还组织了国家"863"节能与新能源汽车重大专项。"863计划"中涉及这一领域的投资达人民币8.8亿元，形成了以纯电动、油电混合动力、燃料电池三条技术路线为"三纵"，以动力蓄电池（简称动力电池）、驱动电机、动力总成控制系统三种共性技术为"三横"的电动汽车开发格局。在发展新能源汽车领域，许多汽车厂商如吉利、奇瑞、华晨、长安、上汽、东风、一汽等都制定了相对完善的新能源汽车发展战略，并有量产车型陆续上了汽车产品的生产公告。到目前为止，共有超过160款各类电动汽车进入我国汽车产品公告。

2009年12月底，由南方电网投资建设的国内最大电动汽车充电站在深圳启用，首批投入使用了两座电动汽车充电站和134个充电桩。之后，南方电网又相继在杭州、上海等地建立充电站试点。2011年3月建立的杭州-金华的电动汽车充换电网是目前国内首个跨城际的充换电网络。

目前，着眼于新能源汽车发展的主要有比亚迪、一汽、上汽、东风、长安五大汽车公司。这五大集团中，发展最快的当数深圳比亚迪公司。比亚迪公司展出了全球首款搭载铁电池的电动大巴K9、商业运营的纯电动车E6、不依赖专业充电站的双模电动车，这三款车被誉为比亚迪"三剑客"，代表了中国电动汽车发展的最高水平。

据统计显示，2017年我国共生产新能源汽车77.7万辆，同比增长53%。其中，纯电动汽车全年销量65.2万辆，插电式混合动力汽车12.5万辆。预计到2030年，世界将全面进入新能源汽车发展阶段。

随着禁售燃油汽车全球化趋势的到来（图1-16、表1-1），各国加紧发展新能源汽车进程，我国必然也要紧跟步伐。从2016年的市场表现看，我国的乘用车能源消耗量和国际上限标准还有差距，一次能源比重达到20%。如果我国要在2030年如期达到碳排放峰值，那么按照目前汽车产业的发展速度，达标难度较大。从现在到2025年是汽车产业战略转型最为剧烈的几年。对传统汽车的节能减排要求、新能源汽车的技术要求都会越来越高。

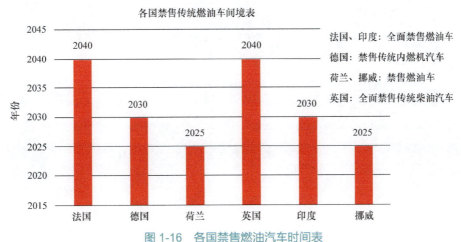

图1-16　各国禁售燃油汽车时间表

表 1-1　各车企退出传统燃油汽车时间表

车企品牌	时间	停产燃油汽车计划
长安	2025 年	停售燃油汽车
本田	2025 年前	纯电等车型在欧洲销售比例提到 2/3（现 5%）
斯巴鲁	2020 年前	2020 年前退出柴油汽车业务
奔驰	2022 年	2022 年所有车型提供电动版本
捷豹路虎	2020 年	2022 年起所有车型拥有电动版本
玛莎拉蒂	2019 年	2019 年开始只生产电动汽车
福特林肯	2022 年	2022 年起不再推广燃油汽车
沃尔沃	2019 年	2019 年开始所有新生产车辆电动化

从我国国家产业政策规划（图 1-17）来看，新能源汽车产业已成为我国未来经济发展中大力支持的战略性新兴产业。2012 年 7 月 9 日，《节能与新能源汽车产业发展规划（2012—2020 年）》出台。规划提出到 2020 年，纯电动汽车和插电式混合动力汽车生产能力达 200 万辆，累计产销量超过 500 万辆，燃料电池汽车、车用氢能源产业与国际同步发展。

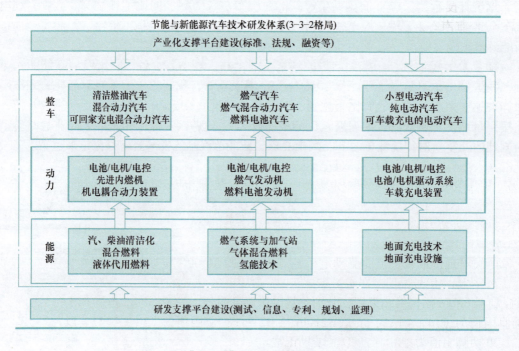

图 1-17　"十一五"国家新能源汽车技术体系

2. 我国新能源汽车现状

（1）混合动力汽车发展现状

我国混合动力汽车的发展既受发动机与自动变速器等汽车共性技术基础落后的制约，又存在机电耦合驱动系统及电动附件产品等混合动力专用技术开发力度不够的问题。如国内动力耦合方案常采用变速器及离合器，而国外有些车企已采用复杂的行星齿轮结构。国外在混合动力专用发动机技术、机电耦合系统的控制技术等方面相对成熟，而我国在这些方面还处于发展阶段。

总体看来，我国混合动力汽车技术不断提高，产品技术方案不断丰富。目前，国内企业已推出多款乘用车公告车型。长安、东风、华晨、奇瑞、一汽、吉利等企业纷纷加入混合动力乘用车关键技术研发，初步掌握了动力系统集成设计、怠速启停与加速助力、制动能量回馈、控制系统开发等关键技术。2011年10月20日，上海汽车自主品牌首款新能源量产车——荣威新750Hybrid混合动力轿车（图1-18）开始出售。随后，雷克萨斯入门级混合动力车型CT200h上市。

混合动力商用车国内主要集中在城市客车研发上。目前，我国已推出多款商用车公告车型。在技术方案上，前期主要以串联和并联为主。并联混合动力系统为主流技术方案，应用车型也较多，主流代表有南车时代、一汽、五洲龙、玉柴和金旅混合动力汽车。

图1-18　荣威新750Hybrid混合动力轿车

（2）插电式混合动力汽车发展现状

我国插电式混合动力汽车研发起步较晚，但近几年逐步得到国内整车企业的关注，主要集中于乘用车研发。目前登上公告的插电式混合动力汽车市场企业主要有比亚迪、上汽、一汽、奇瑞、吉利等，其中比亚迪、上汽插电乘用车销量占据近九成。由于插电混车型有政府补贴及免费获得牌照等政策支持，出现了比亚迪唐、比亚迪秦、荣威e550等高销量车型。图1-19所示为2017款比亚迪秦，由1.5T发动机和电机组成的插电式混动系统，整套系统的综合最大输出功率为217kW，峰值转矩达到479N·m，纯电动模式下的最大续驶里程为80km。

（3）纯电动汽车发展现状

纯电动汽车现在已成为国内整车企业电动汽车的研发重点，国内车企基本掌握了整车控制、动力系统匹配与集成设计等关键技术，总体上进入量产车开发阶段。

图1-19　2017款比亚迪秦

在纯电动轿车方面,主要整车企业均将电动汽车纳入企业产品规划,投入不断加大,比亚迪、东风、长安、奇瑞、吉利、北汽、上汽、江淮等主要汽车企业均研制开发出纯电动轿车,但高性能纯电动轿车产品在可靠性和工程化能力上仍落后于国外先进产品。在整车方面,国外是全新结构车型,但国内主要以改装车为主;在性能参数上,整车基本性能与国外产品接近;在动力电池方面,国内以磷酸铁锂电池为主,与国外相比有一定差距。此外,国内车企在整车产品可靠性、故障率、传统共性技术方面与国外先进产品仍有较大差距。日产聆风在批量化生产前,进行了近 300 万 km 的道路测试。图 1-20 所示为北汽新能源利用台架自动完成动力电池的快速更换,一般只需要 1~3min。

（4）燃料电池汽车发展现状

我国燃料电池汽车动力系统技术平台研发与国外几乎同步开展,目前燃料电池汽车技术取得了一定进展,仍处于研发和试验考核阶段,而本田凯美瑞双擎（图 1-21）早在 2008 年已开展了小批量租赁。在燃料电池乘用车方面,我国代表车型有上汽 CSA7000FCV 和奇瑞东方之子 B11。

图 1-20　北汽新能源快速更换动力电池

图 1-21　本田凯美瑞双擎

二、我国新能源汽车的发展前景

新能源汽车是我国汽车业跨越发展的难得机遇,无论是各级政府,还是业界对于该产业的发展都非常重视。此外,新能源汽车的产业竞争力也对其发展起着至关重要的作用。

我国幅员辽阔,劳动力充足。新能源汽车产业的发展离不开稀土、锂、镁、石墨等自然资源,而我国充足的自然资源储备能充分满足新能源汽车产业的发展。而且,我国的现代通信、信息、交通等基础设施近年来不断更新换代,许多大城市的基础设施已达到国际先进水平。通过与外资汽车企业合资办厂,学习到了先进的技术和管理理念,积累了宝贵经验,培养了许多高端科研人才。

从国家需求的角度来看,我国早已成为世界最大汽车市场。然而汽车拥有量的几何式增长不仅使城市道路拥堵,并且令城市空气质量恶化。此外,汽车拥有量的迅速增加使得我国的燃油供求矛盾更加突出。从个人需求的角度来看,汽车已成为现代生活必不可少的一部分。消费者购买汽车,首先考虑的是汽车的购置费,其次考虑的是汽车的使用成本。在使用成本中,汽油价格是消费者考虑的首要因素。近年来汽油价格一直维持在高位波动,而新能源汽车与传统汽车相比的一个最大特点就是其使用清洁能源,大幅减少对汽油的依赖,降低了消费者的使用成本。

新能源汽车产业有三大核心技术,分别是动力电池、电机和系统控制策略。其中,动力电池技术最为关键,是新能源汽车发展的核心支持产业,它直接决定新能源汽车发展的步伐,是新能源汽车实现大规模生产并商业化的瓶颈所在。

21世纪初，我国动力锂电池产业凭借低廉的制造成本、充足的原材料供应、世界最大的消费市场及相对完整的产业链，得到了快速的发展。但是，在以动力锂电池所用隔离膜为代表的关键技术上，我国仍需要继续进行研发，以实现进一步突破，降低锂电池生产成本，扩大规模化效益，提高锂电池产业的竞争力。

目前在新能源汽车领域，美国、欧洲、日本无论在技术研发或者市场销量方面都处于领先地位。近年来，我国的车企也都加大了对新能源汽车的研发力度，根据自身情况和国情制定了新能源汽车的发展战略，力图在这一领域赶超发达国家。但是，与发达国家的新能源汽车企业相比，我国企业还未能完全掌握汽车节能的关键技术，诸多核心零部件仍需从外国进口，导致产品造价高，难以实现产业化和市场化。

三、我国发展新能源汽车的技术路线

1）美系车企的技术路线主要是发展纯电动和增程式混合动力汽车。
2）日韩系车企的技术路线主要是发展混合动力、纯电动和燃料电池汽车。
3）德系车企技术路线主要是发展纯电动和插电式混合动力汽车。
4）我国车企以纯电动和插电式混合动力汽车为主，兼顾燃料电池汽车路线。

我国发展新能源汽车路线最后被明确下来，也经过了不断摸索和探讨。我国不是汽车强国，必须向汽车强国学习。但是如何学习？当初主张较多，向日本学，以混动技术为突破口；向美国学，以增程式混合动力汽车为落脚点；向德国学，以插电式混合动力汽车为重点。但是在我国多年的实践过程中，我们走出了属于中国的新能源汽车发展路线。

第三节 我国新能源汽车的发展政策

我国出台了多项鼓励新能源汽车发展的政策法规，引领了新能源汽车关键技术的不断创新，本节将对我国新能源汽车的政策、法规和标准进行讲解。

一、我国新能源汽车的政策与法规现状

近年来，我国陆续出台多项支持汽车电动化发展的各项政策和发展规划，从内容上，有从科技角度，有从市场推广、示范运行角度，也有从消费者购买的财政和税收支持等角度颁布的。这些政策和规划促进了我国新能源汽车企业增加研发投入、产品改性、生产力度以及市场开拓。

从2009年2月国家科技部推出"十城千辆"计划开始到2017年7月，国务院及财政部、国家发展改革委、工业和信息化部已经发布了一系列的相关政策法规，本节列出了国务院2012年以来我国新能源汽车发展的总体目标后的一系列阶段性政策（表1-2）。

表1-2中，我国从政策层面明确了发展新能源汽车是国家的战略选择，确定了我国新能源汽车发展的总体目标和技术路线，并通过试点推广、财政补贴、基础设施建设、公车改革、用电价格等方面的具体政策，布局新能源汽车产业发展。尤其《中国制造2025》将"节能与新能源汽车"作为重点发展领域，提出到2025年，与国际先进水平同步的新能源汽车年销量300万辆、在国内市场占80%以上的目标，可以预见新能源汽车在国家政策支持下，未来将有一轮高速发展。

表 1-2　我国新能源汽车产业政策与法规明细

发布时间	政策法规	意义	主要内容
2017年7月	乘用车企业平均燃料消耗量与新能源积分并行管理办法	建立节能与新能源汽车管理的长效机制	自2018年4月1日起施行,对乘用车企业提出了CAFC和NEV积分并行管理制度,规定了两种积分的积累和交换规则,明确了对未达标车企的惩罚措施
2017年1月	新能源汽车生产企业及产品准入管理规定	提高新能源汽车产品质量和安全水平	自2017年7月1日起施行,从企业设计开发能力、生产能力、产品生产一致性保证能力、售后服务及产品安全保障能力等方面提高了车企准入门槛
2016年10月	节能与新能源汽车技术路线图	"1+7"技术路线	总体技术路线图、节能汽车技术路线图、纯电动和插电式混合动力汽车技术路线图、氢燃料电池汽车技术路线图、智能网联汽车技术路线图、汽车制造技术路线图、汽车动力电池技术路线图、汽车轻量化技术路线图
2016年4月	氢能与燃料电池技术战略方向规划目标	新能源技术创新	提出了15项重点创新任务,包括煤炭清洁高效利用技术创新、先进核能技术创新、氢能与燃料电池技术创新、先进储能技术创新、能源互联网技术创新等
2015年10月	关于加快电动汽车充电基础设施建设的指导意见	充电基础设施建设	到2020年,基本建成适度超前、车桩相随、智能高效的充电基础设施体系,满足超过500万辆电动汽车的充电需求
2015年5月	中国制造2025	"节能与新能源汽车"作为重点发展领域	明确了掌握汽车低碳化、信息化、智能化核心技术等发展战略。主要有五点:对节能与新能源汽车产业关键核心技术、零部件的研发和产业化支持,产业共性技术平台的搭建,标准法规体系的完善,政策保障体系优化,加快国际合作和国际化布局
2014年7月	关于电动汽车用电价格政策有关问题的通知	充换电设施实行扶持性电价	对经营型集中式充换电设施用电执行大工业电价,2020年前免收基本电费,对电动汽车充换电服务费实行政府指导价管理
2014年7月	关于加快新能源汽车推广应用的指导意见	切实解决新能源汽车推广应用中的突出问题	从总体要求、充电设施建设、积极引导企业创新商业模式、推动公共服务领域推广应用、进一步完善政策体系、破除地方保护、进一步加强组织领导等八个方面提出30条具体政策措施
2014年6月	政府机关及公共机构购买新能源汽车实施方案	公布公车"新能源化"的时间表和路线图	2014~2016年公车购买新能源汽车占当年配备更新总量的比例(10%~30%)
2013年9月	关于继续开展新能源汽车推广应用工作的通知	特大城市试点推广	明确了2013~2015年依托特大城市,重点在津京冀等细颗粒物治理任务重的区域推广新能源汽车应用。对符合要求的BEV、PHEV、FCEV新能源车辆纳入中央财政补贴,同时建立了退坡机制
2013年9月	大气污染防治行动计划	我国大气污染防治工作的行动指南	经过五年努力,使全国空气质量总体改善,重污染天气大幅度减少;京津冀、长三角、珠三角等区域空气质量明显好转。力争再用五年或更长时间,逐步消除重污染天气,全国空气质量明显改善
2012年6月	节能与新能源汽车产业发展规划(2012—2020)	明确了我国新能源汽车发展的技术路线及主要目标	明确了"纯电驱动"发展方向和2020年累计产销500万辆的阶段目标。当前重点推进纯电动汽车和插电式混合动力汽车产业化,推广普及非插电式混合动力汽车、节能内燃机汽车,提升我国汽车产业整体技术水平

二、我国新能源汽车的标准

近年来,随着电动车辆技术的发展和提高,纯电动汽车和混合动力汽车产品已经逐渐成为商品进入市场。为了适应这种情况,相关的标准也不断推出。目前我国电动车辆标准体系正在构建之中。经过多年努力,已取得了可喜的成绩。

1. 电动车辆标准制定背景

1998年批准成立电动车辆分技术委员会,秘书处组织电动汽车标准的研究与制定。"十五"开始,电动汽车被立为"863"国家重大专项,电动车产品研发和产业化力度加大,对标准的需求不断增加;同时新能源车辆管理对标准的需求也更加迫切。

2. 电动车辆标准总体情况

目前已经批准发布的电动汽车国家标准和汽车行业标准48项(表1-3),正在研究、制修订项目30余项,包括基础通用标准、纯电动、混合动力、燃料电池汽车整车及关键部件标准。电动汽车标准体系基本建立,基本能够满足电动汽车准入的要求。

（1）电动车辆现有标准体系

自"九五"以来,组织制定并由标准化主管部门批准发布电动车辆相关的国家标准和行业标准49项。

表1-3 电动车辆相关的国家标准和行业标准

类型		实施项目	标准属性
整车	纯电动汽车	8项	GB/T
	混合动力汽车	6项	GB/T
	燃料电池	4项	GB/T+QC/T（3+1）
	电动摩托车	6项	GB+GB/T+QC/T（1+3+2）
关键部件标准	基础、通用标准	4项	GB/T
	动力电池等	8项	GB/T+QC/T（4+4）
	电机及控制器	2项	GB/T
	充电机（站）	4项	GB/T
待批标准	燃料电池汽车相关标准	3项	GB/T
	其他	4项	GB/T+QC/T（1+3）

（2）电动汽车标准制定的原则

1）电动汽车与传统汽车标准要求一致的不再重新规定,执行现有传统汽车标准。

2）与传统汽车标准没有抵触只是需针对电动汽车特殊方面增加少量内容的,修订原有标准,补充相关内容,对电动汽车特有的、不能与传统汽车标准兼用的,要单独制定。

3）为了不限制电动汽车技术的发展,考虑制定推荐性标准,且主要为性能测试评价标准,不涉及产品使用材料、结构（安全要求除外）等。

4）借鉴国外先进标准,充分考虑国内产品的研发经验和成果,制定我国自己的标准,不照搬国外标准。

5）积极参与国际电动汽车标准法规的制定,将我国的电动汽车成果充分体现到国际标准、法规中。

经过多年的努力,我国新能源汽车标准体系的基本框架已经建立,但标准的总体水平与汽车工业发达国家和地区相比还存在一定差距。

目前,我国汽车标准法规的国际化进程加快,与其他国家和国际标准化组织的联系更加密切,国外汽车标准法规对我们的影响越来越大。因此,我们应进一步加强新能源汽车标准化工作,深入研究新趋势和新变化带来的新课题,积极采取合理有效的应对措施。进一步完善我国的新能源汽车标准体系,提高我国新能源汽车标准的技术水平,为推动我国汽车工业持续健康发展,增强我国汽车产品的国际竞争力发挥积极的作用。

三、我国新能源汽车补贴政策解读

新能源汽车补贴标准是为贯彻落实国务院关于培育战略性新兴产业和加强节能减排工作的部署和要求,由中央财政安排专项资金,支持开展私人购买新能源汽车补贴试点,见表1-4。截至2017年年底,国家和地方财政补贴已超过千亿元。根据中国汽车工业协会统计,2017年,我国新能源汽车生产突破79万辆。财政的补贴政策对于新能源汽车的推广起到了关键作用。2019年9月,工信部《关于<乘用车企业平均燃料消耗量与新能源汽车积分并行管理办法>修正案(征求意见稿)公开征求意见的通知》正式发布,该征求意见稿对现行乘用车企业平均燃料消耗量与新能源汽车积分并行管理办法做出了几点修正。随着新积分政策的出台和补贴的逐渐褪去,我国新能源汽车行业也进入了后补贴时代,预计车企的生产策略与盈利将会受到较大的影响。

表1-4 2009~2016年新能源汽车补贴政策

时间	政策名称	发布部门	补贴标准
2009年2月	《关于开展节能与新能源汽车示范推广工作试点工作的通知》	财政部、科技部	混合动力汽车(HEV)最高补贴5~45万元
2010年5月	《关于开展私人购买新能源汽车补贴试点的通知》	财政部、科技部、工业和信息化部、发改委	纯电动乘用车每辆最高补贴6万元
2012年6月	《节能与新能源汽车产业发展规划(2012—2020年)》	工业和信息化部	—
2013年9月	《关于继续开展新能源汽车推广应用工作的通知》	工业和信息化部	纯电动汽车每辆最高补贴6万元。插电式混合动力汽车每辆最高补贴5万元。1.6L及以下节能汽车补贴3000元
2014年	《关于继续开展新能源汽车推广应用工作的通知》	工业和信息化部	在2013年标准上下降5%
2015年	《关于继续开展新能源汽车推广应用工作的通知》	工业和信息化部	在2013年标准上下降10%
2015年12月	《关于2016—2020年新能源汽车推广应用财政支持政策的通知》	财政部	相比2013~2015年新能源汽车补贴政策,纯电动和纯电动补贴减少0.5万元
2016年12月	《关于调整新能源汽车推广应用财政补贴政策的通知》	财政部、科技部、工业和信息化部、发改委	乘用车补贴在2~4.4万元之间,非个人用户购买的新能源汽车申请补贴,累计行驶里程须达到3万km

1. 新能源汽车补贴政策简述(2009~2015年)

我国新能源汽车行业的快速发展与国家的补贴支持密不可分。2009~2015年期间,我国政府面向消费者发布了一系列普惠性补贴政策,如图1-22所示。在电池包等核心零部件价格居高不下、整车产量较少的新能源产业局面下,政府补贴已成为行业突破盈亏平衡的关键因素,直接影响新能源汽车的短期销量,2015年的新能源汽车销量暴增(图1-23)是政策补贴的市场表现。

第一章 总述

2014年国家出台16项新能源汽车政策，发布了78项电动汽车标准
2015年1-6月国家出台8项新能源汽车政策

2001年新能源汽车研究项目被列入国家"十五"期间的863重大科技课题

2009年6月《新能源汽车生产企业及产品准入管理规则》：细化描述

2010年5月《关于开展私人购买新能源汽车补贴试点的通知》：首推补贴政策

2012年5月《电动汽车科技发展"十二五"专项规划》：确立三大目标

2012年6月《节能与新能源汽车产业发展规划(2012—2020年)》：提出产业规划

2013年12月《首批新能源汽车试点城市公布》：政府推动落实

2014年2月《关于进一步做好新能源汽车推广应用工作的通知》：做好推广

2014年8月《关于免征新能源汽车车辆购置税的公告》：刺激消费

2014年11月《关于新能源汽车充电设施建设奖励的通知》：财政支持

2015年3月《政府工作报告》：互联网+

2015年5月《中国制造2025》：制造强国

2015年6月《新建纯电动乘用车企业管理规定》：降低进入门槛

22个省市相继出台了84项新能源汽车政策 | 84

47个城市相继出台了52项新能源汽车政策 | 52

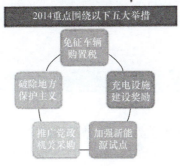

图 1-22 我国新能源汽车政策

图 1-23 我国新能源汽车 2010~2016 年销量和增幅

17

2. 补贴退坡和"三万公里"要求

2015 年 4 月 29 日,财政部等四部委联合发布《关于 2016—2020 年新能源汽车推广应用财政支持政策的通知》,2017~2020 年除燃料电池汽车外,其他车型补助标准和上限适当下调,2017~2018 年和 2019~2020 年补助标准分别比 2016 年下降 20% 和 40%。获得补贴的新能源汽车需满足四项条件:性能稳定安全可靠,符合新能源汽车相关标准;售后服务及应急保障完备,在销售地区建有售后服务网点;动力电池、驱动电机等关键零部件质量有保证,其中乘用车生产企业应提供不低于 8 年或 12 万 km 的质保期限;确保与《车辆生产企业及产品公告》及"推荐车型目录"里的产品保持一致。

2016 年 12 月,四部委发布《关于调整新能源汽车推广应用财政补贴政策的通知》,对新能源客车,以动力电池为补贴核心,以电池的生产成本和技术进步水平为核算依据,设定能耗水平、车辆续驶里程、电池/整车重量比重、电池性能水平等补贴准入门槛。同时,分别设置中央和地方补贴上限,其中地方财政补贴(地方各级财政补贴总和)不得超过中央财政单车补贴额的 50%。除燃料电池汽车外,各类车型 2019~2020 年补贴标准和上限,在现行标准基础上退坡 20%。

2017 年 3 月,工信部等四部委发布《关于开展 2016 年度新能源汽车补贴资金清算工作的通知》,强调非个人用户购买的新能源汽车申请补贴,累计行驶里程须达到 3 万 km(作业类专用车除外),目前行驶里程尚不达标的新能源汽车,应在达标后申请补贴,补贴标准和技术要求按照获得行驶证年度执行。这意味着部分车企的补贴在一年内都无法到账,如宇通客车在 2016 年成功申报补贴的新能源客车占比只为 7.8%。

"三万公里"要求的目的是提升新能源汽车的使用效率,更能突显出优秀企业产品的优势,促使行业集中度进一步提高。

参考阅读:其他国家新能源汽车的发展政策

1. 国际新能源汽车的产业政策

美国、日本和欧盟不仅传统汽车产业的水平处于世界前列,其新能源汽车产业的技术水平也处于全球领先水平。这些国家和地区的产业政策结合了产业发展理论,再从各国(地区)的实际情况出发,因此这些产业政策对我国具有非常重要的参考价值和借鉴意义。

(1)美国的新能源汽车产业政策

新能源汽车产业的研发需要大量的资金投入,单靠生产企业或者企业联盟无法承担这样的成本和风险,因此美国政府不断增加对新能源汽车产业的研发补贴,以促进产业的发展。目前,氢燃料电池是美国能源部 EERE 项目发展新能源汽车的主要方向。

(2)日本的新能源汽车产业政策

日本以产业竞争力第一为目标,全面发展混合动力汽车、插电式混合动力汽车和纯电动汽车。新能源汽车产业的研发需要大量的资金支持,日本的公司已经拥有强大的研发能力,再加上日本政府为其提供的巨额研发补贴,使得日本新能源汽车技术不断取得突破性进展。

(3)欧盟的新能源汽车产业政策

欧洲历来重视节能减排,对新能源汽车产业发展一贯舍得大手笔研发和扶持。除欧盟委员会外，近年来，欧洲各国政府也根据本国情况制定了大量的政策和措施，大大加快了节能与新能源汽车技术发展和商业化的进程。

综上，主要国家和地区新能源汽车发展战略见表1-5。

表1-5 主要国家和地区新能源汽车发展战略

地区	发展规划	具体情况
美国	核心是生物能源汽车，在技术上混合动力汽车与燃料电池汽车并重	目前，插电式混合动力汽车是美国新能源汽车市场销量最大、增幅最大的产品，2016年售出15082辆
日本	核心是混合动力汽车	目前，日本正积极推动三类新能源汽车发展，其中混合动力领域全球领先且已垄断全球90%的市场，燃料电池产品的研发和产业化推进世界领先，纯电动汽车的规划和产业化推进步伐有所加快。日本计划到2020年新能源汽车年销量达200万辆（其中混合动力汽车120万辆、电动汽车80万辆）
欧洲	更加侧重温室气体减排及发展纯电战略	德国计划到2020年实现100万辆的电动汽车保有量，到2030年实现500万辆的电动汽车保有量

2. 国际新能源汽车产业法律法规体系

（1）美国产业法律法规体系

美国新能源汽车产业政策的核心是能源方面的产业法律法规体系，通过政府立法和设定目标，美国自上而下强制推行新能源汽车的产业化发展。2011年，美国环保署公布了《可再生燃料标准》（*Renewable Fuel Standard*，2011），以鼓励在美国的汽车燃料中加入可再生燃料。

（2）日本产业法律法规体系

2010年，日本经济产业省提出《2010年新一代汽车战略》，规划2010~2020年日本新能源汽车产业的发展，提出截至2020年，在新车总销量中，混合动力电动汽车与纯电动汽车将分别占据20%~50%的比例，届时日本全国普通充电站将达到200万个，快速充电站将达到5000个。

（3）欧盟产业法律法规体系

2011年3月28日，欧盟委员会发表了一份名为《单一欧洲交通运输区路线图——发展具有竞争力、资源节约型运输体系》的白皮书，提出到2050年，欧盟交通运输业的温室气体排放量要在1990年基础上减少60%，届时，使用汽油或柴油的传统汽车将在欧洲的城市交通中被逐步淘汰掉。

3. 国际新能源汽车产业标准

目前涉及电动汽车的工作组有一般安全和环保两个工作组，涉及的国际标准化组织主要为ISO（国际标准化组织）和IEC（国际电工委员会）和ISO/TC22（道路车辆标准技术委员会），负责汽车领域的标准制定工作。随着新能源汽车的发展，更多的技术委员会将涉及与新能源汽车相关标准的制定中来。

（1）美国汽车工程师学会（SAE）新能源汽车的标准

针对纯电动汽车与混合动力汽车，美国汽车工程师学（Society of Automotive

Engineers，SAE）已发布了40余项技术标准，主要包括整车系统（Vehicle Systems）、蓄电池（Battery）、充电接口（Interface）及基础设施（infrastructure）四大类。

（2）日本新能源汽车标准

从20世纪80年代至今，日本电动车辆协会先后发布了有关新能源汽车的40多项标准，从电动车辆术语、整车的各类试验方法与要求，到各种蓄电池、电机等关键零部件和充电系统的技术要求与试验方法，形成了比较完整的纯电动汽车与混合动力汽车标准法规体系。

（3）欧盟新能源汽车标准

联合国欧洲经济委员会（ECE）包含56个成员，除欧盟成员国外，还包括东欧、南欧等非欧盟国家的组织，其颁布的法规具有重要的作用。

第四节 世界各国新能源汽车一览

进入21世纪，我国在发展绿色低碳化新能源汽车的历程中，第一次同美国、欧盟等发达国家（地区）站在同一起跑线上。为了能够让读者更好地了解世界各大厂商新能源汽车发展状况，本节将主要对世界各国各大汽车厂商新能源汽车的主要车型进行介绍。

一、美国通用新能源汽车

美国通用汽车公司是美国最早实行股份制和专家集团管理的特大型企业之一，其生产的汽车，是美国汽车豪华、宽大、内部舒适、速度快、储备功率大等特点的经典代表。而且通用汽车公司尤其重视质量把关和新技术的采用，因而其产品始终在用户心中享有盛誉。

1. 凯迪拉克 Escalade 混合动力汽车

凯迪拉克家族车系大都拥有这样的家族式面孔：刀削般的钻石切割车身表面、晶钻般的璀璨前照灯、大面积镀铬前格栅。但即便是在相同的设计理念下，凯迪拉克 Escalade 混合动力汽车（图1-24）的正面造型更多地被方形和梯形所占据，恰到好处地衬托出了凯迪拉克 Escalade 混合动力汽车的豪华霸气定位。

凯迪拉克 Escalade 混合动力汽车大幅提升了燃油经济性，在城市道路行驶中可更多地节省燃油消耗，综合路况条件下百公里油耗仅十几升，堪称全尺寸豪华SUV中的"省油之王"。在行驶中8缸和4缸还可以自由切换。

2. 别克

别克（Buick）是由美国通用汽车公司在美国、加拿大和中国创立的一个品牌。

别克君越 eAssist（图1-25）混合动力版外观大气中又不失活力，前脸看起来非常生猛，侧面的线条非常动感，颇有一些轿跑车的神韵，尾部设计经典耐看。

新君越车长5000mm，宽1858mm，高1497mm，轴距更是达到了2837mm，绝对算是同级别车型中的大个子选手。前进气格栅沿用了别克家族经典的盾形元素，直瀑式加镀铬亮条的设计霸气十足。

图 1-24 凯迪拉克 Escalade 混动

图 1-25 别克君越 eAssist 混合动力汽车

二、德国新能源汽车

1. 奔驰

梅赛德斯-奔驰（Mercedes-Benz）是世界知名的德国汽车品牌，创立于 1900 年，梅赛德斯-奔驰以高质量、高性能的汽车产品闻名于世。

SLSAMG 电动汽车（图 1-26）的动力来源于 4 个电机，每个车轮一个，最大功率达到 392kW，峰值转矩 880N·m，0~100km/h 加速仅需 4s。

图 1-26 奔驰 SLSAMG 电动汽车透视图

2. 宝马新能源汽车

2016 年 11 月，宝马公布了新的产品规划，到 2025 年，纯电动和插电混动车型的销量占到宝马总销量的 25%。除了 i 系列，宝马的纯电动和插电混动车型阵容还在不断扩大，其中插电混动系列即将新增两名成员：宝马 5 系混动版 530e 和插电混动版 Countryman。纯电动版 MINI 已于 2019 上市，纯电动版 X3 和纯电动 3 系将于 2020 年发布。

插电混动版 Countryman（图 1-27）搭载了由 1.5T 三缸发动机和电机组成的混动系统，发动机最大功率为 100kW，最大转矩为 220N·m；电机最大功率为 65kW，最大转矩为 165N·m，与发动机匹配的是一台 6 速自动变速器。电池容量为 7.6kW·h，快充的充电时间为 2.25h，慢充的充电时间为 3.25h。新车在四驱的加持下，0~100km/h 加速时间为 6.9s。在前翼子板和车尾等位置增加了 PHEV 专属的车身铭牌，充电口被安放在左前翼子板的位置。

3. 德国大众汽车集团

德国大众集团目前是德国最大企业，也是世界最大汽车公司。大众汽车公司是一个在全世界许多国家都有生产厂的跨国汽车集团，名列世界十大汽车公司之首。大众从2016年开始转向积极发展电动汽车，其"2025战略"提出，到2025年，将累积销售达100万辆电动汽车的愿景，未来10年内，将会陆续推出30多款的纯电动汽车。

（1）大众途锐混合动力汽车

新途锐经过全新设计后完美地吸纳了大众汽车新一代设计元素：扁平的格栅和梯形前照灯，保险杠下部的大型进气口成为其独特的设计，彰显出新途锐的运动风范，如图1-28所示。侧面线条在车门处略微变窄，看上去更具力量感，光线聚集在凹面上，明暗交错中更散发出诱人的魅力。

途锐混合动力汽车搭载V6 TSI发动机匹配8速自动变速器和混合动力驱动模块，途锐混合动力汽车最高车速达到240km/h，百公里加速6.5s，途锐混合动力汽车百公里油耗仅为8.2L，二氧化碳排放量低至193g/km。混合动力驱动模块是"混合动力核心"，它安装在发动机和自动变速器之间，可以协调汽油机和电机"并行"工作，为途锐混合动力汽车提供高达279kW的总动力输出和580N·m的最大转矩。

图1-27 宝马MINI Countryman Plug-in Hybrid

图1-28 大众途锐混合动力汽车

（2）奥迪

奥迪（Audi）是一个国际著名的豪华汽车品牌，作为高技术水平、质量标准、创新能力以及经典车型款式的代表，奥迪是世界最成功的汽车品牌之一。奥迪是德国历史最悠久的汽车制造商之一。

奥迪Q5 hybrid相比普通版车型在外观上并没有太大的改变，仅是换装了新的轮毂样式。它采用了全新的仪表盘设计，能够显示混合动力系统的工作状态，包括剩余电量和目前动力状态来源等。

奥迪Q5混合动力汽车（图1-29）是一

图1-29 奥迪Q5混合动力汽车

汽-大众奥迪引进的首款全混合动力车型，代表了当前混合动力技术的最高水准，它标志着一汽-大众奥迪新能源战略实施进入了全新的阶段，也将为未来的国产新能源车型奠定基础。

三、日本新能源汽车

1. 丰田汽车公司新能源汽车

丰田汽车公司（Toyota Motor Corporation）是一家总部设在日本爱知县丰田市和东京都文京区的汽车工业制造公司，隶属于日本三井财阀。自2008起，丰田汽车公司始逐渐取代通用汽车公司成为全世界排行第一位的汽车生产厂商，旗下品牌主要包括雷克萨斯、丰田等系列高中低端车型等。

混合动力汽车是丰田新能源汽车最锲而不舍的主打项目。1997年以来，丰田就推出混合动力汽车——普锐斯，迄今已在全球80多个市场上销售混合动力轿车超过300万辆，被业内公认为混合动力车技术最领先的企业之一。此外，丰田还在混合动力、纯电动车、氢燃料电池汽车方面全面推进。在中国，近年来"纯电动汽车"盛行一时，志在引领世界潮流。而丰田早在20世纪90年代，上一代纯电动汽车就进入了商业化。

（1）雷克萨斯混合动力汽车

全新LS600HL（图1-30）采用超静混合动力驱动系统，是世界上第一款采用完全V8混合动力和全轮驱动（AWD）系统的车型。LS600HL拥有的混合动力驱动系统所提供的动力和性能可与其他配备6L引擎的车辆相媲美。该混合动力传动系统最大混合输出功率为327kW，可以使LS600HL仅在6.3s内毫不费力地将时速从零提高到100km，中程加速能力更是令人叹为观止。雷克萨斯LS600HL被定义为一款"完全混合动力"车型，可以单独用电机驱动，或者由汽油发动机和电机共同驱动。LS600HL的混合动力系统使用288V直流镍金属氢化物（Ni-MH）小型电池组。该电池箱还包括有12V辅助电池，为音箱、导航和其他系统提供动力。

图1-30　雷克萨斯LS600HL

（2）氢燃料电池汽车Mirai

目前，FCV市场主要有三款车，分别是丰田Mirai（图1-31）、本田Clarity、现代ix35 FC。其中，丰田Mirai在2016年成为市场上最受欢迎的氢燃料电池汽车，市场占比为88%。Mirai自2015年初在日本上市，截至2018年，Mirai在美国加州的销量已经超过了3000辆，在日本仅售出约1370辆。丰田的目标是2020年，Mirai的年销辆达到3万辆，且未来丰田仍会持续推出燃料电池汽车。

Mirai燃料电池系统的成本降低了95%，在日本的售价仅为723万日元，享受政府补贴后只需520万日元。一辆车3~5min即可加满氢，行驶里程650km，平均每公里所需燃料费用7.7日元。

图1-31　丰田Mirai

2. 本田Insight

本田Insight是为应对丰田普锐斯于1999年推出的混合动力车型，搭载了本田的混合动力系统 IMA（集成电机辅助），采用 5 速手动变速器，2001 年开始提供 CVT 变速器供选择。本田 Insight 在几年的生命期内获得了无数的荣誉，也是当时世界上最清洁的汽车，不过由于采用了 2 门 2 座、外观前卫的设计，实用性和接受程度大打折扣，所以销量叫好不叫座。2003 年，本田推出了思域的混合动力版本。第二代混合动力车 Insight 在紧凑的车身内搭载了小型化、轻量化、高功率的 1.3L i-VTEC+IMA（Integrated Motor Assist）混合动力系统，还首次搭载"节能驾驶辅助系统"。即将推出的本田 Insight 第三代（混合动力汽车图 1-32）总输出功率为 111kW 和 267N·m，配备 1.5L 阿特金森循环发动机和两台电机搭配的混合动力系统，采用了全铝车身，具备碰撞缓解制动、车道保持辅助、车道偏离警告、道路偏离缓解、低速跟随自适应巡航控制以及交通标志识别等功能。

图 1-32　本田 Insight 第三代混合动力汽车

3. 日产聆风电动汽车

日产聆风（图 1-33）是世界上首款投入量产的电动汽车车型，采用国际领先的层叠式紧凑型锂离子电池驱动。聆风电池组的最大输出功率可以达到 90kW，电机的输出功率则有 80kW，转矩峰值能够达到 280N·m。在完全充电的情况下，可以实现 160km 以上的巡航里程，其在加速方面的表现甚至优于搭载 3.5L 发动机的内燃机汽车，而这些，都是在 100% 零排放的基础上实现的。在车头前方布置两组充电接口，一组用

图 1-33　日产聆风电动汽车

于在快速充电站完成的临时性快充电，半个小时内可以充 80% 的电量，而另一组接口则用于家中，8h 左右即可充满电池。在充电过程中，位于车内前风窗玻璃位置处的灯泡会提示其充电状态，在车内的仪表台上，则会清晰地显示当前的充电量。

在电池技术这一电动汽车的核心技术方面，日产聆风做出了表率。聆风创新地在负极上采用结晶结构稳定的锰元素。锰电极为毫微级电极具有稳定的针状结构，电池具有高能量性能、寿命长、成本低、可靠性高等特点，目前在国际上处于领先地位。

四、中国新能源汽车

1. 上海汽车

上海汽车工业（集团）总公司简称"上汽集团"，是中国四大汽车集团之一（其他：一汽、东风、长安），主要从事乘用车、商用车和汽车零部件的生产、销售、开发、投资及相关的汽车服务贸易和金融业务。

作为国内汽车产业的龙头，上汽集团正加速新能源汽车战略的布局。荣威 E50 完全由上汽集团自主研发并拥有自主知识产权，采用了全新开发的纯电动汽车专用整车平台，从内到外都专门针对"电动汽车"的特征而设计。这意味着上汽集团新能源战略迈入了新的

阶段，而这也将加速国内电动车领域的市场化进程。

定位于"都市精品纯电小车"的荣威 E50（图 1-34），配以电动助力转向系统、整车热管理系统等部件。其中，整车具有多级高压电安全防护体系，所有高压电器部件设计均达到 IP67 防尘、防水等级，整车也通过了安全碰撞测试的验证。

目前，荣威 E50 是国内首款量产的 A00 级紧凑型纯电动汽车，它填补并抢占了现阶段国内纯电动车细分市场的空白。

图 1-34　荣威 E50 纯电动汽车

2. 比亚迪股份有限公司

比亚迪股份有限公司创立于 1995 年，是一家拥有 IT、汽车和新能源三大产业群的高新技术民营企业。目前，比亚迪在全国范围内，已在广东、北京、陕西、上海等地共建有九大生产基地。比亚迪近年来在我国新能源汽车市场中销量居首，拥有全球首创的双模二代技术和双向逆变技术，纯电大客车 K9 和纯电出租车 e6 已成功运营，全球覆盖城市计划扩大到 400 个，增加 3 万个充电配套设施。

纯电动车比亚迪 E6（图 1-35）就是我国新能源汽车的典型代表之一。比亚迪 E6 采用跨界车型设计，拥有 SUV 般的身形。以"云系统"为核心的车载智能系统，整车享受 4 年 10 万 km 的质保，关键零部件（动力电池包及托盘总成、驱动电机、驱动电机控制器总成、动力电池管理器总成）保修期限为 60 个月或 10 万 km。

图 1-35　比亚迪 E6 纯电动汽车

3. 北汽新能源

北汽新能源专注于纯电动汽车的开发，布局了 EC、EV、EU、EH 等轿车，以及 EX 系列 SUV（EX3 见图 1-36）。北汽新能源近年纯电汽车销量领先全国。北汽新能源"十三五战略"规划年产销 50 万辆新能源汽车，坚持纯电动驱动（含增程）技术路线，具备 400km 续航能力，企业产品平均能耗百公里低于 12kW·h。

本章对我国新能源汽车产业、政策、标准进行了分析介绍，解读了新的补贴政策，便于我们在节能及新能源汽车产

图 1-36　北汽新能源 EX3

品研制过程中，系统思考我们国家与发达国家在发展目标、政策体系、技术体系、创新环境及服务体系方面存在的距离，也便于厘清它们之间的内在关系及功能，进而改变和提高我国汽车产业在全球化汽车产业布局中的地位，这也是创新型国家战略的基本内容。

思维拓展

1. 简述新能源汽车的定义。
2. 新能源汽车可以分为哪些类别？
3. 为促进我国新能源汽车发展，可以采取哪些措施？
4. 简述世界上比较著名10种新能源汽车车型。
5. 列举世界上生产新能源汽车的汽车厂家。
6. 列举我国自主品牌的新能源汽车车型。
7. 请从《新能源汽车推广目录》中找出一款车型，按照2018年补贴标准，计算出国家补贴金额。
8. 你认为节能汽车与享受补贴的新能源汽车相比，优势、劣势分别在哪里？
9. 怎样认识当今一些燃油车企与新能源车企的合资？举例分析。

第二章 新能源汽车动力源关键技术

本章任务

1. 掌握新能源汽车动力电池的定义与分类。
2. 了解几种目前应用前景较好的动力电池。
3. 了解新能源汽车仪表盘符号的含义。
4. 了解能量管理系统、电机驱动系统及整车控制系统的作用及技术现状。

根据《电动汽车科技发展"十二五"专项规划》，新能源汽车动力源按动力电气化水平分为两类：一类是全部或大部分工况下主要由电机提供驱动功率的电动汽车（称为"纯电驱动"电动汽车，例如纯电动汽车、插电式电动汽车、增程式电动汽车以及燃料电池电动汽车）；另一类是动力电池容量较小，大部分工况下由内燃机提供驱动功率的电动汽车（称为常规混合动力电动汽车）。

本章将介绍新能源汽车动力源的电机、动力电池等核心技术，并且将对目前具有较好应用前景的动力电池进行介绍。

第一节 动力电池技术

早在1873年，英国人首先制造了使用蓄电池作为储能装置的电动汽车，但由于燃油汽车的综合性能大大提高，而蓄电池技术发展缓慢，电动汽车才逐渐被燃油汽车所取代。然而，随着能源问题、环境问题的日益严峻，能实现"当地零排放"的电动汽车又一次成为人们关注的焦点。在目前的电动汽车上，车载动力源一般都是各式各样的动力蓄电池，利用周期性的充电来补充电能。

一、电池的定义与分类

1. 电池的定义

电池（Battery）指盛有电解质溶液和金属电极以产生电流的杯、槽或其他容器或复合容器的部分空间，它能将化学能转化成电能。

2. 电池的记忆效应和消除方法

有些电池（如镍镉电池），如果长期不彻底充、放电，就会在电池内留下痕迹，降低电池容量，这种现象被称为电池记忆效应。消除记忆的方法是把电池完全放电，然后重新充满。放电可利用放电器或具有放电功能的充电器进行，然后，要确保电池能重新充满，应依照说明书的指示来控制充电时间，重复充、放电2~3次，即可清除电池的记忆效应。

3. 电池的分类

电池从广义上主要可分为化学电池、物理电池和生物电池三类（图2-1）。电池的具体分类有不同的方法，其分类方法大体上可分为四大类：

（1）按电解液种类分类

碱性电池是指电解质主要以氢氧化钾溶液为主的电池，如碱性锌锰电池（俗称碱锰电池或碱性电池）、镍镉电池、镍氢电池等。酸性电池主要以硫酸水溶液为介质，如锌锰干电池（也称之为酸性电池）、海水电池等。有机电解液电池主要是以有机溶液为介质的电池，如锂电池、锂离子电池等。

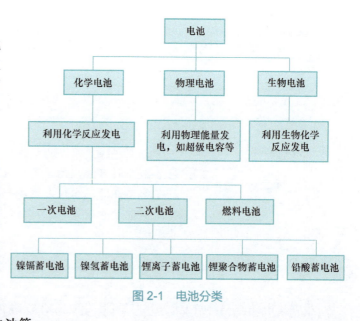

图2-1 电池分类

（2）按工作性质分类

一次电池，又称原电池，即不能再充电的电池，如锌锰干电池、锂原电池等；二次电池，即可充电电池，如镍氢蓄电池、锂离子蓄电池、镍镉蓄电池等；不可充电的电池称为一次性电池，它只能将化学能一次性地转化为电能，不能将电能还原回化学能，或者还原性能极差。

（3）按储存方式分类

蓄电池也称为可充电的二次性电池。它能将电能转变成化学能储存起来，使用时再将化学能转换成电能，能量转换是可逆的。燃料电池，即活性材料在电池工作时才连续不断地从外部加入电池，如氢氧燃料电池等；储备电池，即电池储存时不直接接触电解液，直到电池使用时，才加入电解液，如镁化银电池（又称海水电池）等。

（4）按电池所用正、负极材料分类

按电池所用正、负极材料不同可分为锌系列电池（如锌锰电池、锌银电池等）、镍系列电池（如镍镉电池、镍氢电池等）、铅系列电池（如铅酸电池等）、锂离子电池、锂锰电池、二氧化锰系列电池（如锌锰电池、碱锰电池等）、空气（氧气）系列电池（如锌空电池等）。

4. 动力电池的主要性能指标

电动汽车的电池常被称为动力蓄电池（本书简称为动力电池），是电动汽车的储能装置，要评定动力电池的实际效应，主要看其性能指标。动力电池的性能指标主要有能量密度、功率密度、寿命等，动力电池种类不同，性能指标也有差异。下面列举常用的性能指标。

1）质量能量（比能量）：单位质量的电能储存装置所能输出的能量，单位为 J/kg、W·h/kg、kW·h/kg。质量能量越高，汽车一次充电能行驶的距离越长。

2）能量密度：单位体积电能储存装置所能输出的能量，单位为 W·h/L、kW·h/L。能量密度越高，汽车的电池体积越小。

3）质量功率（比功率）：单位质量电能储存装置所具有电能的功率，单位为 W/kg、

kW/kg。质量功率越大，汽车加速、爬坡性能越好，最高车速越高。

4）功率密度：单位体积电能储存装置所具有电能的功率，单位为 W/L、kW/L。功率密度越大，汽车的载量和车内空间越大。

5）寿命：使用时间的长短、放电循环次数的多少，单位为年、小时或循环次数。

6）充放电效率：充入/输出电能储存装置的电能占充电/放电时消耗电能的百分比。

7）荷电状态（State of Charge，SOC）：是指蓄电池在一定放电倍率下，剩余容量与相同条件下额定容量的比值，反映蓄电池容量变化的特性。随着蓄电池的放电，蓄电池的电荷逐渐减少，此时蓄电池的充电状态可以用 SOC 值的百分数的相对量来表示电池中电荷的变化状态。一般蓄电池的放电高效率区为 50%~80%SOC。对 SOC 的估算，已成为蓄电池管理的重要环节。

8）自放电率：指电池在存放期间，在没有负荷的条件下由于自身放电使电池容量损失的速度。自放电率用单位时间（月/年）内电池容量下降的百分数来表示。它表示蓄电池搁置后容量变化的特性。

按一定标准规律放电，当电池的容量降到某一个规定值以前，就要停止继续放电，然后需要充电才能继续使用。锂离子动力电池充放电控制在 40%~70%。随着充放电次数的增加，电池中的化学活性物质会发生老化变质，逐渐削弱其化学功能，使得电池的充电和放电效率逐渐降低，最后电池丧失全部功能而报废。蓄电池充电和放电的循环次数与电池的充电和放电形式、电池的温度和放电深度有关。放电深度"浅"时，有利于延长电池的寿命。

9）使用寿命：电池在规定的条件下的有效寿命期限。电池内部发生短路或损坏而不能使用，以及容量达不到规定要求时电池使用失效，这时电池的使用寿命终止。

除以上指标外，电池的成本也是一项重要的指标。目前，电动汽车发展的瓶颈之一就是电池的价格高。新能源汽车常用的动力电池如图 2-2 所示。

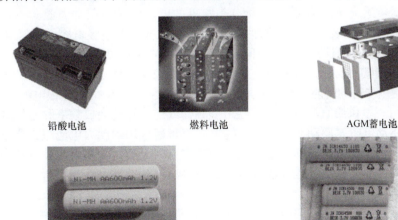

图 2-2　新能源汽车常用的动力电池

二、电动汽车的电池

动力电池指为工具提供动力来源的电源，多指为电动汽车、电动列车、电动自行车、高尔夫球车提供动力的蓄电池。目前多数电动汽车采用蓄电池技术进行驱动，如丰田普锐斯、特斯拉 Model S 等。这里所讲的动力电池不是通常的汽车蓄电池（12V），而是可以重复充电电池的统称。动力电池组是电动汽车的关键装备，它储存的电能、质量和体积，对电动汽车的性能有决定性的影响。

电动汽车的动力电池可以分为二次电池、超级电容器和飞轮电池三大类。

1）二次电池：也称为可充电电池，主要有铅酸电池、镍氢电池、锂离子电池、镍-金属氢化物电池。

2）超级电容器：又称为电化学电容器，是新型双电层电容器，具有电容量大的特点。

3）飞轮电池：又称为飞轮储能器，利用飞轮高速旋转储存和释放电能的装置。

目前，电动汽车用动力电池已经经过了三代的发展。

第一代电动汽车用电池都是铅酸电池，由于铅酸电池的质量能量和质量功率不能满足电动汽车动力性能的要求，所以就进一步发展了阀控铅酸电池等，使得铅酸电池的比能量有所提高，仍能够满足作为电动汽车电源的使用要求。

第二代动力电池有镍镉电池、镍氢电池、钠硫电池、锂离子电池等。第二代动力电池的质量功率和质量能量都要比铅酸电池高很多，大大提高了电动汽车的动力性和续驶里程。但是第二代动力电池现在依然是在电能—化学能—电能的化学反应过程中储存和供给电能，有一些特殊使用条件和一定的局限性，其中有些高能电池还需要复杂的电池管理系统和温度控制系统，各种电池对充电技术还有不同的要求。而且第二代电池在使用一定的次数后会出现老化甚至报废的情况，几乎或者完全丧失充放电能力，并且会造成污染。这无疑又增加了电动汽车的使用成本。

第三代电池是以燃料电池为主的电池，燃料电池直接将燃料的化学能转化成电能，能量转变的效率高，质量能量和质量功率高。并且燃料电池能量转化过程可以连续进行，反应过程能够有效控制，是比较理想的电动汽车用电池。但是燃料电池的燃料往往有毒、有害，而且价格昂贵，需要对车辆进行额外的设计，增加了设计和制造成本。

除此以外，飞轮电池、超级电容器也是常见的电动汽车车载动力源。飞轮电池是电能—机械能—电能转换装置，可以瞬间输出很高的功率。而超级电容器具备电能—电位能—电能转换的能力，而且其充放电时间比起传统电池来说短很多。

以上各种装置都有自己的优缺点，但是综合现有技术条件以及相关技术的成本，现代电动汽车普遍使用先进的高能电池作为其动力源。

动力电池组一般供给直流电，然后经过变频器或逆变器转换成频率和电压幅值可调的交流电，供给驱动电机来驱动车辆行驶。纯电动汽车所采用的动力电池组，要求有较大的比能量，而混动汽车所采用的动力电池组，则要求有较大的比功率，两种电池在性能方面各有侧重。现在的动力电池都是高能蓄电池，使电动汽车的动力性能不断提高，一次充电后的续驶里程也不断增加。

三、动力电池的介绍

目前，在电动汽车上使用的蓄电池主要是铅酸电池、镍氢电池（MH-Ni）和锂离子电池，如克莱斯勒 ESX 2 采用铅酸电池，丰田普锐斯和本田 Insight 用镍氢电池，日产 Tino 用锂离子电池。铅酸电池的结构及应用如图 2-3 所示。

1. 铅酸电池

铅酸电池可分为两类：注水式铅酸电池和阀控式铅酸电池。前者廉价，需要经常维护；后者可通过安全控制阀自动调节密封电池体内充电或工作异常产生的多余气体，免维护。铅酸电池作为纯电动汽车动力电源，在质量能量、深放电循环寿命、快速充电等方面均比镍氢电池、锂离子电池差，不适合于电动轿车。但由于其价格低廉，国内外将它的应用定位在速度不高、路线固定、充电站设立容易规划的车辆和作为起动机和电子电器设备的电源。

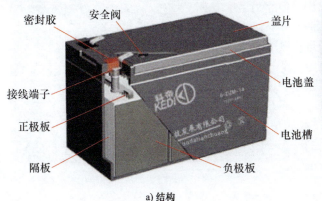
a) 结构

b) Smart For two MDH 上使用的 AGM
(可溶性玻璃纤维铅酸电池)

图 2-3　铅酸电池的结构及应用

电动道路车辆用蓄电池以"电"的汉语拼音"D"表示，阀控密封式铅酸电池以"M"表示，免维护铅酸电池以"W"表示。如 6DM55，表示单体电池为 6 只、额定容量为 55A·h 的电动车辆用阀控密封式铅酸电池。

铅酸电池的不足：
① 质量能量低，在电动汽车中所占的质量和体积较大，一次充电行驶里程短。
② 使用寿命短，使用成本高。
③ 铅是重金属，存在污染（铅毒，酸雾，锑、砷和镉污染）。
④ 充电时间长。

2. 镍氢电池

镍氢电池是 20 世纪 90 年代发展起来的一种新型电池。它的正极活性物质主要由镍制成，负极活性物质主要由储氢合金制成，是一种碱性电池。

镍氢电池具有高质量能量、高功率、适合大电流放电、可循环充放电、无污染、耐过充过放、无记忆效应、使用温度范围宽、安全可靠等特点，被誉为"绿色电源"。

目前镍氢电池主要应用于混合电动汽车。2011 年，HEV 市场占 56%，世界镍氢电池主要由中国和日本的企业生产，占全球产量的 95% 以上。全球镍氢电池 70% 以上在中国生产，中国镍氢电池企业主要包括超霸、豪鹏、比亚迪、环宇、科力远、力可兴、三普、迪生、三捷、量能、格瑞普等。日本企业松下、汤浅、三洋已将小型镍氢电池生产转移到中国。HEV 用大型镍氢电池主要在日本生产，生产企业主要为 Primearth 电动车能源公司（PEVE）和三洋电机，由于松下和三洋合并，而松下的湘南工厂被中国科力远收购，所以大型镍氢电池已主要由松下生产。

大功率的镍氢电池也使用在油电混合动力车辆中，最佳的例子就是丰田的普锐斯（图 2-4）。该车使用了特别的充放电程序，使电池充放电寿命可足够车辆使用 10 年，具有高质量功率（单位质量的输出功率）和重量小、寿命长等特点，无须利用外界电源进行充电，也无须定期交换。

全新设计了以往的电极材料及单电池（单个镍氢电池）之间的连接结构，减少了镍氢电池的内部电阻，因此安装在普锐斯上的电池单元实现了约 540W/kg 的质量功率，居世界最高水平。另外，还使用车辆加速时的放电、减速时的再生制动器以及用发动机行驶时产生的剩余能量来进行充电，从而累积充电放电电流，使充电状态保持稳定，不会出现放电过多或多余充电等现象，使用寿命非常长。

其他使用镍氢电池的混合动力车辆包括福特汽车的 Ford Escape、雪佛兰的 Chevrolet Malibu（图 2-5）、本田的 Honda Civic Hybrid 等。

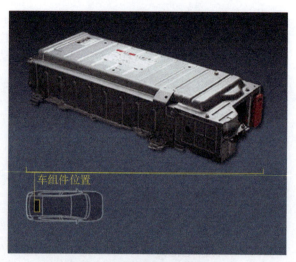

图 2-4　丰田普锐斯电动汽车电池

图 2-5　雪佛兰 Chevrolet Malibu 的镍氢电池

从目前车用电池的发展来看，镍氢电池已经规模化生产，性能稳定，其质量功率、体积功率、电池寿命和重复充放电次数方面均已达到 USABC（美国先进电池联合会）性能指标。从产品规模化、生产程度和发展前景看，其容量大、体积质量小的优点正符合现代电动汽车的要求。

3. 锂离子电池

锂离子电池是 1990 年由日本索尼公司首先推向市场的新型高能电池，是目前世界最新一代的充电电池。锂离子电池是当今各国能量存储技术研究的热点。

锂离子电池具有工作电压高、质量能量高、充放电寿命长、无记忆效应、无污染、快速充电、自放电率低、工作温度范围宽、安全可靠和能够制造成任意形状等优点，突出表现在大容量、长寿命和安全性三个方面。

我国已成为仅次于日本的锂离子电池生产大国，未来几年会在材料、技术、工艺和装备等方面取得突破性进展，"汽车级"的锂离子电池将批量进入市场，服务于正在快速发展的电动车行业。发展电动汽车是降低汽车石油消耗和减少车辆尾气排放的最佳途径，正处在快速发展阶段的锂离子电池即将为电动汽车产业的发展做好准备，我国自主开发的锂离子电池如图 2-6 所示。锂离子电池的负极是储锂材料，正极是含锂的过渡金属化合物 $LiCoO_2$、$LiMn_2O_4$、$LiFePO_4$ 等，电解质是锂盐的有机溶液或聚合物。

奔驰 S400 Blue Hybrid 上的锂离子电池如图 2-7 所示。

第二章 新能源汽车动力源关键技术

图 2-6 我国自主开发的锂离子电池

锂离子电池也有一些不足,主要表现在以下两个方面:

1)成本高:主要是正极材料 $LiCoO_2$ 的价格高,但按单位瓦时的价格来计算,已经低于镍氢电池,与镍镉电池持平,但高于铅酸电池。

2)必须有特殊的保护电路,以防止过充电。

4. 磷酸亚铁锂电池

磷酸亚铁锂($LiFePO_4$)为近年来新开发的锂离子电池电极材料,人们习惯称其为磷酸铁锂,作为正极活性物质使用,主要用于锂离子动力电池。凭借其良好的性能,在电动汽车上具有较好的发展前景。

图 2-7 奔驰 S400 Blue Hybrid 上的锂离子电池

磷酸铁锂电池是用磷酸铁锂($LiFePO_4$,LFP)材料作电池正极的锂离子电池,其内部结构如图 2-8 所示,左边是橄榄石结构的 $LiFePO_4$,作为电池的正极,由铝箔与电池正极连接;中间是聚合物的隔膜,它把正极与负极隔开,锂离子 Li^+ 可以通过而电子不能通过;右边是由碳(石墨)组成的电池负极,由铜箔与电池的负极连接。电池的上下端之间是电池的电解质,电池由金属外壳、铝塑复合膜或塑料壳密闭封装。

磷酸铁锂电池的工作原理是:电池充电时,正极材料中的锂离子脱出来,经过电解液,穿过隔膜进入负极材料中;电池放电时,锂离子又从负极脱出来,经过电解液,穿过隔膜回到正极材料中。

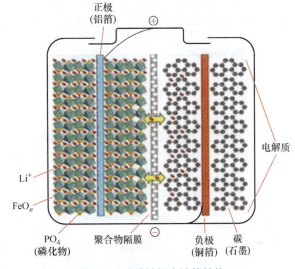

图 2-8 磷酸铁锂电池的结构

目前,磷酸铁锂正极材料具有以下优点:

1)优良的安全性,无论是高温性能,还是热稳定性,均是目前最安全的锂离子电池正极材料;耐过充性能优良;无记忆效应。

2)对环境友好,不含任何对人体有害的重金属元素,为真正的绿色材料;磷酸铁锂电池不含任何重金属或者稀有金属(锂之外),无毒(SGS 认证通过),无污染,符合欧洲 RoHS 规定,为环保电池;与大多数电解液系统兼容性好,储存性能好。

3)可逆容量高,其理论值为 170mA·h/g,实际值已超过 150mA·h/g(0.2C、25℃)。

33

4）工作电压适中，相对于金属锂而言，为3.45V；电压平台特性好，非常平稳。

5）结构稳定，循环寿命长，在100%DOD条件下，可以充放电3000次以上，是铅酸电池的5倍、镍氢电池的4倍、钴酸锂电池的4倍、锰酸锂电池的4~5倍。

6）可以大电流充电，最快可在30min内将电池充满；充电时体积略有减小，与碳基负极材料配合时的体积效应好。商品设计可轻量化，体积是相同容量铅酸电池的2/3，也较镍氢电池体积小；重量是相同容量铅酸电池的1/3、镍氢电池的2/3左右。

比亚迪已正式推出搭载其自主研发的磷酸铁锂动力电池的F3DM双模汽车。是目前国内唯一掌握车用磷酸铁锂电池组规模化生产技术的企业，在世界上处于领先地位。但国内磷酸铁锂的整体水平落后于美国、日本，都基本上受制于磷酸铁锂材料和覆碳/碳热还原技术的原始专利。

各类动力电池性能对比见表2-1。

表2-1 各类动力电池性能对比

类型		质量能量/(W·h/kg)	电池单体标称电压/V	安全性	理论循环使用寿命（次）	品化程度	代表车型
铅酸电池		30~50	2V左右	好	500~800	已淘汰	—
镍镉电池		50~60	1.2	较好	1500~2000	已淘汰	—
镍氢电池		70~100	1.2	好	1000	现使用	普锐斯
锂离子电池	锰酸锂电池	100	3.7	较好	600~1000	现使用	普锐斯
	钴酸锂电池	170	3.6	差	300	已淘汰	—
	磷酸铁锂电池	100~110	3.2	好	1500~2000	现使用	腾势
	三元锂电池	200	3.8	较差	2000	现使用	特斯拉
电动汽车对动力电池的要求		比能量要高；充电时间要短；连续放电率高，自放电率低					

5. 超级电容器

超级电容器（Supercapacitor、Ultracapacitor）又叫双电层电容器（Electrical Double-Layer Capacitor）、电化学电容器（Electrochemcial Capacitor，EC）、黄金电容、法拉电容，通过极化电解质来储能。它是一种电化学元件，储能过程并不发生化学反应，这种储能过程是可逆的，也正因为此，超级电容器可以反复充放电数十万次。超级电容器可以被视为悬浮在电解质中的两个无反应活性的多孔电极板，在极板上加电，正极板吸引电解质中的负离子，负极板吸引正离子，实际上形成两个容性存储层，被分离开的正离子在负极板附近，负离子在正极板附近，如图2-9所示。

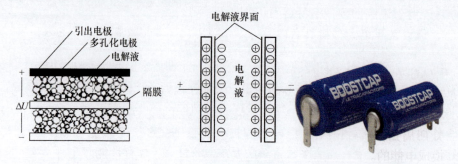

图2-9 超级电容器的结构

超级电容器可以快速充放电，峰值电流仅受其内阻限制，甚至短路也不是致命的，其实际上取决于电容器单体大小，对于匹配负载，小单体峰值电流可达10A，大单体峰值电流可达1000A。另一放电率的限制条件是热量，反复以剧烈的速率放电将使电容器温度升高，最终导致断路。

超级电容器的电阻阻碍其快速放电。超级电容器的时间常数 τ 为 1~2s，完全给阻容式电路放电大约需要 5τ，也就是说，如果短路放电，则需要 5~10s（由于电极的特殊结构，它们实际上得花上数个小时才能将残留的电荷完全释放）。

超级电容器是一种新型储能装置，它具有充电时间短、使用寿命长、温度特性好、节约能源和绿色环保等特点，故其用途广泛。超级电容器的质量功率极高，可达 300~500W/kg，是普通电池的 5~10 倍，不过内电阻较大，不能用于交流电路。能量密度低是制约超级电容发展的首要瓶颈。

超级电容器不同于普通电池，在某些应用领域可能优于电池。有时将两者结合起来，将电容器的功率特性和普通电池的高能量存储结合起来，不失为一种更好的选择。二者的比较见表2-2。

表2-2 超级电容和普通电池比较

序号	超级电容器	普通电池
1	在其额定电压范围内可以被充电至任意电位，且可以完全放出	受自身化学反应限制，工作在较窄的电压范围，如果过放电可能造成永久性破坏
2	荷电状态（SOC）与电压构成简单的函数	而电池的荷电状态则包括多样复杂的换算
3	超级电容器与其体积相当的传统电容器相比可以存储更多的能量，在一些功率决定能量存储器件尺寸的应用中，超级电容器是一种更好的选择	电池与其体积相当的超级电容器相比，可以存储更多的能量
4	超级电容器可以反复传输能量脉冲而无任何不利影响	反复传输高功率脉冲时其寿命大打折扣
5	超级电容器可以快速充电	快速充电会受到损害
6	超级电容器可以反复循环数十万次，可以无限制地接受无数次放电和充电，超级电容器没有"记忆效应"	电池寿命仅几百次循环

目前，已有富士重工和NEC联合开发"锂离子电容器"，质量能量达 30W·h/kg，为先前电容器的4倍，达到了用于电动汽车的实用水平。中国有上海瑞华集团研制环保型混合电能超级电容电动汽车（图2-10），还有国家电网公司在这方面已经完成了三种电池-电容混合型电力工程车辆的改装和性能测试，并将开展示范应用。目前，轿车应用超级电容器作为能量存储单元的车型也很多，例如2014款马自达6（马自达Atenza）就用超级电容器作为能量存储单元，可有效降低油耗。

6. 飞轮电池

飞轮电池是20世纪90年代才提出的新概念电池，它突破了化学电池的局限，用物理方法实现储能。众所周知，当飞轮以一定角速度旋转时，它就具有一定的动能。飞轮电池正是以其动能转换成电能的。高技术型的飞轮用于储存电能，很像标准电池。

图2-10 上海瑞华集团研制环保型混合电能超级电容电动汽车

飞轮电池是一种以动能方式储能量的机械电池，包括电动机、发电机、功率变换器、电子控制、飞轮、磁浮轴承和真空壳,如图 2-11 所示。它具有高功率能量比、高功率、长寿命和环境适应性好的优点。

图 2-11 飞轮电池的能量传递模式

飞轮电池系统包括三个核心部分:飞轮、电动机 - 发电机和电力电子变换装置。电力电子变换装置从外部输入电能,驱动电动机旋转,电动机带动飞轮旋转,飞轮储存动能,当外部负载需要能量时,用飞轮带动发电机旋转,将动能转化为电能,再通过电力电子变换装置变成负载所需要的各种频率、电压等级的电能,以满足不同的需求。由于输入、输出是彼此独立的,设计时常将电动机和发电机用一台电机来实现,输入、输出变换器也合并成一个,这样就可以大大减小系统的体积和质量。同时由于在实际工作中,飞轮的转速可达 40000~50000r/min,一般金属制成的飞轮无法承受这样高的转速,所以飞轮一般都采用碳纤维制成。同时,为了减少充放电过程中的能量损耗(主要是摩擦力损耗),电机和飞轮都使用磁轴承,使其悬浮,以减少机械摩擦;同时将飞轮和电机放置在真空容器中,以减少空气摩擦,如图 2-12 所示。这样飞轮电池的净效率(输入输出)达 95% 左右。

飞轮电池能量可达 150W·h/kg,质量功率达 5000~10000W/kg,使用寿命长达 25 年,可供电动汽车行驶 500 万 km。

图 2-12 飞轮电池的基本机构

飞轮电池兼顾了化学电池、燃料电池和超导电池等储能装置的诸多优点,主要表现以下几个方面:

1)质量能量高,可达 100~200W·h/kg。
2)质量功率,可达 5000 ~ 10000W/kg。
3)能量转换效率高,工作效率高达 90%。

4）体积小、质量小：飞轮直径约20cm，质量为十几千克。

5）对环境温度没有严格要求。不受重复深度放电影响，能够循环几百万次运行，预期寿命20年以上。磁悬浮轴承和真空环境使机械损耗可以忽略，系统维护周期长。

美国TEXAS大学已研制出一款汽车用飞轮电池，电池在车辆需要时，可提供150kW的能量，能加速满载车辆到100km/h。美国飞轮系统公司已用最新研制的飞轮电池成功地把一辆克莱斯勒LHS轿车改成电动轿车，一次充电可行驶600km，由静止到96km/h加速时间为6.5s。保时捷911GT3及918Spyder混动跑车均在两前轮处安装有飞轮电池，用于制动能量回收利用。

四、我国动力电池产业的发展目标

截至2016年，中国新能源汽车共有151家动力电池单体配套企业（按集团统计）和2家燃料电池企业。其中，国内企业140家，国外企业11家。国内企业的配套量占比达98.3%，为276.6亿W。在动力电池单体企业数量以及总体配套量方面，我国动力电池产业规模已居全球第一。电池单体的能量密度由五年之前的120W·h/kg提升到现在的200W·h/kg以上。

2018年，新能源汽车补贴政策的调整和技术指标的提升，对质量能量、电池成本都提出了硬性要求。质量能量高于140W·h/kg成为获取高补贴的一大门槛，三元锂电池优势明显，将成为新能源乘用车的主流技术路线。我国在积极推动高质量能量电池的发展，但电池的安全和质量能量的关系问题依然值得研究。动力电池成本一直是新能源汽车发展的一大难题，常见新能源车型锂电池成本占比见表2-3。

表2-3 常见新能源车型锂电池成本占比

车型型号	驱动方式	售价（元）	电池类型	电池容量	电池成本（元）	成本占比(%)
特斯拉Model S 2016款 75版本	纯电动	772200	锂电池	75kW·h	97500	12.6
腾势2017款 时尚版	纯电动	369800	磷酸铁锂电池	62kW·h	80600	21.8
宝马i3 2017款 升级款时尚型	纯电动	422800	高压锂电池	33kW·h	42900	10.15
奇瑞eQ 2015款 舒适型	纯电动	69800	未知锂电池	22.3kW·h	28990	41.53
荣威e50 2016款 标准型	纯电动	188900	三元锂电池	22.4kW·h	29120	15.42
本田雅阁2016款 混动2.0L锐酷版	非插电式混动	239800	高压锂电池	1.3kW·h	1690	0.7
比亚迪唐2015版 2.0T全时四驱豪华型	插电式混动	251300	磷酸铁锂电池	16.6kW·h	21580	8.59

2017年2月，工信部等部门联合印发《促进汽车动力电池产业发展行动方案》，提出五个方面的发展目标：

① 产品性能大幅提升，到 2020 年，新型锂离子动力电池单体质量能量超过 300W·h/kg，系统比能量力争达到 260W·h/kg、成本降至 1 元 /（W·h）以下，2025 年动力电池单体比能量达 500W·h/kg。

② 产品安全性满足大规模使用需求，实现全生命周期的安全生产和使用。

③ 产业规模合理有序发展，到 2020 年，动力电池行业总产能超过 1000 亿 W·h，形成产销规模在 400 亿 W·h 以上、具有国际竞争力的龙头企业。

④ 关键材料及零部件取得重大突破，2020 年形成具有核心竞争力的创新型骨干企业。

⑤ 高端装备支撑产业发展，2020 年实现装备智能化发展、制造成本大幅降低。

第二节　动力电池能量管理技术

电池能量管理技术是电动汽车的关键技术之一。通常，能量管理技术决定了动力电池的使用寿命以及充放电速度等技术指标。为此需要根据动力电池的储能情况进行能量的管理，如何准确地通过控制手段对蓄电池的荷电状态进行辨识将是一个研究的难点和关键点。

一、动力电池系统简介

动力电池系统指用来给电动汽车的驱动系统提供能量的一种能量储存装置，由一个或多个电池包以及电池管理（控制）系统组成。动力电池系统是电动汽车三大核心部件之一。

动力电池系统设计要以满足整车的动力要求和其他设计为前提，同时要考虑电池系统自身的内部结构和安全及管理设计等方面。比如整车厂会针对要设计的整车，在考虑安全设计、线束连接线设计、接插件设计等相关要求后，形成一个有限的动力电池系统空间。然后在有限的空间约束下，进行电池模组、电池管理系统、热管理系统、高压系统等布置，保证电池单体及模块均匀散热，保证电池的一致性，提高电池系统的寿命与安全。设计时要考虑的一些整体和通用性原则包括安全性好、高比能量、高比功率、温度适应性强、使用寿命长、安装维护性强、综合成本低等。

动力电池系统主要部件有动力电池模组、电池管理系统、动力电池箱及一些辅助元器件。图 2-13 所示为动力电池系统组成示意图。动力电池系统的功能为接收和储存由车载充电机、制动能量回收装置和外置充电装置提供的高压直流电，并且为驱动电机控制器、DC/DC 变换器、电动空调、PTC 等高压元件提供高压直流电。

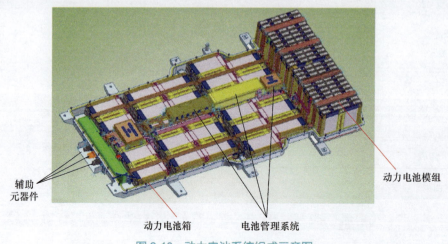

图 2-13　动力电池系统组成示意图

二、电池管理系统的原理及功能

电池管理系统（Battery Management System，BMS）是由电池电子部件和电池控制单元组成的电子装置，可以控制电池的输入和输出功率，监视电池的状态（温度、电压、荷电状态等），为电池提供通信接口。

如图2-14所示，典型电池管理系统主要由数据采集、中央处理器（CPU）、均衡管理、热管理和数据通信等模块组成，其工作过程为：通过数据采集模块获取电池电路中的重要数据（如单体电池和电池组电流电压和温度等），再将获取的数据发送给中央处理器进行分析和处理（比对数据库记录），发出程序控制和变更指令；BMS将实时数据发送到数据显示器，同时对应的执行模块做出动作，对电池组进行调控。

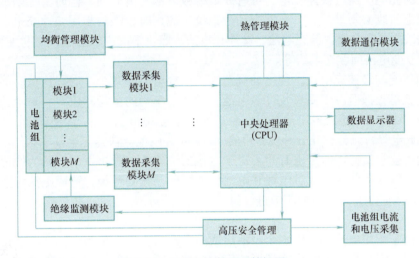

图2-14 典型电池管理系统框图

典型的电动汽车电池管理系统应具备以下几个功能：

1. 数据采集

数据采集是电池管理系统中最重要和最基本的功能，SOC估计和均衡管理等都是以采集到的数据为依据进行工作的，通常需要采集电压信号、电流信号和温度信号。锂离子电池对电压和温度比较敏感，因此必须采集每个单体电池电压，采样周期为1s，采集精度要达到0.1V；同时还要监测单体电池温度，采集周期为1s，采集精度为0.5℃；针对电流信号，只需采集整个电池组的电流，采样周期为1s，采集精度为1%，相对于锂电池，铅酸电池和镍氢电池对电压和温度的采集精度没那么高，只需对电池电压和温度成对或成组采集。

2. 荷电状态（SOC）估计

电池管理系统的核心之一就是SOC估计，一般由CPU模块进行计算。准确估计动力电池组的SOC值，从而随时预报储能电池还剩余多少能量或储能电池的SOC值，使其控制在30%~70%的工作范围。目前最常用SOC估算方法是安培法，其他方法包括开路电压法、内阻法、神经网络法、卡尔曼滤波法等。

1）安培法：由于不考虑电池内部结构、状态等方面的变化，因而操作方便、简单。但该方法对电流的测量精度不高，随着时间的推移，SOC累计误差将会不断加大。

2）开路电压法：利用电池开路电压与SOC的近似线性关系来测试稳定状态下电池的SOC，在汽车行驶过程中不宜单独使用。

3）内阻法：根据电池的内阻与 SOC 之间的联系来预测 SOC，由于电池的内阻受多方面因素的影响，所以测量结果可信度不高，实际应用较少。

4）神经网络法：主要用于模拟电池动态特性来估算 SOC，但此方法需要大量参考数据供神经网络进行学习，而且数据和训练方法要求较高，容易产生误差。

5）卡尔曼滤波法：将电池看作动力系统，SOC 作为一个系统内部状态，将电池的非线性状态空间模型线性化。由于纠正误差能力强，该方法用于电流波动剧烈的混合动力汽车，缺点在于对系统处理速度要求较高。

3. 充电管理

目前，电池主要采用的充电方式有如下几种：恒流充电、恒压充电、衰减充电、脉冲充电、快速充电。通过快速充电，可有效地缩减电池充电时间，同时为了增加电池使用寿命，其充电曲线必须最优化。在混合动力系统中应用时，需要采用快速充电。目前存在的快速充电法主要有分级恒流充电法、脉冲充电法、定化学反应状态法、变电流间歇/恒电压充电法以及变电压间歇充电法等。

采用传统的慢速充电法，纯电动汽车充满一次电要好几个小时。这虽然能够保证相对较长的续驶里程，但由于要安装许多电池，增加了车辆的重量和成本，对电池一致性的要求也较高。现在，快速充电电池具有寿命长（可充电 2000 次以上）、没有记忆性、可以大容量充电及放电等特点，在几分钟内就可充 70%~80% 的电。快速充电技术为纯电动汽车的商业化提供了技术支持。但是也有学者对于电池的快速充电提出疑问，认为快速充电时的过充电和过放电有可能会恶化各电池在电池组内协同工作的环境，造成电池组整体的瓦解崩溃。现在许多企业正在这方面积极进行研发，也有所进展。

4. 均衡管理

电动汽车车用电池都是由多个电池组成的电池组，由于单个电池在制造过程中性能存在分散性和使用过程中电池内部环境的不均匀性，所以随着使用时间的增加，单个电池之间的性能差异将逐渐增大，从而影响电池寿命，甚至还会产生大量的热量引起电池燃烧或爆炸等危险。因此，需要对电池单体进行均衡管理，尽量保持电池单体的一致性，并对电池单体电压和能量进行检测，防止过充电和过放电。

对于锂离子电池常用的均衡方案主要有电阻方案、开关电容方案、独立充电方案。而对于铅酸电池和镍氢电池来说，常用的方法有涓流充电均衡法、电阻并联均衡法、放电均衡法、电感均衡法。

5. 热管理

电池性能的发挥好坏与电池的温度密切相关：温度过高时，电池能量和容量可以充分利用，但是电池寿命会缩短；温度过低时，电池的内阻和极化电压增大，放电能力下降，使得电池的实际可用容量减小，能量利用效率下降。因此，需要创造条件对电池组的工作温度进行主动管理，使得电池工作在最佳温度范围内。通常，锂离子电池工作温度范围为：充电时，-10~45℃；放电时，-30~55℃。铅酸电池和镍氢电池工作温度范围为：充电时，-10~50℃，放电时，-20~60℃。它们最佳的工作温度范围为 20~40℃。

以目前客车上常用的磷酸铁锂电池为例，其工作温度要求在 60℃ 以下，夏天外界气温已高达 40℃ 左右，加上发热量大、散热条件差等因素，电池很容易过热，超出安全的温度范围，电池很容易被损坏，甚至影响人身安全。因此，增加电池温度检测及保护措施具有重要意义。

6. 数据通信

电池工作时，电池运行时的相关信息需按要求上报。对于用在电动汽车电池管理系统上的电池组而言，一方面要上报信息到电池管理系统，为其他系统提供所需的数据，同时接收其他系统提供的信息，为制定合理的电池管理方案提供依据；另一方面各电池组之间需要进行数据交互，通过这些信息最终确定采用何种通信手段，从而了解电池的容量和性能，保证电池安全可靠的运行。目前应用到电池管理系统中的主要通信手段有 SMBUS 总线、CAN 总线、RS232 总线和 RS485 总线。

在实际应用中，如何根据采集到的每块电池的电压、温度和充放电电流的历史数据，建立每块电池剩余能量的较精确的数学模型，以及电动汽车储能电池的快速充电技术及均衡充电技术，将是未来研究的重点和关键技术，其电池性能的好坏将直接影响混合动力汽车的实际使用。

三、电池管理系统应用实例

特斯拉电动汽车的核心技术之一就是电池管理系统，如图 2-15 所示。其 BMS 可以有效实现超过 7000 节 18650 电池的一致性管理，达到高安全性和可靠性目标。此外，在电池冷却、安全、电荷平衡等与 BMS 相关的领域，特斯拉申请的核心专利超过 140 项，因此 BMS 技术是特斯拉的核心竞争力之一。

Model S 与 Model X 目前使用松下 NCA 系列 18650 特制电池，这种圆柱形电池能量密度大，但对温度相对敏感、一致性差。特斯拉解决 18650 型传统电池短板的办法包括：活性的电化学材料、改进的电芯结构设计、优化的模组设计、先进的故障保护机制和电池充放电控制，以及其业内领先的热管理系统和电池管理系统。活性材料和改进的电芯结构设计，带来单位体积/质

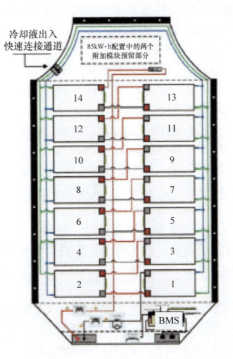

图 2-15　特斯拉电池管理系统组成

量内能量存储更高，提高充电电压的同时，电芯稳定性更好。

Model S（85kW·h）使用了多达 7104 节电池，按照 3.6V 的工作电压和 3.2A·h 的电容量来计算，总电量约为 82kW·h。这 7000 多节电池组成的电池组质量将近 700kg，约为整台车重量的 1/2。每个单体电池、电池模块和电池方块都有熔丝，每个层级都有电流、电压监控，一旦电流过大就立刻熔断。核心技术特点如下：

1. 单体电荷平衡系统，排除单体电池故障

特斯拉电池组尾部安装印制电路板，内置众多电源开关，每一个开关一端连接某个电池单体、一端连接一个中型继电器（单体电荷监视器）。当某一电池因过充电、过放电、温度过高导致电量与其他电池不同时，监控器就会将能量在电池间进行转移，防止其电压超过安全范围产生异变。当异变产生时，监控器断开对应的电源开关，从而将此电池单体隔离，避免因静电反应而引起爆炸。

2. 电池温度管理系统

电动汽车的安全性能主要体现在电池组温度及电流的控制上。特斯拉每一个单体电池都连接有一个热敏电阻及光导纤维。当单体电池温度过高时，监控器启动电池冷却系统。当汽车剧烈碰撞时，电池组与电机的能量传输被立即阻断，电池组外保护层使电池组免受碰撞，从而避免剧烈爆炸。电池组冷凝系统采用双模冷却系统：第一层冷却为电池组降温，保证电池单体温度低于安全值以下；第二层冷却回路包括第二冷却储液罐，并与至少一个转动部件进行热交换，保证电池组冷却系统的独立性。

图 2-16a 所示为一层（sheet）内部的热管理系统。冷却管道曲折布置在电池间，冷却液在管道内部流动，带走电池产生的热量。图 2-16b 所示为冷却管道的结构示意图。冷却管道内部被分成四个孔道，如图 2-16c 所示。为了防止冷却液流动过程中温度逐渐升高，使末端散热能力不佳，热管理系统采用了双向流动的流场设计。冷却管道的两个端部既是进液口，也是出液口，如图 2-16d 所示。电池之间及电池和管道间填充电绝缘但导热性能良好的材料（如 STYCAST 2850 CT），作用是将电池与散热管道间的接触形式从线接触转变为面接触，有利于提高单体电池间的温度均一性并提高电池包的整体热容，从而降低整体平均温度。

通过上述热管理系统，特斯拉 Roadster 电池组内各单体电池的温度差异控制在 ±2℃ 内。2013 年 6 月的一份报告显示，在行驶 10 万 mi（1mi=1.609km）后，Roadster 电池组的容量仍能维持在初始容量的 80%~85%，而且容量衰减只与行驶里程数明显相关，而与环境温度、车龄关系不明显。上述结果的取得，依赖电池热管理系统的有力支撑。

日产聆风纯电动汽车采用了少见的被动式电池组热管理系统。电池组由 192 节 33.1 A·h 的层叠式锂离子电池组成。4 节单体电池采用两并两串的连接形式组成模块，48 个模块串联组成电池组。电池组采用密封设计，外界不通风，内部也无液冷或空冷的热管理系统，但寒冷地区有加热选件。聆风所采用的锂离子电池经过电极设计后降低了内部阻抗，减小了产热率，同时薄层（单体厚度 7.1 mm）结构使电池内部热量不易产生积聚，因此可以不采用。

通用汽车公司的 Volt 插电式混合动力汽车使用了 288 节 45 A·h 的层叠式锂离子电池。电池组的电气连接可等效为 96 片单体串联成组，3 组并联。热管理系统采用了液冷式设计方案，以 50% 水与 50% 乙二醇混合物为冷却介质。单体电池间间隔布置了金属散热片（厚度为 1 mm），散热片上刻有流道槽。冷却液可在流道槽内流动带走热量。在低温环境下，

加热线圈可以加热冷却液使电池升温。电池组的寿命保证期是 8 年或 16 万 km。Volt 的电池组内的温度差可控制在 2℃ 以内,有力地支持了 8 年的电池组寿命保证期。

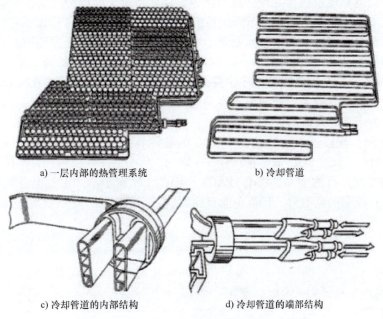

a) 一层内部的热管理系统　　　　　b) 冷却管道

c) 冷却管道的内部结构　　　　　d) 冷却管道的端部结构

图 2-16　Roadster 的电池热管理系统示意图

四、电池管理技术的共性技术及趋势

BMS 属于电池包的一部分,电池包是新能源汽车的核心能量源,为整车提供驱动电能,它主要通过金属材质的壳体包络构成电池包主体。模块化的结构设计实现了电芯的集成,通过热管理设计与仿真优化电池包热管理性能,电气部件及线束实现了控制系统对电池的安全保护及连接路径;通过 BMS 实现对电芯的管理,以及与整车的通信及信息交换。

国内外主流 BMS 供应商的技术参数见表 2-4。

表 2-4　国内外主流 BMS 供应商的技术参数

技术参数	国外主流厂商	国内主流厂商
配套方案	主从结构	主从结构
温度范围	-40~85℃	-40~85℃
技术指标	电压测量精度:0.1%FS 电流测量精度:0.1%FS 电流测量范围:0~±600A SOC 估算精度:5% 均衡方式:主动平衡	电压测量精度:0.5%FS 电流测量精度:0.5%FS 温度测量范围:-40~125℃ 温度测量精度:0.5℃ SOC 测量精度:5% 均衡方式:被动平衡
车型应用范围	纯电动汽车、混合动力汽车	纯电动汽车、混合动力汽车
功能安全	电池过充电、过放电、温升保护、绝缘防护、高压互锁、预充电	电池过充电、过放电、温升保护、绝缘防护
适用电芯范围	锰酸锂电池、三元材料电池	铅酸电池、镍氢电池、锂电池等动力电池

目前，电池管理系统有主动式均衡和被动式均衡两种管理模式。两种管理模式各有优缺点，所采用的方式普遍为采集单体电池电压、串联电流、温度以及电池组的电压，然后将这些信号传给运算模块进行处理并发出指令，最后将整个处理的信息指令通过 CAN 通信系统传送给汽车中央控制单元或整车管理系统。国内主流车用 BMS 厂家都有被动均衡技术，而且其中绝大部分都有主动均衡技术储备。在厂家给的配置单上，主动均衡是一个"选配"功能。被动均衡的 BMS 装机量较大，占据新能源汽车市场较高的份额，远远高于主动均衡 BMS 的市场份额。国内的新能源汽车主要是中低端产品，考虑到成本及配置需求方面，被动均衡相对较易接受。随着新能源汽车产品向高端发展，对 BMS 的要求也越来越高，主动均衡技术将成为未来的发展趋势。

在软件方面，其最核心的技术在于 SOC 的估测算法，SOC 是 BMS 中最重要的参数，目前大部分 BMS 厂家的 SOC 估算精度在 5% 以内，部分在 8% 以内。目前国内第一梯队动力电池企业均涉足，且大多是"BMS+PACK"模式，掌握了动力电池电芯到电池包的整套核心技术，具有较强的竞争力。代表企业有比亚迪、宁德时代、中航锂电、国轩等。

参考阅读：新能源汽车仪表盘

纯电动汽车的仪表设计外观、安装位置与传统汽车相同，但是在仪表指示灯及显示功能上与传统汽车有区别，主要表现在：

1）取消了发动机转速表，增加了功率输出表。

2）取消了原有的燃油位置表，增加了电池电量表。

3）取消了原来与发动机有关的一些故障警告灯，如机油压力警告灯、冷却液温度警告灯等，新增动力电池温度警告灯、电机温度警告灯等。

虽然纯电动汽车的车型较多，仪表的设计风格也多种多样，但是其内部指示灯及显示的基本参数是相同的。以下以 2014 款比亚迪 E6 仪表及指示灯为例来介绍纯电动汽车仪表的特点。

比亚迪 E6 仪表（图 2-17）设计造型新颖，信息显示内容全面，主要分成指示/警告灯区域、行车电脑区域和娱乐及车辆信息显示四个区域。仪表采用高清液晶显示屏，体现了数字化时代气息。

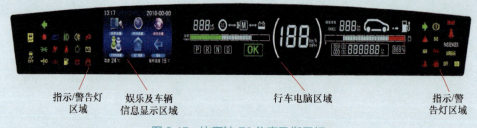

图 2-17　比亚迪 E6 仪表及指示灯

其中，与纯电动汽车相关的一些特殊仪表指示灯及显示信息有：

（1）电机冷却液温度过高警告灯

如果此警告灯点亮，则表示电机冷却液温度太高，须停车并使电机降温。

在下列工作条件下，电机可能会产生过热现象，例如：

1）在炎热的天气进行长途爬坡。

2）频繁急制动、急加速的状态。

3）拖曳挂车时。

（2）动力系统故障指示灯

当启动按钮处于 ON 档位时，此灯点亮，如果动力系统工作正常，则几秒钟后此灯熄灭。此后，如果系统发生故障，此灯将再次点亮。

如果发生下列任何一种情况，则表示由警告灯系统监控的部件中发生故障，须尽快检查维修车辆：

1）当启动按钮处于 ON 档位时，此灯不亮或持续发亮。

2）驾驶中此灯点亮。

（3）电机及控制器过热警告灯

如果此指示灯点亮，则表示电机温度太高，须停车并使电机降温。

在下列工作条件下，电机可能会产生过热现象：

1）在炎热的天气进行长途爬坡。

2）在停停走走的交通状态，频繁急加速、急制动的状况，或长时间车辆运转得不到休息的状况。

3）拖曳挂车时。

（4）P/S 电动助力转向故障指示灯

当启动按钮处于 ON 档位时，此灯点亮。如果电动助力转向系统工作正常，则几秒钟后此灯熄灭。此后，如果系统发生故障，此灯将再次点亮。

如果发生下列任何一种情况，则表示由警告灯系统监控的部件中发生故障，须尽快检查维修车辆：

1）当启动按钮处于 ON 档位时，此灯不亮或持续发亮。

2）驾驶中此灯点亮。

（5）动力电池故障警告灯

当启动按钮处于 ON 档位时，此灯点亮。如果动力电池系统工作正常，则几秒钟后此灯熄灭。此后，如果系统发生故障，此灯将再次点亮。

如果发生下列任何一种情况，则表示由警告灯系统监控的部件中发生故障，须尽快检查维修车辆：

1）当启动按钮处于 ON 档位时，此灯不亮或持续发亮。

2）驾驶中此灯点亮。

（6）动力电池过热警告灯

如果此警告灯点亮，则表示动力电池温度太高，须停车降温。

在下列工作条件下，动力电池可能会产生过热现象：

1）在炎热的天气进行长途爬坡。

2）在停停走走的交通状态，频繁急加速、急制动的状况，或长时间车辆运转得不到休息的状况。

3）拖曳挂车时。

（7）动力电池充电状态指示灯

当动力电池的电量接近用完时，此灯点亮，须尽快为动力电池充电。

（8）动力电池充电连接指示灯

当连接充电器后,此灯点亮,如要车辆行驶,请断开充电器后上电。

(9) OK OK指示灯
此灯表示车辆各动力系统工作正常,处于可行驶状态。

(10) 电池电量表
启动开关打开时,该表指示动力电池的电量。此指示灯为左右对称布置,左右指示同时变化。

(11) 功率表

功率表默认用 kW 来指示整车的功率,可通过菜单中的单位设置选择功率单位。在车辆下坡或靠惯性行驶时,功率指示值可能为负值,表示此时车辆正在进行能量回收。

如果是北汽新能源纯电动汽车,那么仪表上的指示灯可能还包括图 2-18 所示的信息。

序号	含义	序号	含义	序号	含义
1	驱动电机功率表	10	电机及控制器过热指示灯	19	充电线连接指示灯
2	前雾灯	11	动力电池故障指示灯	20	手制动指示灯
3	示廓灯	12	动力电池断开指示灯	21	门开指示灯
4	安全气囊指示灯	13	系统故障灯	22	车速表
5	ABS 指示灯	14	充电提醒灯	23、25	左/右转向指示灯
6	后雾灯	15	EPS 故障指示灯	24	READY 指示灯
7	远光灯	16	安全带未系指示灯	26	REMOTE 指示灯
8	跛行指示灯	17	制动故障指示灯	27	室外温度提示
9	蓄电池故障指示灯	18	防盗指示灯		

图 2-18 北汽 EV160 纯电动车仪表指示灯

第三节　新型驱动电机技术

电动汽车在不同的历史时期采用了不同的电机，最早应用于电动汽车的是直流电机，这种电机的特点是控制性能好、成本低，但是体积大、寿命短、维护不便。随着电子技术、机械制造技术工艺及自动控制技术的发展，电动汽车及混合动力汽车性能的提高，直流电机在高负载下转速的限制、体积大等缺点逐渐暴露，取而代之的是交流异步电机、永磁电机、开关磁阻电机以及新型的双凸极永磁电机，这些电机在电动汽车上表现出比直流电机更加优越的性能。

一、电机相关概念

1. 驱动电机

将电能转换成机械能为车辆行驶提供驱动力的电气装置，该装置也可具备机械能转化成电能的功能。

2. 负载性质

负载性质是指负载类型及其机械特性，是连续运行的负载还是断续运行的负载，是恒定的力矩还是变化的力矩，是恒转速运行还是变速运行。在改变负载时，负载转速与驱动负载所需转矩之间的关系，称为负载的转矩转速特性，该特性是选择电动机的最基本因素。

3. 负载容量

负载容量是针对电动机功率和转矩的大小而确定的，电机功率的选择应满足配套机械负载必需的容量，不要过大也不可以过小。功率选得过大，不能充分发挥电动机效率，增加投资费用和运行费用，浪费电力；功率选得过小，会使电动机超负荷工作，电动机发热，绝缘寿命缩短。

二、电动汽车用电机分类

与电动机的工业应用不同，电动汽车用电机在负载要求、技术性能和工作环境等方面有特殊要求。电动汽车的驱动电机种类如图 2-19 所示。

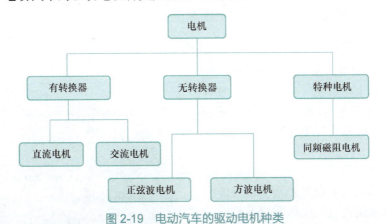

图 2-19　电动汽车的驱动电机种类

1. 按工作电源分类

根据电机工作电源的不同，可分为直流电机和交流电机。交流电机与直流电机相比，交流电机的体积小、重量轻、效率高，采用变频调速技术时，其调速范围宽，可靠性约为直流电机的 6 倍，具有维护保养费用低、节能等特点。交流电机还分为单相电机和三相电机。

2. 按结构及工作原理分类

电机按结构及工作原理可分为直流电机、异步电机和同步电机。同步电机还可分为永磁同步电机、磁阻同步电机和磁滞同步电机。异步电机可分为感应电机和交流换向器电机。感应电机又分为三相异步电机和罩极异步电机等。交流换向器电机又分为单相串励电机、交直流两用电机和推斥电机。

3. 按起动与运行方式分类

电机按起动与运行方式可分为电容起动式单相异步电机、电容运转式单相异步电机、电容起动运转式单相异步电机和分相式单相异步电机。

4. 按运转速度分类

电机按运转速度可分为高速电机、低速电机、恒速电机和调速电机。

5. 按绝缘等级分类

按绝缘等级分为 A 级、E 级、B 级、F 级、H 级，见表 2-5。

表 2-5　电机的绝缘等级

绝缘等级	A	E	B	F	H
工作极限温度 /℃	90	105	120	130	>180
温升 /K	50	60	75	80	—

6. 按额定工作制分类

连续工作制（S1）：电机在铭牌规定的额定值条件下，保证长期运行。

短时工作制（S2）：电机在铭牌规定的额定值条件下，只能在限定的时间内短时运行。短时运行的持续时间标准有四种：10min、30min、60min 及 90min。

断续工作制（S3）：电机在铭牌规定的额定值条件下只能断续周期性使用，用每周期 10min 的百分比表示，如 FC=25%。

其中，S4~S10 都属于几种不同条件的断续运行工作制。

三、电动汽车常用的电机

目前广泛使用的电机有交流感应电机、开关磁阻电机和永磁电机（包括无刷直流电机和永磁同步电机）。目前行业对交流异步电机、永磁同步电机及开关磁阻电机的关注度较高。

1. 直流电机

直流电机是将直流电能转换为机械能的装置，可分为永磁式直流电机和绕组励磁式电机两种。一般小功率采用前者，大功率采用后者，下面主要讨论后者。

如图 2-20 所示，直流电机的结构由定子和转子两大部分组成。直流电机运行时静止

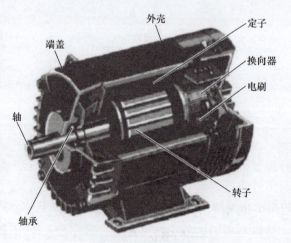

图 2-20　直流电机

不动的部分称为定子，定子的主要作用是产生磁场，由机座、主磁极、换向器、端盖、轴承和电刷装置等组成。运行时转动的部分称为转子，其主要作用是产生电磁转矩和感应电动势，是直流电机进行能量转换的枢纽，所以通常又称之为电枢，由转轴、电枢铁心、电枢绕组、换向器和风扇等组成。换向器使转子电流与磁场产生的转矩保持方向不变。

其特点如下：

（1）调速性能好

所谓调速性能，是指电机在一定负载的条件下，根据需要，人为地改变电动机的转速。直流电动机具有优良的电磁转矩控制特性，可实现基速以下恒转矩、基速以上恒功率，可满足汽车对动力源低速高转矩、高速低转矩的要求；可频繁快速起动、制动和反转；调速平滑、无级、精确、方便、范围广。

（2）起动转矩大

可以均匀而经济地实现转速调节。因此，凡是在大负荷下起动或要求均匀调节转速的机械，例如大型可逆轧钢机、卷扬机、电力机车、电车等，都用直流电机拖动。

（3）高速性能不佳

由于需要电刷和换向器供电给电枢，其可靠性降低，不适合免维护运行，高速和大负荷运行时换向器表面易产生电火花，很难向大容量、高速度发展。电火花产生的电磁干扰，对高度电子化的电动汽车来说将是致命的。

随着电力电子技术、自动控制技术和计算机技术的发展，直流电机在电动汽车中的应用已处于劣势，目前已逐渐被淘汰。

2. 交流感应电机

交流感应电机又称交流异步电机，是由定子绕组形成的旋转磁场与转子绕组中感应电流的磁场相互作用而产生电磁转矩，驱动转子旋转的交流电动机，其主要结构如图2-21所示。

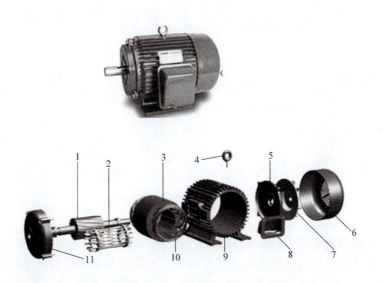

图2-21 交流异步电机（笼型）的主要结构

1—转子铁心 2—转子绕组 3—定子前端盖 4—吊环 5—后端盖 6—风罩 7—风扇
8—出线盒 9—机座 10—定子绕组 11—前端盖

交流异步电机主要由定子、转子和轴承组成。定子主要由铁心、三相绕组、机座、端盖组成。定子铁心一般由 0.35~0.5mm 厚、表面具有绝缘层的硅钢片冲制、叠压而成，在铁心的内圆冲有均匀分布的槽，用以嵌放定子绕组。三相绕组由三个在空间互隔 120°、对称排列的结构完全相同绕组连接而成，这些绕组的各个线圈按一定规律分别嵌放在定子各槽内。其作用是通入三相交流电，产生旋转磁场。转子是电机的旋转部分，主要由铁心和绕组组成，电动汽车采用笼型转子。

定子是电机中不转动的部分，主要任务是产生一个旋转磁场。旋转磁场并不是用机械方法来实现的，而是以交流电通于数对电磁铁中，使其磁极性质循环改变，故相当于一个旋转的磁场。转子绕组不需与其他电源相连，定子电流直接取自交流电力系统。旋转磁场的方向取决于三相绕组中电流的相序。改变通入定子绕组的电流相序（即将三根电源线中的任意两根对调）即可改变转子的旋转方向。这种电机并不像直流电机那样需要有电刷或集电环，依据所用交流电的种类分为单相电机和三相电机，单相电机用在如洗衣机、电风扇等电器中；三相电机则作为工厂的动力设备。

感应电机的优点是感应电机的转速取决于交流电的频率。因此，只要控制交流电的频率，就可以控制电机的转速，从而控制汽车驱动轮的转速，这种控制方式简单可靠。

交流感应电机具有结构简单、坚固耐用、成本低廉、运行可靠、低转矩脉动和低噪声等特点，近年来被广泛应用于汽车。最大缺点是驱动电路复杂，采用三相异步电机时，需要应用逆变器中的功率半导体变换器件，将直流电变换为频率和幅值都可以调节的交流电，来实现对感应电机的控制。相对于永磁电机而言，感应电机（异步电机）的效率和功率密度偏低。

在美国，异步电机应用较多，这也被认为是和路况有关。在美国，高速公路已经具有一定的规模，除了大城市外，汽车一般以一定的高速持续行驶，此时电机处于高速运转状态，所以在高速时有较高效率的异步电机（图2-22）得到广泛应用。

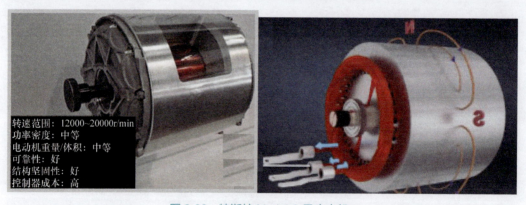

图 2-22　特斯拉 Model S 异步电机

3. 开关磁阻电机

开关磁阻电机调速系统（Switched Reluctance Drive，SRD）是继变频调速系统、无刷直流电机调速系统之后发展起来的最新一代无级调速系统，是集现代微电子技术、数字技术、电力电子技术、红外光电技术及现代电磁理论、设计和制作技术为一体的光、机、电一体化高新技术。该调速系统兼具直流、交流两类调速系统的优点。

英、美等经济发达国家对开关磁阻电机调速系统的研究起步较早，并已取得显著成果。

开关磁阻电机的应用和发展取得了明显的进步，已成功应用于电动车驱动、通用工业、家用电器和纺织机械等各个领域，产品功率范围从 10W 到 5MW，最高转速达 100000r/min。

（1）开关磁阻电机的控制

一般开关磁阻电机驱动系统包含开关磁阻电机、功率变换器、传感器和控制器四部分（图 2-23）。功率变换器是向电机直接提供能量的部件，由蓄电池或交流电整流后得到的直流电供电。它以功率开关为主要器件，在控制器的控制下起到开关的作用，使绕组与电源接通或断开，同时还为绕组提供能量回馈路径。控制器是电机调速系统的中枢，它综合处理速度指令、速度反馈信号及电流传感器和位置传感器的反馈信息，控制功率变换器中主开关器件的工作状态，实现对电机运行状态的控制。位置检测器的功能是正确地提供转子位置信息，这些信息经过相应的逻辑处理后形成变换器主开关器件的触发信号。因此，位置检测器是开关磁阻电机调速系统的关键部件和特征部件。

（2）开关磁阻电机的结构

开关磁阻电机的定子、转子均为凸极结构，由普通硅钢片叠压而成，如图 2-24 所示。转子既无绕组也无永磁体，定子极上绕有集中绕组，定子和转子的齿数不等，转子齿数一般比定子少两个，两个空间位置相对的定子齿线圈相串联，形成一相绕组。电机可以设计成多种不同相数结构，其定子、转子的极数有多种不同的搭配。相数多、步距角小，有利于减少转矩脉动，但结构复杂，且主开关器件多，成本高，现今应用较多的是四相（8/6）结构和三相（12/8）结构。

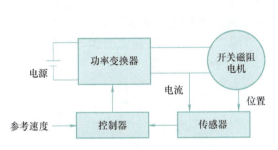

图 2-23　开关磁阻电机驱动系统

图 2-24　开关磁阻电机的定子、转子

（3）开关磁阻电机的工作原理

开关磁阻电机的工作机理是磁通变化原理产生转矩。当定子绕组通电时，产生一个单相磁场，遵循"磁阻最小原则"，即磁通总是沿磁导最大的路径闭合的原理。当定子、转子齿中心线不重合、磁导不为最大时，磁场就会产生磁拉力，形成磁阻转矩，使转子转到磁导最大的位置。当向定子各相绕组中依次通入电流时，电机转子将一步一步地沿着通电相序相反的方向转动。如果改变定子各相的通电次序，则电机将改变转向。但相电流通流方向的改变不会影响转子的转向。四相 8/6 极开关磁阻电机原理如图 2-25 所示。

（4）开关磁阻电机的优点

调速系统之所以能在现代调速系统中异军突起，主要是因为它卓越的系统性能，主要表现在：

1）电机结构简单。开关磁阻电机转子上没有永磁体或磁阻，其突出的优点是转子机械强度极高，由于转子上无线圈，转动惯量小，具有较高的转矩惯量比，所以特别适于高速运行。在定子方面，它只有几个集中绕组，定子绕组的端部又很短，不但制造方便，而且绕组的发热量小且容易散热，从而电磁负荷可以提高，电机利用系数可达异步电机利用系数的1.4倍，电机制造成本大为降低。

2）起动转矩大，起动电流小。控制器根据电源侧较小的电流得到较大的起动转矩，是本系统的一大特点。起动电流小而转矩大的优点还可以延伸到低速运行段，因此该系统十分适合那些需要重载起动或较长时间低速重载运行的机械。

3）适用于频繁起停及正反向转换运行。该系统具有的起动转矩高、起动电流小的特点，使之在起动过程中电流冲击小，电机和控制器发热较连续额定运行时还要小。可控参数多使其制动运行能与电动运行具有同样优良的转矩输出能力和工作特性。二者综合作用的结果必然使之适用于频繁起停及正反向转换运行，次数可达1000次/h。

4）性能好、可控参数多，调速性能好。可以根据电机的运行要求和电机的情况，采取不同控制方法和参数值，即可使之运行于最佳状态（如出力最大、效率最高等），还可使之实现各种不同功能的特定曲线，如使电机具有完全相同的四象限运行能力，并具有最高起动转矩和串励电机的负载能力曲线。

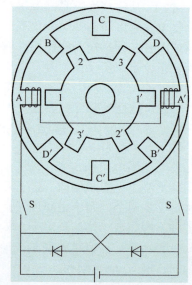

图2-25　四相8/6极开关磁阻电机原理

5）效率高，损耗小。该系统是一种非常高效的调速系统。这是因为：一方面，电机绕组无铜损；另一方面，电机可控参数多，灵活方便，易于在宽转速范围和不同负载下实现高效优化控制。可通过机和电的统一协调设计，满足各种特殊使用要求。

开关磁阻电机的主要问题是它产生的电磁转矩脉动较大，振动与噪声较严重，此外功率开关器件关断时还会在电机定子绕组端部及开关器件上产生较高的电压尖峰。相对于永磁电机而言，其功率密度和效率偏低。

4. 永磁电机

与传统的电励磁电机相比，永磁电机采用高能量的永磁体作为励磁机构，永磁电机驱动具有设计成高功率、高转速和高效率电机的潜力。这些优势使其在电动汽车和混合动力汽车中的应用令人瞩目。目前，用于电机的永磁体材料有铝镍钴、陶瓷、稀土永磁材料三类，其中稀土永磁电机具有结构简单、运行可靠、体积小、质量小、损耗小、效率高，以及电机的形状和尺寸可以灵活多样等显著优点，因而应用范围极为广泛，几乎遍及航空航天、国防、工农业生产和日常生活的各个领域。近年来，在电动汽车上应用较多的是永磁无刷直流电机和永磁同步电机。

（1）永磁无刷直流电机

永磁无刷直流电机具有功率密度大、体积小、效率高、结构简单、牢固可靠、易于维护等优点，且采用永磁无刷直流电机作为驱动元件的电动汽车驱动系统运行和维护成本较低；采用全数字化和模块化结构设计，使得驱动器接口灵活，控制能力更强，操作更加舒适；应用能量回馈制动技术，可以减少制动片的磨损，同时又可增加汽车续驶里程。但因换相电流难以达到理想状况，造成电机存在一定程度的转矩脉动及振动噪声，因此较适合应用于减速系统和车速不高的电动汽车。

永磁无刷直流电机可以看作一台用电子换相装置取代机械换相的直流电机，主要由永磁电机本体、转子位置传感器和电子换向电路组成。其驱动原理如图 2-26 所示。转子位置传感器 H1、H2、H3 将转子位置信息输入 DSP 控制器，该控制器向功率变换器提供门控信号，从而导通和关断特定的电机定子磁极绕组，从而控制电机的转矩和转速。

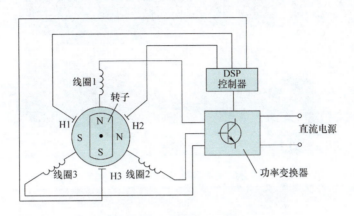

图 2-26　永磁无刷直流电机驱动原理

（2）永磁同步电机

永磁同步电机是由永磁体励磁产生同步旋转磁场的同步电机，永磁体作为转子产生旋转磁场，三相定子绕组在旋转磁场作用下通过电枢反应，感应三相对称电流。

永磁同步电机用永磁体取代他励同步电机的转子励磁绕组，定子则与普通同步电机一样。其运行原理与他励同步电机相同，但它以永磁体提供的磁通替代后者的励磁绕组励磁，使电机结构较为简单，降低了加工和装配费用，且省去了容易出问题的集电环和电刷，提高了电机运行的可靠性；又因无需励磁电流，不存在励磁损耗，提高了电机的效率和功率密度。因此它是近年来研究得较多并在各个领域中得到越来越广泛应用的一种电机，并已得到了普遍应用，如日产聆风纯电动汽车、丰田普锐斯混联式混合动力电动轿车。

永磁同步电机的结构和传统电机一样，主要由定子和转子组成，定子与普通感应电机基本相同，由电枢铁心和电枢绕组构成，转子主要由永磁体、转子铁心和转轴等组成（图 2-27）。

与普通电机相比，永磁同步电机必须装有检测磁极位置的转子永磁体位置传感器，用来对电枢电流进行控制，从而控制电机驱动。图 2-28 所示为北汽 EV200 永磁同步驱动电机及内置传感器。其中，旋转变压器用以检测电机转子位置，控制器解码后可以获知电机转速；温度传感器用以检测电机的绕组温度，控制器可以保护电机（避免过热）。

永磁同步电机的转子结构按定子、转子的内外关系可分为外转子结构和内转子结构，而对通常使用的内转子结构而言，又可分为表面式、内置式和爪极式三种。爪极式转子结构一般只用于低性能的永磁同步电机；表面式转子结构中的永磁体通常呈瓦片状，位于转子铁心的外表面，提供磁通的方向为径向；内置式转子结构中的永磁体通常为条状，位于转子铁心的内部，提供的磁通方向和转子具体的结构形式有关。

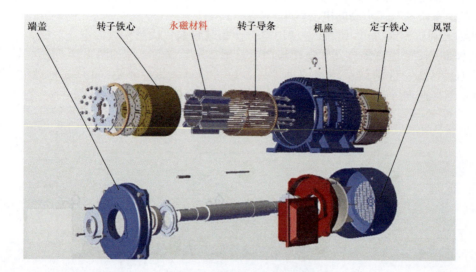

图 2-27 永磁同步电机的分解图

图 2-28 北汽 EV200 永磁同步驱动电机及内置传感器

虽然不同的永磁同步电机转子结构差异很大,但由于永磁材料的使用,使得永磁同步电机有如下特点:

(1)高起动转矩、高过载能力

稀土永磁同步电机起动转矩和过载能力均比三相异步电机高出一个功率等级,最大起动转矩可达额定转矩的 3.6 倍,而一般异步电机仅为 1.6 倍。功率密度大、电体积小、电机材料省、效率高,可增加电池的续驶里程,调速范围宽,对电机的逆变器功率要求低。

(2)运行效率高、节能效果尤为明显

永磁同步电机与感应电机相比,不需要无功励磁电流,可以显著提高功率因数,减少了定子电流和定子电阻损耗,而且在稳定运行时没有转子电阻损耗,进而可以因总损耗降低而减小风扇(小容量电机甚至可以去掉风扇)和相应的风摩损耗,从而使其效率比同规格感应电机提高 2%~8%。

四、各种电机在我国的发展现状

1. 交流异步电机

我国已建立了具有自主知识产权的交流异步电机驱动系统的开发平台,形成了小批量生产的开发、制造、试验及服务体系;产品性能基本满足整车需求,大功率异步电机驱动系统已广泛应用于各类电动客车;通过示范运行和小规模市场化应用,产品可靠性得到了初步验证。

2. 开关磁阻电机

开关磁阻电机驱动系统已形成优化设计和自主研发能力,通过合理设计电机结构、改进控制技术,产品性能基本满足整车需求;部分公司已具备年产 2000 套的生产能力,能满足小批量配套需求,目前部分产品已配套整车示范运行,效果良好。

3. 无刷直流电机

国内企业通过合理设计及改进控制技术,有效提高了无刷直流电机产品性能,基本满足电动汽车需求,已初步具有机电一体化设计能力。

4. 永磁同步电机

永磁同步电机驱动系统已形成了一定的研发和生产能力,开发了不同系列产品,可应用于各类电动汽车;产品部分技术指标接近国际先进水平,但总体水平与国外仍有一定差距;基本具备永磁同步电机集成化设计能力;多数公司仍处于小规模试制生产,少数公司已投资建立车用驱动电机驱动系统专用生产线。

永磁电机的主要材料有钕铁硼磁钢、硅钢等。部分公司掌握了电机转子磁体先装配后充磁的整体充磁技术。国内研制的钕铁硼永磁体最高工作温度可达 280℃,但技术水平仍与德国和日本有较大差距。硅钢是制造电机铁心的重要磁性材料,其成本占电机本体的 20% 左右,其厚度对铁耗有较大影响,日本已生产出 0.27mm 硅钢片用于车用电机,我国仅开发出 0.35mm 硅钢片。

五、新能源汽车驱动电机的未来展望

新能源汽车驱动电机目前的发展方向有以下几方面:小型轻量化;高效性;更出色的转矩特性;使用寿命长、可靠性高;噪声低;价格低廉。随着时间的推移,新能源驱动电机的发展呈现如下趋势:

1)电机本体永磁化:永磁电机具有高转矩密度、高功率密度、高效率、高可靠性等优点。我国具有世界最为丰富的稀土资源,因此高性能永磁电机是我国车用驱动电机的重要发展方向。

2)电机控制数字化:专用芯片及数字信号处理器的出现,促进了电机控制器的数字化,提高了电机系统的控制精度,有效减小了系统体积。

3)电机系统集成化:通过机电集成(电机与发动机集成或电机与变速器集成)和控制器集成,有利于减小驱动系统的重量和体积,可有效降低系统制造成本。

随着新能源汽车驱动技术的快速发展,许多新结构和新概念电机已经投入研究。其中,新型永磁无刷电机是目前最有前景的电机之一,包括混合励磁型、轮毂型、双定子型、记忆型以及磁性齿轮复合型等。此外,非晶电机也开始走进新能源汽车领域,作为新一代高性能电机,其自身的优越性必将对新能源汽车产业的发展起到巨大的推动作用。

第四节　驱动电机的选用及应用实例

从我国不同种类新能源汽车驱动电机的应用来看，目前交流异步（感应）电机和开关磁阻电机主要应用于新能源商用车，特别是新能源客车，开关磁阻电机的实际装配应用较少，永磁同步电机主要应用于新能源乘用车。各种常用电机的性能比较见表2-6和表2-7。

表2-6　电动汽车常用电机的性能比较

项目类型	直流电机	感应电机	永磁电机	开关磁阻电机
功率密度	低	中	高	较高
峰值效率（%）	85~89	94~95	95~97	90
负荷效率（%）	80~87	90~92	85~97	78~86
功率因数（%）	—	82~85	90~93	60~65
恒功率区	—	1：5	1：2.25	1：3
转速范围/(r/min)	4000~6000	12000~15000	4000~10000	>15000
可靠性	一般	好	优良	好
结构的坚固性	差	好	一般	优良
电机体积	大	中	小	小
电机重量	大	中	小	小
电机成本/($/kW)	10	8~12	10~15	6~10
控制操作性能	最好	好	好	好
控制器成本	低	高	高	一般

表2-7　电动汽车中不同电机性能对比

性能类型	直流电机	感应电机	永磁无刷电机	开关磁阻电机	永磁同步电机
功率密度	2.5	3.5	5	3.5	4
效率	2.5	3.5	5	3.5	5
可控制性	5	4	4	3	4
可靠性	3	5	4	5	4
成熟性	5	5	4	4	3
成本	4	5	3	4	3
综合	22	26	25	23	23

注：表中5分代表该项满分，总分30分满分。

一、电机选用策略

电动汽车所使用的电机往往要求频繁起动、频繁加减速以及工作模式的频繁切换，这对电机的响应性提出了更高的要求。电机在低速时应具有大的转矩和超载能力。在高速运转时，应具有大的功率和较宽阔的恒功率范围。有足够的动力性能来克服整车的各种阻力，保证其有良好的起动、加速性能和行驶速度，并可实现制动时的能量回收。因此，电动汽车驱动电机在负载要求、技术性能和工作方面有特殊要求，选择时应遵循以下策略。

1. 体积小、重量轻、价格低

首先应采用技术成熟、性能可靠、控制方便和价格便宜的现成电机，电机性能必须充分满足单独用电力驱动模式行驶工况时的要求。

2. 在允许的范围内，尽可能采用高电压

采用高电压可以减小电机的尺寸和导线等装备的尺寸，特别是可以降低逆变器的成本。丰田普锐斯由 THS 的 274V 提高到 THS Ⅱ 的 500V，在电机尺寸不变的情况下，最高功率由 33kW 提高到 50kW，最大转矩由 350N·m 提高到 400N·m。

3. 较高的功率密度和工作效率等性能。

功率密度一般应达到 1kW/kg，在较宽的转速范和转矩范围内都有较高的效率，以满足汽车驱动电机低速大转矩特性及宽范围恒功率特性的要求，以降低车重，延长续驶里程。

高功率密度的电机电控既能实现轻量化，又能节省珍贵的安装空间；更高的效率不但能带来更高的续驶里程，还能减少蓄电池用量并增大寿命，从而降低成本。普锐斯 2015 年推出的第四代永磁同步电机，转速较第三代提高到 3500r/min，相应的功率密度提高了 10%。

4. 较高的过载能力，以提高车辆的起动和加速性能。

电动汽车的电机需要有 4~5 倍的过载，以满足短时加速行驶与最大爬坡的要求。一般的工业电机只要 2 倍即可。传统电机一般工作在额定工作点附近，而电动汽车电机的工作范围相对较宽，由于电机工作模式的特殊性，额定功率这个参数对于电机而言，没有特大意义。

5. 可控性好、稳态精度高、动态性能好

现在混合动力汽车上，主要采用能够实现变频、调速的高转速电机，高速电机的转速可以达到 1 万~1.2 万 r/min，在高速运转时，有更大的功率和较宽阔的恒功率范围，体积较小和质量较小，但要求装置高精度的高速轴衬，需要用高品质的材质来制作，并要保证高效率的冷却。

二、电机在电动汽车上的应用实例

1. 异步电机应用实例

特斯拉电动跑车上采用铸铜转子的三相四级交流异步电机，有三种型号，峰值功率分别为 225kW、270kW、310kW，峰值转矩分别为 430N·m、440N·m、660N·m。该异步电机能够承受大幅度的温度变化，无须安装第二套传动机构，体积小、质量轻，仅 52kg。因此电机驱动系统重量轻、效率高、结构紧凑。该电机有两个主要的部件，定子和转子。转子由横着的多根导电杆、两端的导电圆盘及夹在导电圆盘之间的多个硅钢片组成。定子连接到三相交流电上，绕组中的三相交流电产生旋转的磁场，从而在电机中产生具有 4 个磁极的磁场，旋转的磁场在转子的导电杆中产生感应电流。因为导电杆中有电流，所以导电杆在磁场中转动。电机直接安装在后轴上，输出的动力在传送到后轮上时几乎没有损耗，

充分保证了能量转换率,如图 2-29 所示。

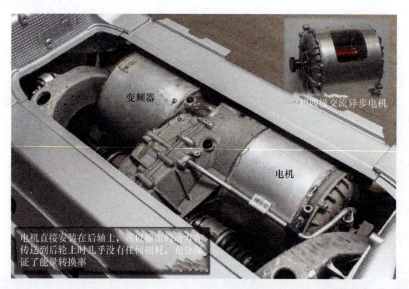

图 2-29　特斯拉电机及驱动

2. 永磁同步电机应用实例

目前在我国新能源汽车中,无论是纯电动 EV,还是 HEV,主要应用永磁同步电机,而且以内嵌式永磁同步电机(IPM)为主,主要利用永磁同步电机的磁阻转矩提高转矩密度和功率密度。我国拥有丰富的稀土资源和较低的成本优势,很适合新能源电动汽车上应用,如比亚迪 E6、腾势、广汽传祺 GA5REV、荣威 E50、北汽 EU260 等采用永磁同步电机。下面主要介绍丰田普锐斯电动汽车用电机(图 2-30)。

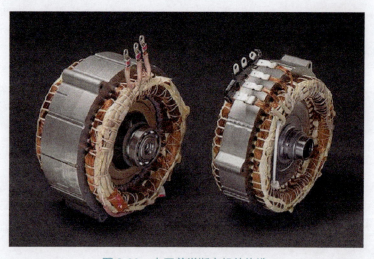

图 2-30　丰田普锐斯电机的构造

丰田普锐斯汽车电机(图 2-31)采用三相交流方式,根据行驶情况准确地控制旋转磁场的角度,将转子内的永久磁铁排列成理想的 V 形。丰田普锐斯电机的最大电压为 500V,最大输出功率为 50kW,最大转矩为 400N·m。

该装置一直到高旋转带都可高效地产生高转矩,同时可任意控制转速和产生的转矩。

另外它还拥有小型、轻量、高效等特点，具有优秀的动力性能，可进行顺畅的起动、加速等各种操作。

图 2-31　丰田普锐斯的混合动力系统及永磁同步驱动电机

3. 双电机驱动

在实际车辆行驶工况中，有高速有低速，有重载有轻载，无论怎么优化，都很难做到全面高效。双电机驱动形式，就是配置了两台性能差异化的电机，一台偏向高速轻载高效，一台偏向低速重载高效。通过单电机运行和双电机运行的组合搭配，可以实现等效电机的高效区域大幅度拓宽。普锐斯2017版的双电机驱动系统就是该思路的代表，如图2-32所示。采用大小永磁同步电机搭配，小电机高速轻载时高效率运行；大电机低速重载时高效率运行，合成后高效率区域叠加。

图 2-32　普锐斯 2017 版双电机驱动

4. 多功能电机集成驱动

目前除主驱动电机以外，转向系统、空调系统、制动系统均需要一个独立的 DC/AC 和电机，各系统独立开来，在车上布置较为分散。整车所需要的变频器和电机数量也较多，不利于各系统零部件的检修。多功能电机集成驱动用一个高效电机驱动转向泵、打气泵、空调压缩机，将各系统整合。通过驱动电机带动发动机，取消了价格比较贵的 DC/DC 变换器。图 2-33 所示为 10.5~12m 大客车用的多功能集成驱动电机产品及参数。

序号	型号	转速	功率	转向油泵	空气压缩机	空调压缩机	发电机
1	FD15A-4256	1500r/min	15kW	14MPa/16L	380L/min	560mL/r	200A
2	FD15A-4256	1500r/min	15kW	14MPa/16L	380L/min	650mL/r	200A

图 2-33　我国自主设计的大客车多功能集成驱动电机产品及参数

第五节　逆变器与变频器

一、逆变器及其控制技术

1. 逆变器的概念及工作原理

逆变器（Inverter）是把直流电（电池、蓄电池）转变成交流电（一般为220V、50Hz正弦波）的电子设备，即DC/AC变换器。它由逆变桥、控制逻辑和滤波电路组成。

整流器是将电网的交流电转变为稳定的12V直流电输出，而逆变器是将Adapter输出的12V直流电转变为高频的高压交流电；两个部分同样都采用了用得比较多的脉宽调制（PWM）技术。其核心部分都是一个PWM集成控制器，Adapter用的是UC3842，逆变器则采用TL5001芯片。TL5001的工作电压范围为3.6~40V，其内部设有误差放大器、调节器、振荡器、有死区控制的PWM发生器、低电压保护回路及短路保护回路等。

2. 逆变器的分类

目前逆变器主要是按照波弦性质和源流性质进行分类。

（1）按波弦性质

主要分两类，一类是正弦波逆变器，另一类是方波逆变器。

正弦波逆变器输出的是同我们日常使用的电网一样甚至更好的正弦波交流电，它不存在电网中的电磁污染。方波逆变器输出的则是质量较差的方波交流电，其正向最大值到负向最大值几乎在同时产生，这样，对负载和逆变器本身造成剧烈的不稳定影响；同时，其负载能力差，仅为额定负载的40%~60%，不能带感性负载。若所带的负载过大，方波电流中包含的三次谐波成分将使流入负载中的容性电流增大，严重时会损坏负载的电源滤波电容。总括来说，正弦波逆变器提供高质量的交流电，能够带动任何种类的负载，但技术要求和成本均高。准正弦波逆变器可以满足我们大部分的用电需求，效率高、噪声小、售价适中，因而成为市场中的主流产品。

（2）按照源流性质

有源逆变器：使电流电路中的电流在交流侧与电网连接，而不直接接入负载的逆变器。

无源逆变器：使电流电路中的电流在交流侧不与电网连接，而直接接入负载（即把直流电逆变为某一频率或可调频率的交流电供给负载）的逆变器。

3. 逆变器控制技术

（1）开环和单电压环控制技术

逆变器发展的早期出现了方波逆变器、阶梯波合成逆变器，前者电路拓扑简洁，功率器件数目少，但谐波含量大，因而滤波电路复杂，体积和重量大；后者相对前者电路拓扑复杂，元器件数目多，而且逆变电路本身没有调压的功能，其调压功能是通过调节输入直流电压来实现的,但输出电压谐波含量小,输出滤波器体积和重量小。接着出现了正弦脉冲宽度调制控制方案(SPWM),使逆变器的输出性能有了很大的提高。其输出电压的调节是通过改变调制比(正弦参考波峰值与调制三角波峰值的比值)来实现的。早期的 SPWM 逆变器的闭环反馈控制是单电压有效值反馈环,这种控制电路的结构相对简单,对输出电压的幅值可连续调节并保证一定的静差,但也存在以下缺点:

1)系统动态响应速度缓慢:由于包含 LC 输出滤波器,单环电压反馈系统是一个二阶系统,只有在 PI 电压调节器中加入大的补偿电容才能保证系统稳定工作,加上有效值检测电路的滞后,当直流侧电压或负载突变时,系统的动态响应速度很慢,常经历几个输出周期。

2)负载适应性差:对诸如 UPS 一类电源,经常面对一些非线性负载,电流冲击度很高。在脉冲电流的冲击下,输出电压波形产生畸变,总失真度升高,甚至超越允许值。

逆变器的设计目标是在任何负载条件或动态过程中保持希望的输出电压波形。随着新型功率开关器件的出现,调制频率不断提高,各种现代反馈控制技术可用于电压波形的连续控制,而非基于有效值反馈。这为"瞬时"控制器提供了很多性能优点,包括更快的瞬态响应速度(一个周期内)、更低的总谐波失真度、输出阻抗减小而提高了抗干扰性等。

(2)电压电流双环反馈控制技术

电压电流瞬时值双闭环反馈控制是目前先进的控制技术之一,其是由输出滤波电感电流反馈和输出电压(即输出滤波电容电压)反馈构成的"电流型控制逆变器"。其外环为输出电压反馈,电压调节器一般采用 PI 形式,其输出作为内环给定;电感电流反馈构成内环,电流环设计为电流跟随器性质。但电流跟随的实现方法有多种,其中常用的有 SPWM 控制和滞环控制两种。

图 2-34 所示为电流内环为 SPWM 控制方式的电压电流双环反馈半桥逆变器,它具有电压外环和电流内环的电压源半桥逆变电路。在点画线框内的电路控制电路中,电流内环采用的是 SPWM 控制方式。电压外环采用瞬时值反馈,对输出电压的瞬时误差给出调节信号,该信号经 PI 调节后作为电流控制给定;电流内环由电感电流瞬时值与电流给定比较产生误差信号,与三角形载波比较后产生 SPWM 信号。由此可见,在实际应用中采用电流内环和电压外环的目的除了降低输出电压的 THD 外,还在于对不同负载实现给定电流幅值的自动控制。

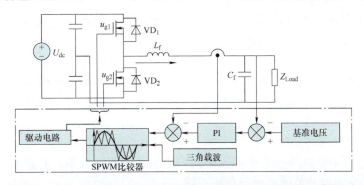

图 2-34 电流内环为 SPWM 控制方式的电压电流双环反馈半桥逆变器

图 2-35 所示为电流内环为滞环控制的电压电流双环反馈半桥逆变器,但其电流内环采用的是滞环控制方式,电压外环与采用 SPWM 控制方式的电压源半桥逆变电路是一样的,所不同的是,其电流内环中调制信号是由电流给定与电感电流瞬时值的差值在环宽误差范

围内的比较直接产生的，因而其动态响应速度快。

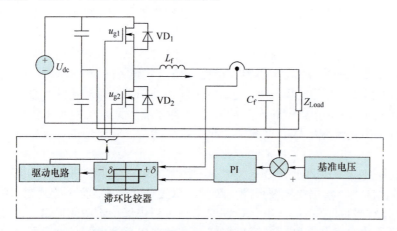

图 2-35　电流内环为滞环控制的电压电流双环反馈半桥逆变器

4. DC/DC 变换器在电动汽车中的应用类型

（1）高压升压器

高压升压器是一种选择性架构，主要是某些整车企业为了提高动力系统的效率，选择用一个 Boost 升压器来提高逆变器输入的总线电压。因此，这个部件集成在逆变器里面，作为动力总成的一部分。由于此类器件是在特定的部件条件下，通过系统设计优化出来的一个附带产物，并不是每个整车企业都需要选择，特别是随着锂电化带来的系统电压等级的升高，这个器件对于普通的零配件企业而言不是很好的机会。

（2）高低压变换器（辅助功率模块）

此模块的主要作用是取代传统的 12V 发电机。强混以上的系统之中，发动机输出的动力直接驱动高压继电器对高压电池系统进行补电，传统的 12V 用电负荷，则完全依靠这个 DC/DC 变换器供给，因此传统的用电负荷补给也就落实到了这里。几乎所有的新能源汽车都会应用此类器件，功率范围为 1~2.2kW，也是未来 48V 系统的一个核心器件，后文将对此器件进行展开。

（3）12V 电压稳定器

12V 电压稳定器主要是用在部分 Start-Stop 系统中，目前在欧洲 SS 系统中已经应用非常广泛了。在启动过程中，需要采用某种架构用来防止电压波动对一些敏感器件产生影响。这里的敏感负载，主要包括用户可见的用电负载，如内饰灯和收音机等。电压稳压器的功率等级，随着敏感用电器的负荷而定，一般为 200~400W；总体而言，此类器件的功率等级较小，成本要求较为苛刻，欧洲的零部件厂家切入较早，这类器件的技术已经非常成熟。

5. 逆变器在电动汽车上的应用实例

采用交流电机（交流异步电机和永磁同步电机）的电动汽车，必须将电池或电容存储的直流电转换为交流电才能驱动此类电机旋转。

逆变器一端连接来自动力电池的高压电，另一端连接驱动电机单元的三相交流电缆，主要用于将来自动力电池的直流电转换为可用于驱动电机的三相交流电，同时在制动能量回收时，也将来自电机产生的交流电转换成直流电，反馈给动力电池。大多数车辆将逆变器与电机控制器集成在一起，实现逆变器的功能和管理电机的运转。图 2-36 所示为丰田普锐斯混合动力电动汽车的驱动电机逆变器，其逆变器和电压转换器是集成在一起的。

图 2-37 所示为纯电汽车逆变器的内部结构和工作原理图。该逆变器的特点是具有控制电机和 DC/DC 变换器的组合功能，此外，在逆变器内部还会并联一条高压线路给空调压缩机供电。用于控制电机的逆变器工作时，在 U、V 和 W 相位连接点处晶体管的作用下，动力电池的直流电通过脉宽调制的方式转换为交变连接的三相。每一相的极性都以频率函数的形式进行翻转。为了使电压具有交流电特性，产生正半波或负半波的脉宽调制的宽度为调制后的窄/宽/窄，并用电容器来滤波。

图 2-36　丰田普锐斯混合动力汽车的驱动电机逆变器

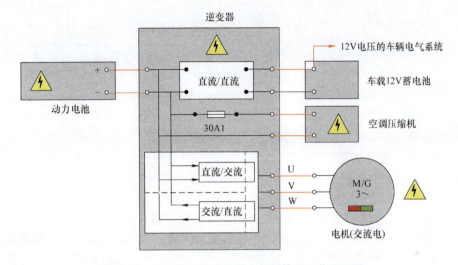

图 2-37　纯电汽车逆变器的内部结构和工作原理图

二、变频器及其控制方式

1. 变频器的概念及工作原理

变频器（Variable-Frequency Drive，VFD）是应用变频技术与微电子技术，通过改变电机工作电源频率方式来控制交流电机的电力控制设备，如图 2-38 所示。变频器主要由整流（交流变直流）、滤波、逆变（直流变交流）、制动单元、驱动单元、检测单元微处理单元等组成。

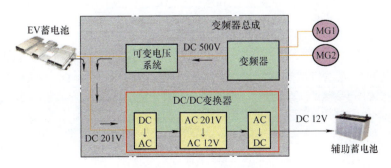

图 2-38　利用变频器控制电机

变频器靠内部IGBT的通断来调整输出电源的电压和频率，根据电机的实际需要来提供其所需要的电源电压，进而达到节能、调速的目的。普锐斯电动汽车的带增压器的变频器总成电路如图2-39所示。

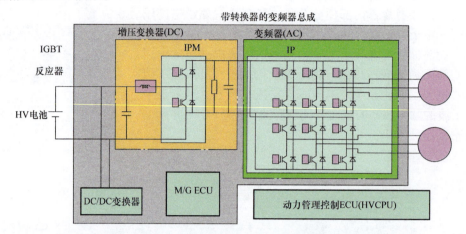

图2-39 普锐斯电动汽车的带增压器的变频器总成电路

2. 变频器的分类

目前主要分为交－直－交变频器和交－交变频器两大类。

（1）交－直－交变频器

按照电压、频率的控制方式，交－直－交变频器有三种结构：

1）可控整流器调压、逆变器调频方式。如图2-40a所示，其调压与调频功能分别在两个环节上实现，由控制电路协调配合，故其结构简单、控制方便。

2）不控整流器整流、斩波器调压、逆变器调频方式。如图2-40b所示，由于采用二极管整流，故输入功率因数提高；由于输出逆变环节功率器件采用晶闸管，故存在输出谐波成分大的弊病。

3）不控整流器整流、脉宽调制型（PWM）逆变器同时实现调压调频方式。如图2-40c所示，此装置输入功率因数高，又因采用高开关频率的逆变器，故其输出谐波很小，性能优良。

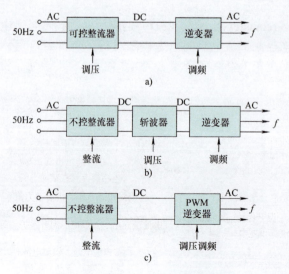

图2-40 交－直－交变频器结构图

（2）交-交变频器

交-交变频器可直接将电网频率交流变成频率可调交流，无需中间直流环节，从而可提高整个变频装置的变换效率。又由于交-交变频器中晶闸管可利用交流电网实现电源自然换流，不需要专门设计换流电路，简化了变流器结构，使这种变频器在大容量低速同步电机的无齿系传动、大型绕线转子异步电机的超同步双馈调速，以及新型交流励磁变速恒频发电系统中得到了相当广泛的应用。

交-交变频器输出的每一相都是由两组晶闸管可控整流器反并联的可逆线路构成的。如图2-41所示。其中，图2-41a所示电路中，可控整流器进线侧接入了足够大的滤波电感，使输出电流近似方波，即电流源型；图2-41b中，两组整流器直接反并联，构成电压源型电路；如图2-41c所示，其输出频率即为两组整流器的交替工作切换频率。由于交-交变频器输出的交流电压经晶闸管整流后获得，晶闸管利用了电网电压换流，其输出频率不能高于电网频率，通常最高输出频率被限制为电网频率的1/3~1/2。

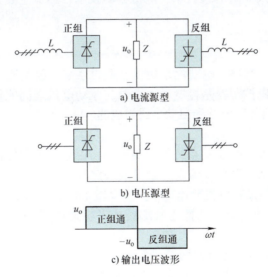

图2-41 交-交变频器原理图

3. 变频器的控制方式

（1）正弦脉宽调制（SPWM）控制方式

该控制方式的特点是控制电路结构简单、成本较低，机械特性硬度也较好。但是，这种控制方式在低频时，由于输出电压较低，转矩受定子电阻电压降的影响比较显著，使输出最大转矩减小。另外，其机械特性没有直流电机硬，动态转矩能力和静态调速性能都还不尽如人意，且存在系统性能不高、稳定性变差等缺点。

（2）电压空间矢量（SVPWM）控制方式

它以三相波形整体生成效果为前提，以逼近电机气隙的理想圆形旋转磁场轨迹为目的，一次生成三相调制波形，以内切多边形逼近圆的方式进行控制。经实践使用后又有所改进，即引入频率补偿，能消除速度控制的误差。但控制电路环节较多，且没有引入转矩的调节，所以系统性能没有得到根本改善。

（3）矢量控制（VC）方式

矢量控制变频调速的实质是将交流电机等效为直流电机，分别对速度、磁场两个分量进行独立控制。通过控制转子磁链，然后分解定子电流而获得转矩和磁场两个分量，经坐标变换，实现正交或解耦控制。矢量控制方法的提出具有划时代的意义。

（4）直接转矩控制（DTC）方式

直接转矩控制直接在定子坐标系下分析交流电机的数学模型，控制电机的磁链和转矩。它不需要将交流电机等效为直流电机。

第六节　驱动电机控制器与整车控制器

电池技术、电机驱动及其控制技术、能量管理技术以及电动汽车整车技术都为电动汽车的关键技术。电控系统用于控制电池、电机等组件，其功能包括电池管理，发动机、电机能量管理等。电机驱动控制系统（包括驱动电机和电机控制器）是新能源汽车行驶中的主要执行结构，控制和驱动特性决定了汽车行驶的主要性能指标。

前文已介绍了电池及能量管理技术、电机驱动技术，本节主要介绍驱动电机控制器与整车控制器技术。

一、驱动电机控制器

根据 GB/T 18488.1—2015《电动汽车用驱动电机系统　第 1 部分：技术条件》对驱动电机控制器的定义，电机控制器是控制动力电源与驱动电机之间能量传输的装置，由控制信号接口电路、驱动电机控制电路和驱动电路组成的。

1. 驱动电机控制器的组成与原理

驱动电机控制器作为整个制动系统的控制中心，由逆变器和控制器两部分组成。逆变器接收动力电池输送过来的高压直流电，逆变成一定频率和幅值的高压三相交流电，驱动配套的驱动电机。控制器接收电机转速等信号并反馈到仪表，当发生加速或者制动行为时，控制器控制变频器频率的升降，从而达到加速或者减速的目的。根据采用的驱动电机可分为：

1）直流电机驱动系统：电机控制器一般采用脉宽调制（PWM）斩波控制方式，控制技术简单、成熟、成本低，但存在效率低、体积大等缺点。

2）交流感应电机驱动系统：电机控制器采用 PWM 方式实现高压直流到三相交流的电源变换，采用变频调速方式实现电机调速，采用矢量控制或直接转矩控制策略实现电机转矩控制的快速响应。

3）交流永磁电机驱动系统：包括正弦波永磁同步电机驱动系统和梯形波无刷直流电机驱动系统，其中正弦波永磁同步电机控制器采用 PWM 方式实现高压直流到三相交流的电源变换，采用变频调速方式实现电机调速；梯形波无刷直流电机控制通常采用"弱磁调速"方式实现电机的控制。由于正弦波永磁同步电机驱动系统低速转矩脉动小且高速恒功率区调速更稳定，所以比梯形波无刷直流电机驱动系统具有更好的应用前景。

4）开关磁阻电机驱动系统：开关磁阻电机驱动系统的电机控制一般采用模糊滑模控制方法。

电机控制器作为新能源汽车中连接电池与电机的电能转换单元，是电机驱动及控制系统的核心，主要包含 IGBT（Insulated Gate Bipolar Transistor，绝缘栅双极型晶体管）功率半导体模块及其关联电路等硬件部分，以及电机控制算法及逻辑保护等软件部分，其工作原理如图 2-42 所示。

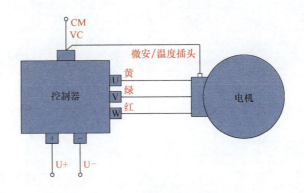

图 2-42 驱动电机控制器的工作原理

目前，电动汽车电机控制器多采用三相全桥电压型逆变电路拓扑，部分产品前置双向 DC/DC 变换器，以增大电机端输入交流电压，提升高转速下的输出功率，降低电机设计与生产成本。传统控制器中，直流支撑电容器体积庞大，耐高温性能较差。为减小直流支撑电容器体积甚至取消直流支撑电容器，新型变换器电路拓扑和控制方法成为电动汽车应用研究的新热点，但尚处于实践探索阶段。

2. 电机控制方式

电机控制方式主要有电压控制、电流控制、频率控制、弱磁控制、矢量控制、直接转矩控制。

电压、电流、频率控制方式分别通过改变电机端电压、电机绕组电流、电机的电源频率而实现电机转速控制；弱磁控制方式通过减弱气隙磁场控制电机转速；矢量控制方式将交流电机的定子电流作为矢量，经坐标变换分解成直流电机的励磁电流和电枢电流相对应的独立控制电流分量，以实现电机的转速/转矩控制；直接转矩控制方式是用空间矢量的分析方法，直接在定子坐标系下计算并控制交流电机的转矩，采用定子磁场定向，借助离散的两点式调节产生 PWM 信号，直接对逆变器的开关状态进行控制，以获得转矩的高动态性能。

随着电动汽车和控制技术的发展，现代控制和智能控制的应用已成为发展趋势。

3. 电机控制器应用实例

图 2-43 所示为北汽 EV200 驱动电机系统。该系统采用永磁同步电机，内置旋转变压器和温度传感器，用以检测电机转子位置和电机的绕组温度，并通过低压信号线传输到驱动电机控制器。控制器内有水道，用以冷却驱动电路板。高压直流插接件与来自高压盒的高压直流母线相连接。U、V、W 高压接插件与电机控制器的三相高压线连接。低压插接件与电机及整车控制器连接，接收整车控制器的驱动控制信号并将电机工作转态信息传送给整车控制器，如图 2-43d、e 所示。

驱动电动机控制器采用三相两电平电压源型逆变器，以 IGBT 模块为核心，辅以驱动集成电路、主控集成电路，如图 2-43c 所示。IGBT 模块及驱动板是强电电路，其作用是在控制板的控制下，将高压盒传输来的高压直流电逆变成 U、V、W 三相交流电并输出给驱动电机，使其按指令运转。控制板对所有的信号进行处理，并将驱动电机运行状态的信息通过 CAN 线发送给整车控制器。

技术指标	技术参数
类型	永磁同步
基速	2812r/min
转速范围	0～9000r/min
额定功率	30kW
峰值功率	53kW
额定转矩	102N·m
峰值转矩	1080N·m
重量	45kg
防护等级	IP67

a) EV200驱动电机的基本参数

技术指标	技术参数
直流输入电压	336V
工作电压范围	265～410V
控制电源	12V
控制电源电压范围	9～16V
标称容量	85kW
重量	9kg
防护等级	IP67
尺寸（长×宽×高）	403mm×249mm×140mm

b) EV200电机控制器的基本参数

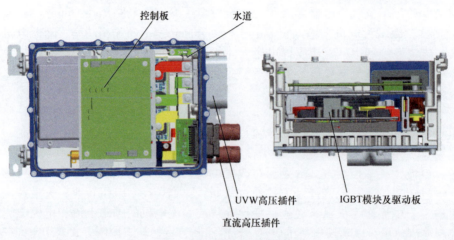

c) EV200电机控制器的结构

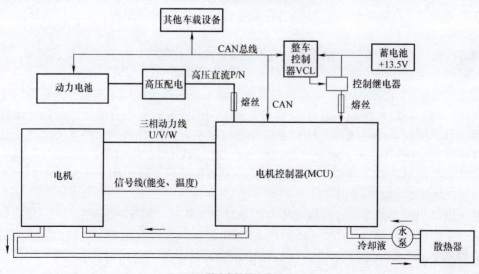

d) EV200驱动电机的系统原理

图 2-43　北汽 EV200 驱动电机系统

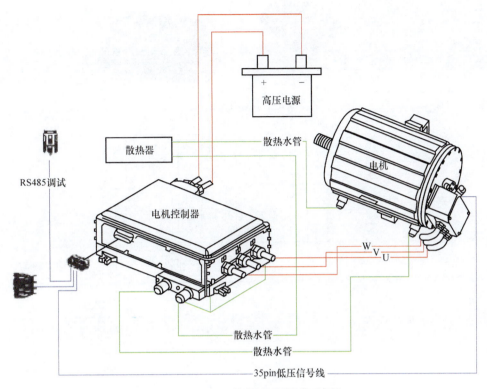

e）EV200驱动电机系统连接示意图

图 2-43　北汽 EV200 驱动电机系统（续）

驱动电机控制器内含故障诊断电路。当诊断出异常时，它将会激活一个错误代码，发送给整车控制器，同时也会存储该故障码和数据。通过电流传感器、电压传感器、温度传感器检测电机工作的实际电流（包括母线电流、三相电流）、实际电压及电机控制系统的工作温度。

如图 2-44 所示，IGBT 模块共有 6 个 IGBT，每个 IGBT 就是一个开关，非通即断。IGBT 有 3 个端子，分别是栅极 G、源极 S、漏极 D。控制靠的是栅源极的电压，当栅源极加 +12V（大于 6V，一般取 12~15V）时，IGBT 导通；栅源极不加电压或者是加负电压时，IGBT 关断（加负电压就是为了可靠关断）。IGBT 没有放大电压的功能，导通时可以看作导线，断开时当作开路。

图 2-44b 中，V1 导通，来自 U+ 的电压通过 V1 到达 U 端，V6 同时导通，电流从 W 端经过 V6 回到 U- 端，通过不断切换 6 个 IGBT 可以在 U、V、W 三个端子间产生可控的交流电。当 U、V、W 三相在初始位置时，U 相电压位于零点，W 相电压位于正电位的高位，V 相电压位于负电位的低位，形成较大电位差，此时 V3 导通，来自高压直流的正极电流从 W 相线圈输入，此时 V5 导通，电流从 V 相线圈流出回到高压直流负极，V 相和 W 相线圈产生相应的磁场。同理，当 V 相相电压位于零电位时，U 相电压位于正电位的高位，W 相电压位于负电位的低位，U 相和 W 相线圈产生相应的磁场。

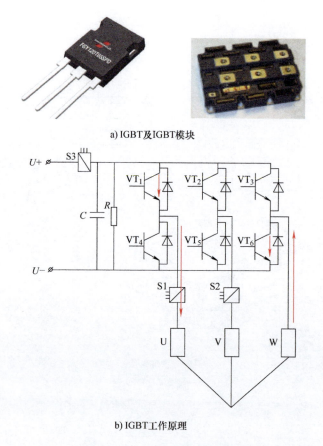

a) IGBT 及 IGBT 模块

b) IGBT 工作原理

图 2-44　IGBT 及其工作原理

综上所述，北汽 EV200 电机控制器的主要功能是与整车控制器通信、检测直流母线电流、控制 IGBT 模块、监控高压线束连接情况、反馈 IGBT 模块温度、旋变传感器励磁供电及信号分析等。EV200 永磁同步电机控制器特点如下：

1）完善的保护功能。通过电机内置传感器、控制器内置传感器，该电机控制器具有过热保护、异常保护等功能：驱动电机温度 ≥ 140℃时，降功率至零（即停机）；当散热基板温度 ≥ 85℃时，超温保护；当驱动电机温度在 45~50℃时，冷却风扇低速启动；当温度 ≥ 50℃时，冷却风扇高速启动；当温度降至 40℃时，冷却风扇停止工作；当散热基板板温度 ≥ 75℃时，冷却风扇低速启动。

2）电机控制器具有符合我国通用标准的 CAN 总线功能，能与整车控制系统联网使用。

二、整车控制器

整车控制器（Vehicle Control Unit, VCU），即动力总成控制器，是实现整车控制决策的核心电子控制单元。VCU 采集电机控制系统信号、加速踏板信号、制动踏板信号及其他部件信号，根据驾驶人的驾驶意图综合分析并做出响应判断后，监控下层的各部件控制器的动作，通过 CAN 总线对网络信息进行管理、调度、分析和运算，针对车型的不同配置，进行相应的能量管理，实现整车驱动控制、能量优化控制、制动回馈控制和网络管理等功能。

其应该具备以下功能：

（1）数据交互管理

整车控制器要实时采集驾驶人的操作信息和其他各个部件的工作状态信息，这是实现整车控制器其他功能的基础和前提。控制器接收 CAN 总线的信息，对直接馈入整车控制器的物理层进行采样处理，并且通过 CAB 发送控制命令，通过 I/O、D/A 和 PWM 提供对显示单元、继电器等的驱动信号。

（2）安全故障管理

实车运行中，任何部件都可能产生差错，从而可能导致器件损坏甚至危及车辆安全。整车控制器要能对汽车各种可能的故障进行分析处理，这是保证汽车行驶安全的必备条件。对车辆而言，故障可能出现在任何地方，但对整车控制器而言，故障只体现在第一层中继承的数据中。对继承的数据进行分析判断将是该层的主要工作。在检测出错误后，该层会做出相应的处理，在保证车辆足够安全的条件下，给各部件提供可使用的工作范围，以便尽可能地满足驾驶人的驾驶意图。

（3）驾驶人意图

驾驶人的所有与驱动驾驶相关的操作信号都直接进入整车控制器，整车控制器对采集到的驾驶人操作信息进行正确的分析处理，计算出驱动系统的目标转矩和车辆的需求功率来实现驾驶人的意图。

（4）能量流管理

主要工作是整车控制器在多个能量源之间进行需求功率分配，这是提高燃料电池及电动汽车经济性的必要途径。

下面介绍日产聆风整车控制器。

日产聆风是 5 门 5 座纯电动轿车，搭载锂离子电池，续驶里程是 160km。采用 220V 家用交流电充电时，大约需要 8h 可以将电池充满；快速充电需要 10min，可提供其行驶 50km 的用电量。

日产聆风的整车控制器原理图如图 2-45 所示，它接收来自组合仪表的车速传感器和加速踏板位置传感器的电子信号，通过子控制器控制 DC/DC 变换器、车灯、除霜系统、空调与制热、电机、发电机、动力电池、太阳能电池和再生制动系统等。

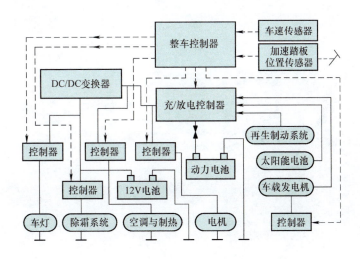

图 2-45　日产聆风的整车控制器原理

参考阅读：特斯拉 Model S 动力驱动系统

特斯拉 Model S 动力驱动系统主要包括 18650 电池组成的电池组、高压转接盒、驱动单元，如图 2-46 所示。

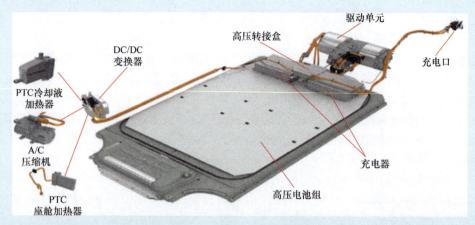

图 2-46　特斯拉动力驱动系统

1. 特斯拉电池系统

特斯拉 Model S 采用的 18650 电池是锂离子电池的鼻祖——日本索尼公司当年为了节省成本而定下的一种标准性的电池型号，其中 18 表示直径为 18mm，65 表示长度为 65mm，0 表示为圆柱形电池。采用 74 个单体 18650 电池组成一个单体电池包，6 个电池包组成一个电池组，16 个电池组组成一个电池板。整个电池板由 7000 多个 18650 电池组成，如图 2-47 所示。特斯拉强大的电池管理系统（BMS）可以监控每个单体 18650 电池的运行情况，当某个单体电池出现故障时，可以把其从整个电路系统中剥离，从而不影响电池系统的正常工作。

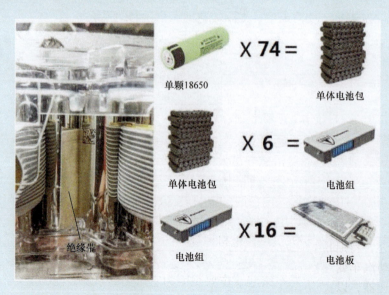

图 2-47　Model S 电池系统

2. 逆变器

逆变器的作用是把直流电转变成交流电。由于特斯拉采用的是三相异步交流电机，故需要将电池组输出的直流电转换成交流电。

3. 三相异步交流电机

三相异步交流电机的发明人是科学家尼古拉斯·特斯拉。他将电机、电机的控制器、变速器集成在一起，使得这个系统高度集成化、模块化。具有变频驱动功能的逆变器与动能再生制动系统，不仅体积小、重量轻，而且可以瞬时输出最大转矩，并在全寿命内基本无需保养。特斯拉 Model S 的电机还获得 2014 年度国际最佳发动机大奖。

电机相对于内燃机的优点在于，电机可以瞬间提供最大转矩，为车辆起动提供强大的爆发力，所以电动车都有超强的加速性能。交流电机的旋转速度取决于交流电的频率，因此只要改变交流电频率就可以改变转速（电机转速的变化范围为 0~18000r/min），进而改变车速。所以相比内燃机汽车，电动汽车不需要复杂的变速系统。这是电动汽车与内燃机汽车相比最大的优势。相比内燃机，电机不需要大量的机械配件。由于机械部件少，所以电动汽车相对于内燃机汽车在能量传递过程的损失小，其能量传递效率可以达到 90% 以上。Model S 的电驱动系统如图 2-48 所示。Model S 的动力传输路径如图 2-49 所示。

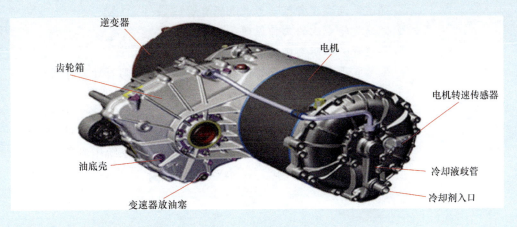

图 2-48　电驱动总成

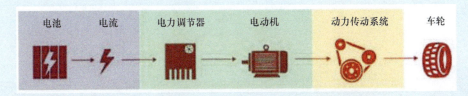

图 2-49　Model S 的动力传输路径

4. 齿轮箱

如前所述，特斯拉 Model S 使用简单的单速传动，因此电机的有效转速工作范围非常广泛。电动汽车变速器的唯一目的是降低与速度相关联的转矩倍增。齿轮箱中的第二个部件是差速器，以实现车辆转向时左右车轮不同的转速。电机产生的动力通过齿轮箱传输到驱动轴，因为电机本身的有效转速范围比较宽，所以特斯拉 Model S 使用的是简单的单速变速器，电机输出的速度通过齿轮，进行了两次降速。电动汽车的倒车也很简单，只需要改变电源相位的顺序就可以了。Model S 齿轮箱分解示意图如图 2-50 所示。

a) 减速器　　　　　　　　　　　　b) 差速器

图 2-50　Model S 齿轮箱分解示意图

思维拓展

1. 简述驱动电机的定义。
2. 简述动力电池的定义和分类。
3. 简述电动汽车常用的电机有哪几种类型？
4. 简述电动汽车常用动力电池的类型？
5. 阐述飞轮电池的工作原理。
6. 简述开关磁阻电机的主要优点。
7. 能量管理系统、电机控制器及整车控制器分别有什么作用？
8. 感应电机转子的转速和转向如何控制？
9. 简述开关磁阻电机的工作原理及优缺点。
10. 简述永磁同步电机的工作原理及优点。
11. 简述北汽EV200电机控制器的组成及工作原理。
12. 查阅维修资料，说明北汽EV200电机控制器的正常工作条件。

第三章 纯电动汽车关键技术

本章任务
1. 掌握纯电动汽车的结构组成与布置形式。
2. 了解我国纯电动汽车基础设施建设现状。
3. 了解纯电动汽车的发展历程及现状。
4. 了解纯电动汽车的典型车型。
5. 了解纯电动汽车高压电气系统的组成与原理。

在当今时代发展的大背景之下,我国将发展新能源作为改善环境、节约成本的重要举措,因此新能源汽车行业近几年展现出良好的发展势头。如何以低成本快速开发出技术指标高、符合市场需求的纯电动汽车,成为汽车界新的热点之一。

第一节 纯电动汽车的结构及评价指标

一、纯电动汽车的基本结构

纯电动汽车(Blade Electric Vehicles,BEV)是指动力系统主要由动力电池和驱动电机组成,从电网获得电力,并通过动力电池向驱动电机提供电能驱动的汽车,用电机驱动车轮行驶,符合道路交通、安全法规各项要求的车辆。

典型纯电动汽车的整车控制原理如图 3-1 所示,主要包括电源系统、驱动电机系统、整车控制器和辅助系统等。动力电池输出电能,通过电机控制器驱动电机运转产生动力,再通过机械传动装置,将动力传给驱动车轮,使电动汽车行驶。

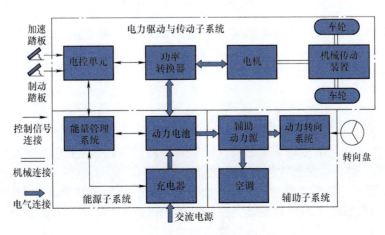

图 3-1 典型纯电动汽车的整车控制原理

一般来说，如果把电动汽车看成是一个大系统，那么纯电动汽车系统可分为三个子系统，即电力驱动子系统、主能源子系统和辅助控制子系统。在图3-1中，双线表示机械连接，粗线表示电气连接，细实线表示控制信号连接，线上的箭头表示电功率和控制信号的流动方向。

根据从制动踏板和加速踏板输入的信号，电控单元发出相应的控制指令来控制功率转换器的功率装置的通断，而功率转换器的功能主要是调节电机和电源之间的功率流，当电动汽车制动时，再生制动的动能被电源吸收，此时功率流的方向要反向。

能量管理系统和电控单元一起控制再生制动及其能量的回收，能量管理系统和充电器一同控制充电并监测电源的使用情况。制动能量回收是电动汽车的一项特殊功能技术，研发回馈式制动系统是电动汽车电动化底盘的一项关键技术和重要方向。

辅助动力供给系统供给电动汽车辅助系统不同等级的电压并提供必要的动力，它主要给动力转向、空调、制动及其他辅助装置提供动力。除了制动踏板和加速踏板给电动汽车输入信号外，转向盘输入信号也是一个很重要的输入信号，动力转向系统根据转向盘的角位置来决定汽车灵活转向。

二、纯电动汽车的布置形式

电动汽车的总体布置较灵活。从电气控制的角度讲，在进行汽车总体布置时，应使电源到控制器再到电机之间的大电流回路的导线尽可能短，以减小回路的电压损失，保证汽车的动力性和行驶里程的要求。根据目前普遍接受的按照动力驱动系统的不同进行分类的典型结构形式，大体分为四类。

1. 电机中央驱动

图3-2a所示为电机中央驱动，结构与传统汽车布置相近，可以在内燃机汽车的基础上改装，其传动装置和技术较成熟，只需一台驱动电机，控制电路较简单。

2. 电机—驱动桥组合式

图3-2b、c取消了离合器和变速器，但具有减速差速机构，由一台电机驱动两个车轮旋转。继续沿用当前发动机汽车中的动力传动装置，只需要一组电机和逆变器。这种方式对电机的要求较高，不仅要求电机具有较高的起动转矩，而且要求具有较大的后备功率，以保证电动汽车起动、爬坡、加速、超车等的动力性。

3. 双电动机驱动式

图3-2d所示为双电机电动轮驱动，将电机装到驱动轴上，直接由电机实现变速和差速转换。对电机有较高要求，要求有大的起动转矩和后备功率，同时不仅要求控制系统有较高的控制精度，而且要具备良好的可靠性，从而保证电动汽车行驶的安全性、平稳性。

4. 电动轮驱动式

图3-2e、f所示为轮毂电机驱动，将电机及相应的减速器布置在车轮上，省略了传动轴和差速器等装置，简化了传动系统结构。但是需要两台或四台电机，控制电路较复杂，将电机与车轮制成一体，必然加大汽车簧下质量。

如图3-2a所示，该形式由发动机前置前轮驱动的燃油汽车发展而来，即由电机替代发动机，仍采用内燃机汽车的传动系统，它由电机、离合器、齿轮箱和差速器组成；其中离合器用来切断或接通电机到车轮之间传递动力的机械装置；而变速器是一套具有不同变速比的齿轮机构，驾驶人可选择不同的变速比，把力矩传给车轮；汽车在转弯时，内侧车轮的转弯半径小，外侧车轮的转弯半径大，差速器使内外车轮以不同转速行驶。其结构复杂，效率低，没能充分发挥电机驱动的优势。

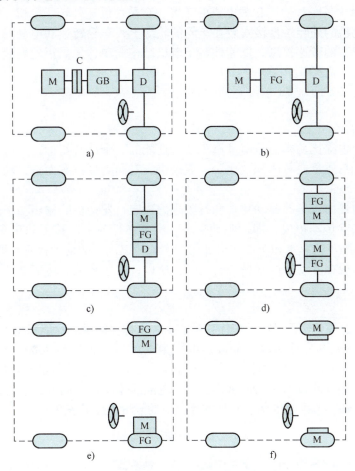

图 3-2　纯电动汽车的布置形式

M—电机　C—离合器　GB—变速器　D—差速器　FG—定速比减速器

如图 3-2b 所示，如果用固定速比的减速器，去掉离合器，可减小机械传动装置的质量、缩小其体积。由电机、固定速比的减速器和差速器组成电力驱动系统，应该注意这种结构的电动汽车由于没有离合器和可选的变速档位，不能提供理想的转矩/转速特性，因而不适于使用发动机的燃油汽车。它具有良好的通用性和互换性，便于在现有的汽车底盘上安装，使用、维修也较方便。

如图 3-2c 所示，这种结构相似于发动机横向前置、前轮驱动的燃油汽车的布置方式，它把电机、固定速比减速器和差速器集成为一个整体，两根半轴连接驱动车轮，这种结构在小型电动汽车上应用比较普遍。

如图 3-2d 所示，采用两个电机通过固定速比的减速器分别驱动两个车轮，每个电机的转速可以独立调节控制，便于实现电子差速，因此，此种电动汽车不必选用机械差速器。

如图 3-2e 所示，电机装在车轮里面，称为轮毂电机，这种轮毂电机为内转子外定子结构，它能提供较大的减速比，来放大其输出转矩。高速内转子电机具有体积小、质量小和成本低的优点。它可进一步缩短从电机到驱动车轮的传递路径，为了将电机转速降低到理想的车轮转速,可采用固定减速比的行星轮变速器,它能提供大的减速比,而且输入和输出轴可布置在同一条轴线上。

图 3-2f 所示为另一种使用轮毂电机的布置,它采用低速外转子电机,彻底去掉了机械减速齿轮箱,电机的外转子直接安装在车轮的轮缘上,车轮转速和电动汽车的车速控制完全取决于电动汽车的转速控制。低速外转子电机结构简单,无需齿轮变速传动机构,但其体积大、质量大、成本高。

三、纯电动汽车的几个重要指标

1. 功率密度

功率密度,也称比功率,是衡量汽车动力性能的一个综合指标,具体是指汽车发动机最大功率与汽车总质量或总体积之比。一般来讲,对同类型汽车而言,功率密度越大,汽车的动力性越好。

汽车的动力性由汽车的驱动功率和行驶阻力决定,发动机的输出功率通过传动系统推动汽车前进,扣除传动损失,即为驱动功率。汽车在行驶中,其驱动功率等于阻力功率。汽车的阻力功率随车辆总重和车速的增加而增大,所以汽车的动力性基本取决于功率密度。因为最大功率出现在发动机达到最高转速时,所以,简单来说,功率密度就是汽车最大车速的决定因素。

2. 能量密度

能量密度指的是单位重量或单位体积的能量,也称比能量。比能量用 W·h/kg 或 W·h/L 来表示。举例说明:5 号镍镉电池的额定电压为 1.2V,其容量为 800mA·h,则其能量为 0.96W·h(1.2V×0.8A·h)。同样尺寸的 5 号锂-二氧化锰电池的额定电压为 3V,其容量为 1200mA·h,则其能量为 3.6W·h。这两种电池的体积是相同的,但是锂-二氧化锰电池的比能量是镍镉电池的 3.75 倍。几种常见电池的能量密度见表 3-1。

表 3-1　几种常见电池的能量密度

	锂/亚硫酰氯电池	锌空气电池	钠硫电池	镍氢电池	镍镉电池
质量能量密度/(W·h/kg)	>200	200	109	75~80	55

3. 续驶里程

续驶里程是指纯电动汽车电池组充满电后可连续行驶的里程,可以分为等速行驶里程和循环工况续驶里程。此项指标对于综合评价电动汽车电池组、电机及传动效率、电动汽车实用性具有积极意义。但此指标与电动汽车电池组装车容量及电压水平有关,在不同车型和配备不同容量电池组的同种车型间不具有可比性。即使装配相同容量、同种电池的同一车型,续驶里程也受到电池组状态、天气、环境因素等使用条件影响而有一定的波动。

4. 单位里程能量消耗

单位里程能量消耗可分为单位里程电网交流电消耗和电池组直流电量消耗,单位为 kW·h/km。其中交流电消耗受到不同类型充电设备的效率影响。直流电量消耗仅以车载电池组的能量状态作为标准,脱离了充电机的影响,可以比较直接地反映电动汽车的实际性能。

5. 功效比

功效比=最大功率/电池容量,它是指单位容量(1kW)电池最高可产生的功率,数值越高，说明电池效率越高，车辆的运动性能越好。市场主要纯电动汽车功效比对比说明如图 3-3 所示。

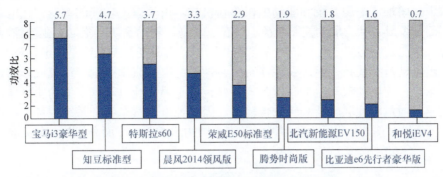

图 3-3　市场上主要纯电汽车功效比对比说明

四、纯电动汽车关键技术

发展电动汽车必须解决好四个方面的关键技术：电池技术、电机驱动及其控制技术、电动汽车整车技术以及能量管理技术。

（1）电池技术

电池是电动汽车的动力源，也是制约电动汽车发展的关键因素。电动汽车用电池的主要性能指标是比能量（E）、比功率（P）、循环寿命（L）和成本（C）等。要使电动汽车能与燃油汽车相竞争，关键就是要开发出比能量高、比功率大、使用寿命长的高效电池。

到目前为止，电动汽车车用电池经过了三代的发展，已取得了突破性的进展。第三代燃料电池是当今理想的车用电池，但目前还处于研制阶段，一些关键技术还有待突破。

（2）电机驱动及其控制技术

电机与驱动系统是电动汽车的关键部件，要使电动汽车有良好的使用性能，驱动电机应具有调速范围宽、转速高、起动转矩大、体积小、质量小、效率高且动态制动强和能量回馈等特性。目前，电动汽车车用电机主要有直流电机（DCM）、感应电机（IM）、永磁无刷电机（PMBLM）和开关磁阻电机（SRM）四类。

随着电机及驱动系统的发展，控制系统趋于智能化和数字化。变结构控制、模糊控制、神经网络、自适应控制、专家控制、遗传算法等非线性智能控制技术，都将各自或结合应用于电动汽车的电机控制系统。

（3）电动汽车整车技术

电动汽车是高科技综合性产品，除电池、电机外，车体本身也包含很多高新技术，有些节能措施比提高电池储能能力还易于实现：采用轻质材料（如镁、铝、优质钢材及复合材料）、优化结构，可使汽车自身质量减轻 30%~50%；实现制动、下坡和怠速时的能量回收；采用高弹滞材料制成的高气压子午线轮胎，可使汽车的滚动阻力减少 50%；汽车车身，特别是汽车底部更加流线型化，可使汽车的空气阻力减少 50%。

（4）能量管理技术

电动汽车要获得非常好的动力特性，必须具有比能量高、使用寿命长、比功率大的动力电池。而要使电动汽车具有良好的工作性能，就必须对动力电池进行系统管理，因此能量管理系统是电动汽车的智能核心。

第二节 纯电动汽车的总成

与传统汽车相比，纯电动汽车取消了发动机，传动机构发生了改变，部分部件已经简化或者取消，增加了电源系统和驱动电机等新机构。由于以上功能的改变，纯电动汽车由新的四大部分组成：动力驱动控制系统、底盘、车身、辅助系统。除动力驱动控制系统外，其他部分的功能及结构组成与传统汽车基本相同。动力驱动控制系统是纯电动汽车的核心，它决定了纯电动汽车的结构组成及性能特征，这是纯电动汽车区别于传统汽车的最大不同点。各个系统在纯电动汽车上的布置各式各样，这是因为纯电动汽车上的能量是通过柔性的电线而不是通过刚性联轴器和转轴传输的，因此纯电动汽车各个系统或各个部件的布置有很大的灵活性。图3-4所示为典型纯电动汽车结构示意图，下面介绍其主要总成。

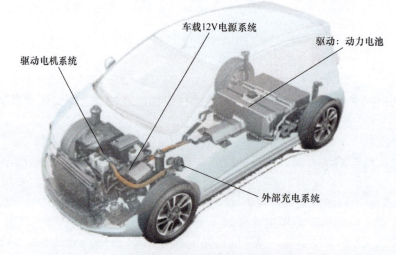

a）纯电动汽车结构示意图

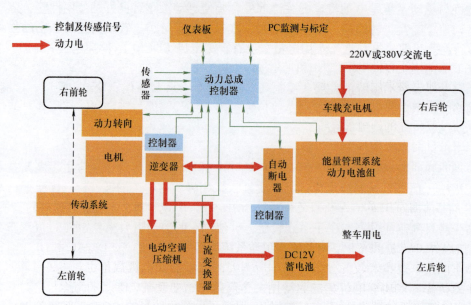

b）纯电动汽车整车系统示意图

图3-4 典型纯电动汽车结构示意图

一、电源系统

电源系统（图3-5）主要包括动力电池、电池管理系统、车载充电机及辅助动力源等。动力电池是纯电动汽车的动力源，是能量的存储装置。目前的纯电动汽车以锂离子电池为主，包括磷酸铁锂离子电池、钴酸锂电池以及三元锂离子电池等。电池管理系统（BMS）实时监控动力电池的使用情况，对动力电池的端电压、内阻、温度、电池电解液浓度、电池剩余电量、放电时间、放电电流或放电深度等状态参数进行检测，并按动力电池对环境温度的要求进行调温控制，通过限流控制避免动力电池过充电、过放电，对有关参数进行显示和报警，其信号流向辅助系统，并在组合仪表上显示相关信息，以便驾驶人随时掌握车辆信息。车载充电机是把电网供电制式转换为动力电池充电要求的制式，即把交流电（220V或380V）转换为相应电压（240~410V）的直流电。并按要求控制其充电电流（家庭充电一般为10A或16A）。辅助动力源一般为12V或24V的直流低压电源，它主要给动力转向、制动力调节控制、照明、空调、电动车窗等各种辅助用电装置提供所需的能源。

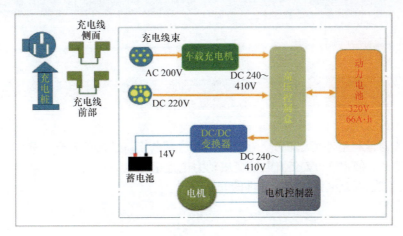

图3-5　典型纯电动汽车电源系统

1. 动力电池及电池管理系统

动力电池用于存储电能。目前市场上的纯电动汽车的动力电池主要采用的是锂电池，能够实现电池的循环充放电。由于纯电动汽车需要有更大存储容量的电池，而按照目前的锂电池技术，电池体积也会相应增大，所以目前大多数纯电动汽车的高压电池组都安装在车辆的底部，没有过多地占用乘客舱的容积，如图3-6所示。

动力电池通常由多个单体电池串并联连接而成。虽然每个电池单元的电压仅3.7V左右，但是将多个电池单元先进行并联再串联，实现了整个电池组的容

图3-6　动力电池在汽车中的安装位置

量和电压进一步增大。图3-7中的动力电池就是由图示8个电池模块进行串联而成的。荣威E50的动力电池中包含5个电池模块，其中3个大的电池模块分别由27个单元组串联而成，2个小的电池模块分别由6个单元组串联而成，共计形成93个串联的锂电池单元组，实现约300V的输出电压。

通常纯电动汽车内的 BMS 控制模块只有一个，但动力电池由多个电池组串联而成，因此 BMS 还会在每个电池组上设计一个接口模块，BMS 最后通过管理每个接口模块来实现对整个电池的管理，图 3-7b 所示为比亚迪 e6 纯电动汽车的 BMS。

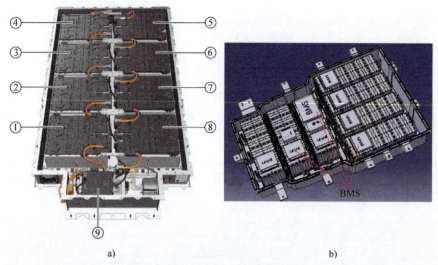

图 3-7　纯电动汽车动力电池及 BMS
①～⑨—动力电池模块

2. 外部充电系统

充电系统通常利用外接 220V 交流电源，通过充电接口进入车载充电机，车载充电机再通过交直流转换，使得 220V 交流电转变成动力电池组充电的直流电提供给动力电池。如图 3-8 所示为比亚迪 e6 充电系统组成部件的安装位置。

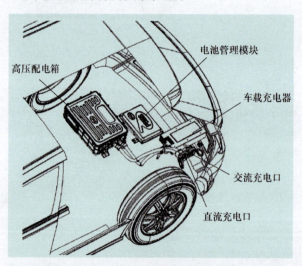

图 3-8　比亚迪 e6 充电系统组成部件的安装位置

3. 车载 12V 电源系统

车载 12V 电源系统由辅助电源和 DC/DC 变换器组成，其功能是供给电动汽车其他各种辅助装置所需要的电源，一般为 12V 或 24V 的低压直流电源，它主要给动力转向、制动力调节控制、照明、空调、电动窗门等各种辅助装置提供所需的能源。

DC/DC 变换器是车载 12V 电源系统的核心部件，通常安装在发动机舱内或者是位于行李舱中，图 3-9 所示为比亚迪 e6 的 DC/DC 变换器。DC/DC 变换器将动力电池的高压直流电转换为低压 12V 直流电，提供给车载低压用电设备，如给 12V 蓄电池充电、前照灯及车内灯光供电等。

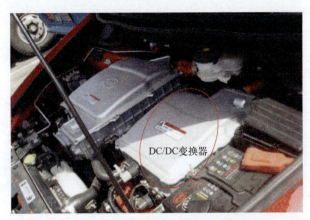

图 3-9 比亚迪 e6 的 DC/DC 变换器

二、驱动电机系统

驱动电机系统是电动汽车的核心，一般由驱动电机及电机控制器、机械传动机构等组成。驱动电机承担电动和发电的双重功能，正常行驶时将存储在动力电池中的电能高效地转化为机械能，并能够在减速制动或者下坡时，将车轮的惯性动能转换为电能，实现再生制动。电机控制器按照整车控制器的指令，控制输出三相电相序以实现车辆的前进、后退，控制输出功率和频率以控制车速。

电机控制器内含功能诊断电路，当诊断出现异常时，它将会激活一个错误代码并将其发送给整车控制器。电机控制器通过 CAN 总线与 BMS、组合仪表等进行通信。电机控制系统一般使用以下传感器来提供电机的工作信息：

电流传感器：用以检测电机工作的实际电流，包括母线电流、三相交流电流。

电压传感器：用以检测供给电机控制器工作的实际电压，包括高压电池电压、蓄电池电压。

温度传感器：用以检测电机控制系统的工作温度，包括模块温度、电机控制器温度。电机控制器通过检测驱动电机及自身的温度，控制冷却风扇工作。

旋转变压器：简称旋变，是一种输出电压随转子转角变化的信号元件，用以检测转子的位置，反应驱动电机转子当前的旋转相位，电机控制器通过旋转变压器信号计算当前的驱动电机转速。组合仪表通过 CAN 线接收驱动电机转速信息并在显示屏上显示，给驾驶人提供车辆运行信息。

1. 驱动电机

图 3-10 所示为吉利帝豪 EV300 永磁同步电机，其结构及线束插接器如图 3-10a、b 所示，采用磁阻式旋转变压器结构，如图 3-10c 所示，旋变转子与驱动电机转子同轴连接，随电机转轴旋转；旋变定子内侧有感应线圈，安装在驱动电机定子上。当励磁绕组通以一定频率的交流电励磁时，输出绕组的电压幅值与转子转角成正、余弦函数关系，这种旋转变压器又称为正余弦旋转变压器。励磁绕组和输出绕组放在同一套定子槽内，固定不动，但励磁绕组和

输出绕组的形式不一样。两相绕组的输出信号，仍然应该是随转角做正弦变化、彼此相差90°电角度的电信号。转子磁极形状做特殊设计，使得气隙磁场近似于正弦形。转子形状的设计也必须满足所要求的极数。可以看出，转子的形状决定了极对数和气隙磁场的形状。

驱动电机旋转时，带动旋变转子旋转。旋变与电机控制器中间通过6根低压线束连接，2根是电机控制器的励磁信号，另外4根分别是旋变输出的正弦信号和余弦信号。6根线中的任何一根线路出现故障都会导致驱动电机无法正常工作。

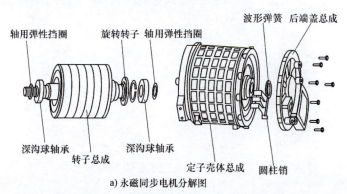

a) 永磁同步电机分解图

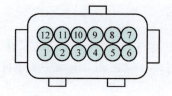

1—R1+ 2—R1- 3—R2+ 4—R2- 5—GND 6—GND
7—COSL 8—COS 9—SINL 10—SIN 11—REFL
12—REF

b) 线束插接器

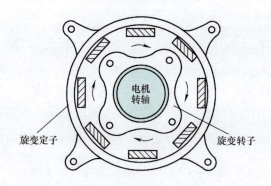

c) 旋转变压器结构

图 3-10 吉利帝豪 EV300 永磁同步电机

2. 电机控制器

图 3-11a 所示为吉利帝豪 EV300 电机控制器原理图，电机控制器接口如图 3-11b 所示。电机控制器内部包含 1 个 DC/AC 变换器（逆变器）和 1 个 DC/DC 直流变换器，逆变器由 IGBT、直流母线电容、驱动和控制电路板等组成，实现直流（可变的电压、电流）与交流（可变的电压、电流、频率）之间的转变。直流变换器由高低压功率器件、变压器、电感、驱动和控制电路板等组成，实现直流高压向直流低压的能量传递。电机控制器还包含冷却器（通冷却液），用以给电子功率器件散热。

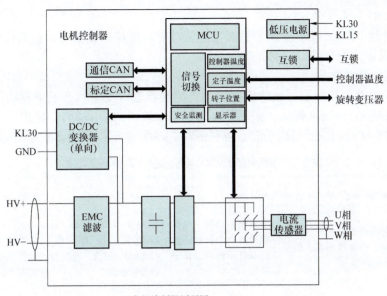

a) 电机控制器原理图

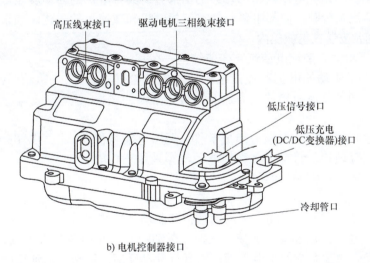

b) 电机控制器接口

图 3-11 吉利帝豪 EV300 电机控制器

电机控制器的功能如下：

（1）转矩控制模式

电机控制系统控制电机轴向四象限的转矩。由于没有转矩传感器，转矩指令（由整车控制器发送）被转换成为电流指令，并进行闭环控制。转矩控制模式只有在获得正确的初始偏移角度时才能进行。

（2）静态模式

静态模式在电机控制器处于被动状态（待机状态）或故障状态时被激活。

（3）主动放电模式

主动放电用于高压直流端电容的快速放电。主动放电指令来自整车控制器或由电机控制器（PEU）内部故障触发。

（4）DC/DC 直流变换

电机控制器中的 DC/DC 变换器将高压直流端的高压转换成指定的直流低压（12V 低压系统），低压设定值来自整车控制器指令。

（5）系统诊断功能

当故障发生时，软件根据故障级别使电机控制器进入安全状态或限制状态。安全状态包括主动短路或 Freewheel 模式，限制状态包括四个级别的功率/转矩输出限制。软件提供基于 ISO-14229 标准的诊断通信功能。吉利帝豪 EV300 电机控制器诊断通信功能见表 3-2。

表 3-2 吉利帝豪 EV300 电机控制器诊断通信功能

诊断项目	传感器诊断	电机诊断	CAN 通信诊断	硬件安全关诊断
诊断内容	电流传感器、电压传感器、温度传感器、位置传感器等	电流调节故障、电机性能检查、主动短路或空转条件不满足、转子偏移角诊断等	CAN 内存检测、总线超时、报文长度、Checksum 校验、收发计数器的诊断	相电流过电流、直流母线电压过电压、高/低压供电故障、处理器监控等

机械传动机构是纯电动汽车的动力输出部分，其将电机的驱动转矩传输给汽车的驱动轴，从而带动汽车行驶。内部主要包括有三相电机和减速齿轮机构。如果是前驱车辆，则该系统部件通常安装在前机舱内。

图 3-12 所示为典型纯电动汽车变速结构，在其内部可以看到一个用于驱动的电机和连接电机转子的齿轮机构。此外，更明显的是变速机构的上方还有连接逆变器的三根高压电缆。

电机变速机构是重要的核心组成部件，用于电能与机械能之间的相互转换。目前大多数纯电动汽车采用三相电机，且三相永磁同步电机使用最广泛。

图 3-12 典型纯电动汽车变速机构

3. 整车控制器

整车控制器根据驾驶人输入的加速踏板和制动踏板的信号，向电机控制器发出相应的控制指令，对电机进行起动、加速、减速、制动控制。在纯电动汽车减速和下坡滑行时，整车控制器配合电源系统的电池管理系统进行发电反馈，使动力电池反向充电。整车控制器还对动力电池充放电过程进行控制，并将与汽车行驶状况有关的速度、功率、电压、电流等信息传输到车载信息显示系统进行相应的数字或模拟显示。

4. 辅助系统

辅助系统包括车载信息显示系统、动力转向系统、导航系统、空调、照明及除霜装置、刮水器和收音机等，借助这些辅助设备来提高汽车的操纵性和成员的舒适性。北汽 EV150 前舱部件位置如图 3-13 所示。

三、三菱 i-MiEV 结构实例

三菱 i-MiEV 采用电力驱动，其部件分解图和结构图如图 3-14 和图 3-15 所示。该车于 2009 年准商业投放，而 2010 年正式面向大众销售。i-MiEV 采用锂离子电池组。该电池组输出电压为 330V，额定容量为 16kW·h，由 88 个锂离子电池单元组成，使用 200V 家用电源充电约需 8h，使用 100V 家用电源充电需要 14h，若使用充电站的三相 200V 动力电充电则能在 30min 内使电量达到 80%。i-MiEV 搭载一台体积小、质量轻的永磁电机,最大功率为 47kW,最大转矩为 180N·m。

图 3-13　北汽 EV150 前舱部件位置

图 3-14　三菱 i-MiEV 电动汽车部件分解图

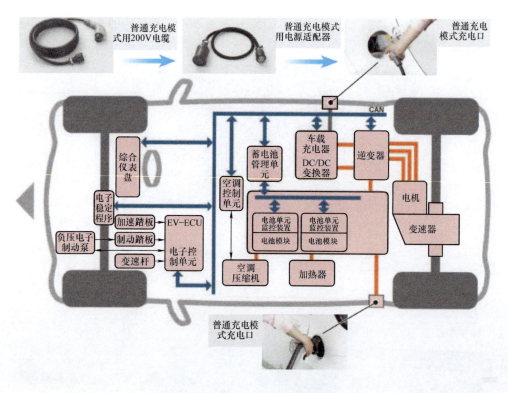

图 3-15 三菱 i-MiEV 电动汽车结构图

第三节 纯电动汽车高压电气系统

纯电动汽车电气系统一般分为高压电气系统和低压电气系统两部分。本节以比亚迪 e5、e6 等车型为例,介绍纯电动汽车高压电气系统的组成原理、常见检测及更换。

图 3-16 所示为比亚迪 e6 先行者部分高压电器分布,主要包括动力电池、维修开关、高压配电箱、电源管理器、DC-/DC 变换器及空调控制器、车载充电器、软关断及空调系统。下面分别介绍各部分原理及常见检测。

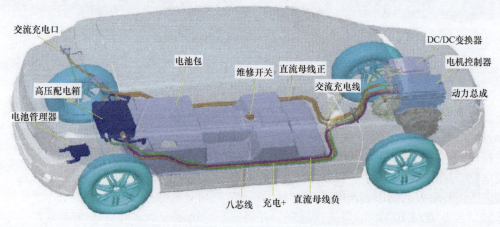

图 3-16 比亚迪 e6 先行者部分高压电器分布

一、动力电池的漏电检测与更换

动力电池总成位于汽车底部,是整车的动力来源,它为整车驱动和其他电器提供电能。

e5 的动力电池系统由动力电池模组、电池信息采集器、串联线、托盘、密封罩、电池采样线组成。e6B(VTOG)的动力电池单体为 3.3V(共 93 个单体),电池包标称电压为 306.9V、容量为 220A·h、一次充电 67kW·h。其单体主要组成如图 3-17 所示。

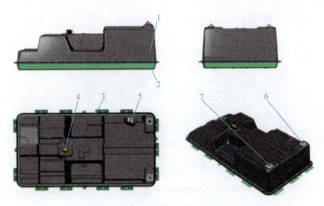

图 3-17　e6B 动力电池单体主要组成

1—密封盖　2—托盘　3—密封压条　4—维修开关　5—信号接口　6—负极引出　7—正极引出

在实际维修中,当动力电池总成整车装配、连接动力电池系统正负极线束、车辆漏电传感器报警时,需要对动力电池进行漏电检测,即通过检测动力电池系统的绝缘电阻,判定动力电池系统是否漏电。我国制定的关于电动汽车的国家标准与国际标准是一致的,标准中规定电动汽车的绝缘状况以绝缘电阻来衡量,动力电池的绝缘电阻定义为:如果动力电池与地(车底盘)之间的某一点短路,则最大(最坏情况下的)泄漏电流所对应的电阻。漏电检测原理如图 3-18 所示。

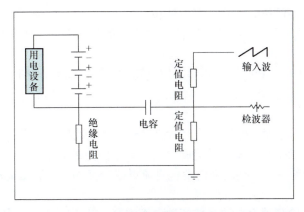

图 3-18　漏电检测原理

检测方法如下:如图 3-19 所示,首先分别测量动力电池系统负极、正极与底盘之间的开路电压 $U_负$、$U_正$,比较两个电压大小;在较大电压对应的正极或负极与底盘之间并联电阻 R_0,$R_0=(100\pm10)\text{k}\Omega$。同时,用电压表测量 R_0 电阻两端的电压 U。最后计算动力电池系统的绝缘电阻,如果 $U_正>U_负$,绝缘电阻 $R_1=(U_正-U)\times R_0/U$。

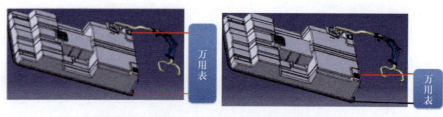

a) 测量$U_负$　　　　　　　b) 测量$U_正$

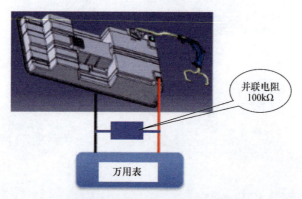

c) 测量并联电阻两端电压U(如果$U_负 < U_正$)

图 3-19　动力电池的漏电检测

绝缘电阻值除以动力电池系统的标称电压 U，所得值若大于 $500\Omega/U$，则表示不漏电。若确定动力电池有问题需要维修，应在厂家的指导下更换电池，比亚迪 e5 的动力电池按以下步骤拆卸更换：

第一步：将车辆退电至 OFF 档，等待 5min。
第二步：用举升机将整车升起到合适的高度。
第三步：使用专用的举升设备托着电池包。
第四步：佩戴绝缘手套，拔掉电池包的电池信息采样通信线插接件，然后拔掉直流母线插接件。
第五步：使用 M18 的套筒卸掉托盘周边紧固件，卸下动力电池包。
第六步：佩戴绝缘手套，用万用表测试更新的动力电池包母线是否有电压输出，没有电压输出就更换装车。
第七步：佩戴绝缘手套，将新的动力电池包放到装电池包举升设备上。
第八步：佩戴绝缘手套，安装托盘的紧固件，紧固力矩为 135N·m。
第九步：佩戴绝缘手套，接动力电池包直流母线插接件，然后接电池信息采样通信线插接件。
第十步：上电，检测动力电池系统问题是否解决，若无问题，结束。

二、电池管理系统（BMS）

集中式 BMS（图 3-20a）位于行李舱备胎处，分布式 BMS（图 3-20b）位于行李舱右车架处，它是整车高压系统重要的控制器之一。主要管理动力电池的充放电接触器控制、功率限制、充放电电流检测、电池温度及电压采样等工作。在电池出现漏电、碰撞、电压过高或过低、温度过高或过低时，及时控制接触器以保护动力电池。

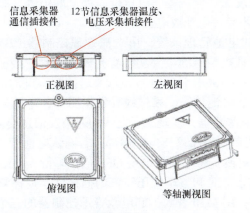

a) 集中式BMS

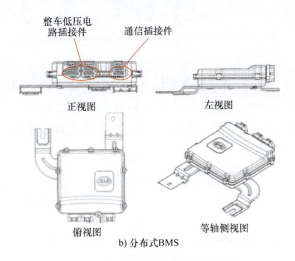

b) 分布式BMS

图 3-20　比亚迪纯电汽车电池管理器

BMS 能够在运行过程中实现对电池系统的故障诊断，具体见表 3-3。

表 3-3　比亚迪纯电汽车 BMS 故障诊断功能

故障状态	故障诊断状况
模块温度 >60℃	1 级故障：一般高温告警
模块（单体）电压 >3.85V	1 级故障：一般高电压告警
模块（单体）电压 <2.6V	1 级故障：一般低电压告警
充电电流 >300A	1 级故障：充电过电流告警
放电电流 >450A	1 级故障：放电过电流告警
绝缘电阻 < 设定值	1 级故障：一般漏电告警
模块温度 >70℃	2 级故障：严重高温告警
模块（单体）电压 >4.1V	2 级故障：严重高电压告警
模块（单体）电压 <2.0V	2 级故障：严重低电压告警
绝缘电阻 > 设定值	2 级故障：严重漏电告警

电池管理系统发出警告后，整车的其他控制器模块可以根据具体故障内容启动相应的故障处理机制。当出现温度高、电压高、电压低、严重漏电等二级故障时，电池管理系统硬件关断直流动力回路或不允许电池放电。

比亚迪 e5 采用分布式电池管理系统，由电池管理控制器（BMC）、电池信息采集器、电池采样线组成。电池管理控制器的主要功能有充放电管理、接触器控制、功率控制、电池异常状态报警和保护、SOC/SOH 计算、自检以及通信等；电池信息采集器的主要功能有电池电压采样、温度采样、电池均衡、采样线异常检测等；电池采样线的主要功能是连接电池管理控制器和电池信息采集器，实现二者之间的通信及信息交换。

比亚迪 e5 电池管理控制器位于高压电控后部。若确认电池管理控制器有问题，导致车辆不能运行，按以下步骤更换：将车辆退电至 OFF 档，等待 5min；打开前舱盖；拔掉电池管理控制器上连接的电池采样线和整车低压线束的插接件，拔掉整车低压线束在电池管理控制器支架上的固定卡扣；用 M10 套筒拆卸电池管理控制器的三个固定螺母；更换电池管理控制器，插上电池采样线和整车低压线束的插接件；用 M10 套筒拧紧电池管理控制器的三个固定螺母；整车上电，再次确认问题是否解决。

三、漏电传感器

漏电传感器主要监测电池总成与车身的漏电电流。当高压系统漏电时，传感器会发出一个信号给电池管理控制器，电池管理控制器接收漏电信号后会根据漏电情况马上报警或者马上断开高压系统，防止高压漏电对人或者物品造成伤害和损失。比亚迪 e5 采用直流漏电传感器（电路见图 3-21），负极与车身之间的绝缘阻值为 120~140kΩ 时，为一般漏电；低于 20kΩ 时，为严重漏电。

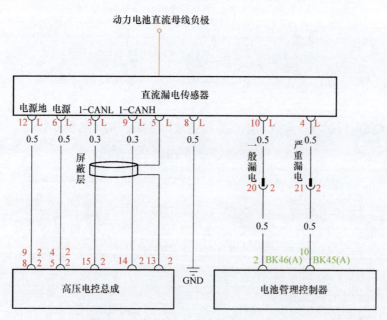

图 3-21　比亚迪 e5 直流漏电传感器电路

比亚迪 e5 漏电传感器电路的检查步骤如下：

第一步：检查蓄电池电压及整车低压线束供电是否正常：标准电压值为 12~14V，如果电压值低于 12V，则应充电或更换蓄电池或检查整车低压线束。

第二步：对接好插接件，整车 ON 档上电，进入电池管理控制器故障码诊断，读取漏电传感器失效故障或者与漏电传感器通信故障。

1）拔下漏电传感器低压插接件。

2）用万用表测量 K56-04 和 K56-05 引脚对地电压是否为标准值（±9V 到 ±16V 之间），若符合，则说明电池管理控制器供电正常，否则说明漏电传感器故障。

3）测试电池管理控制器 K64-19 和 K64-10 是否为标准值（±9V 到 ±16V 之间），若不是，则线束故障，应更换线束；否则应更换电池管理器。

四、高压配电箱

高压配电箱是整车高压电配电装置，实现电源分配、接通、断开，完成动力电池电源的输出及分配，实现对支路用电器的保护及切断控制，对电池组中巨大的能量进行控制，相当于一个大型的电闸，通过继电器的吸合来控制电流通断，将电流进行分流等，实现充放电过程的控制。其主要由预充电阻、熔丝和继电器等组成。整车高压用电都是由高压配电箱进行分配的。比亚迪 e6 高压配电箱控制框图及位置如图 3-22 所示，结构及电路简图如图 3-23 所示。

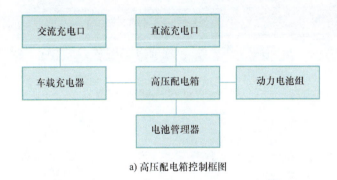

a) 高压配电箱控制框图

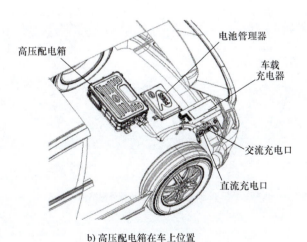

b) 高压配电箱在车上位置

图 3-22　比亚迪 e6 高压配电箱控制框图及位置

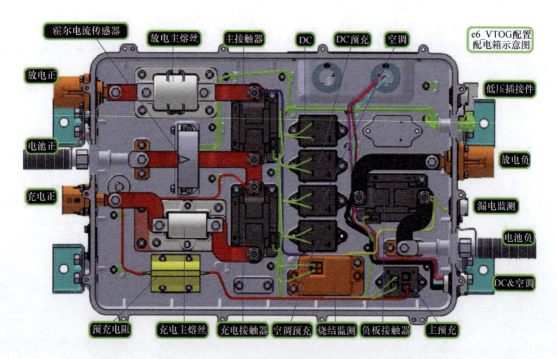

a) e6B(VTOG)高压配电箱结构

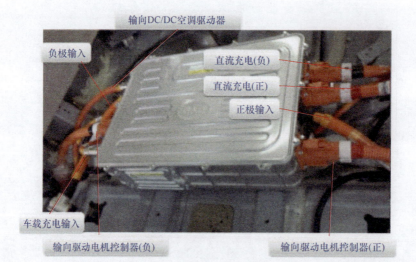

b) e6B高压配电箱外部结构

图 3-23 比亚迪 e6 高压

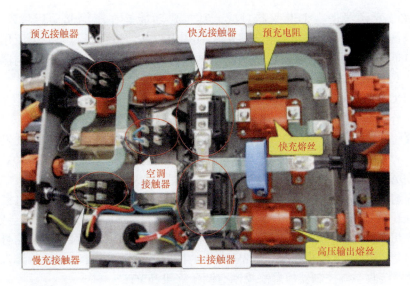

c) e6B高压配电箱内部结构

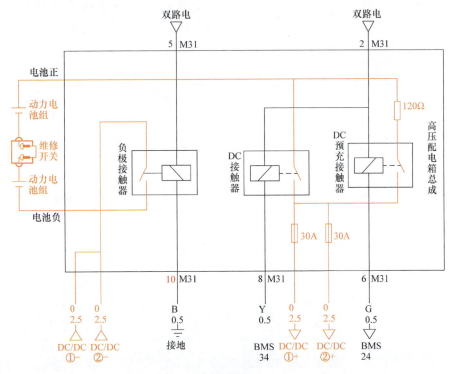

d) 电路简图

配电箱结构及电路简图

五、DC/DC 变换器及空调驱动器

DC/DC 变换器是一个逆变器总成，其主要功能是在车辆起动后将动力电池输入的 316.8V 高压直流电转变成低压电提供给车载用电设备，以保证行车时低压用电设备正常工作，如向车身电气设备供电，在蓄电池亏电时补充电；同时接收空调控制器信号来驱动空调压缩机（DC320V）的正常工作。

DC/DC 变换器在主接触吸合时工作，输出的 12V 电源供给整车用电器（包括 EHPS 电机）工作，并且在蓄电池亏电时给蓄电池充电。比亚迪 e6B（VTOG）DC/DC 变换器总成主要包含两个 12V DC/DC 变换器，具有输入过欠电压保护、输出过欠电压保护、过流保护、过温保护、CAN 通信等功能。参数分别为：输入均为 200~400V，输出分别为 13.8V/100A（最大为 110A），13.8V/70A（最大为 100A）。

比亚迪 e6B（VTOG）DC/DC 变换器控制电路如图 3-24 所示，预充电完成时，DC/DC 变换器就开始工作（由于 DC/DC 变换器工作时，需要给电容充电，可能会导致预充失败，反复重启几次即可）。DC/DC 变换器通过 CAN 总线接收正极接触器吸合信号，如果收不到该信号则会延迟 5s 启动（在有 316.8V 高压的情况下正常工作，DC 故障警告灯不会报警）。空调驱动器接收空调控制器信息来控制空调压缩机和 PTC。

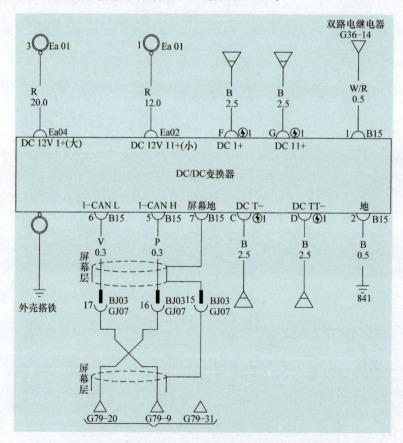

图 3-24　比亚迪 e6B（VTOG）DC/DC 变换器控制电路

比亚迪 e6B（VTOG）DC/DC 变换器外部连接及插接器端子含义如图 3-25 所示。

第三章 纯电动汽车关键技术

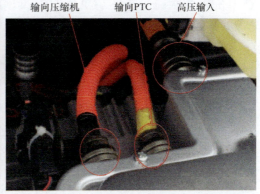

端子	线色	条件	正常值	可能故障模块
1→车身地	B	OK档	小于1kΩ	线束
2→车身地	W/R	OK档	11~14V	线束，ON档电输入回路
5→车身地	P	OK档	约2.5V	线束，CAN动力网的其他模块
6→车身地	V	OK档	约2.5V	线束，CAN动力网的其他模块
7→车身地	B	OK档	小于1kΩ	线束
5→车身地	P	OFF档，拔蓄电池	大于10kΩ	线束
6→车身地	V	OFF档，拔蓄电池	大于10kΩ	线束
5→6	—	OFF档，拔蓄电池	约60Ω	线束，CAN动力网的其他模块

图 3-25　比亚迪 e6B（VTOG）DC/DC 变换器外部连接及插接器端子含义

六、车载充电机

比亚迪 e6B 电动汽车有两种充电方式：直流充电和交流充电。

交流充电主要是通过家用插头和交流充电桩接入交流充电口，通过车载充电器将家用 220V 交流电转为 330V 高压直流电给动力电池进行充电。直流充电主要是通过充电站的充电柜将高压直流电直接通过直流充电口给动力电池充电。充电系统主要包括交流充电口、直流充电口、高压电控总成、动力电池包、电池管理器。

图 3-26 所示为比亚迪 e6B 车载充电机接线，输入参数：输入电压为 AC 220V，输入电流为交流额定 14A（满功率充电：使用 16A 以上充电桩或者类似供电设备）和交流额定 8A（涓流充电：使用家用插座或者 16A 以下供电设备）。输出参数：高压输出 DC 200~400V 给车载高压电池包充电、低压输出 DC 12V 给车载蓄电池充电。

图 3-27 所示为比亚迪 e6B 车载充电机电路图，电控部分主要由车载充电感应信号

图 3-26　比亚迪 e6B 车载充电机接线

（CC）、充电控制确认信号（CP）及 CAN 网络构成。充电感应信号（CC）是电池管理器（BMS）和车载充电器信息交互的控制线，充电控制确认信号（CP）串联了车载充电器相关控制线路。比亚迪 e6 充电流程为：正确连接充电枪，提供充电感应信号（CC），车载提供 DC 12V→BMS 和车载报文交互→BMS 吸合车载充电接触器，充电成功。

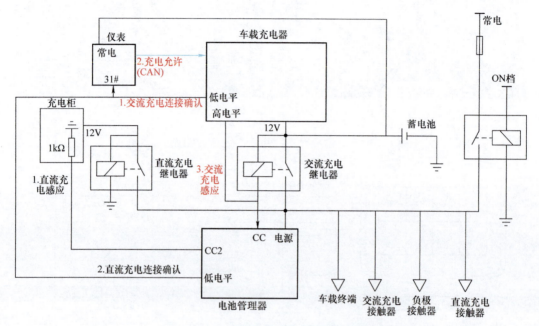

图 3-27　比亚迪 e6B 车载充电机电路图

七、纯电动汽车高压系统维修操作步骤

以比亚迪 e5 为例，纯电动汽车高压系统的维修遵从以下步骤：

第一步：切断车辆电源（将起动按钮拨在 OFF 档），等待 5min。

第二步：戴好绝缘手套。

第三步：拔下维修开关并存放在规定的地方。拔出维修开关后，需使用动力电池安全堵盖将维修开关口堵住。拔出维修开关只是切断了从动力电池到高压用电设备的电源，动力电池仍然是带电的。当需要检修动力电池时，应使用绝缘胶带包好裸露出的高压部件，避免触电。维修开关由专人保管，并确保在维修过程中不会有人将其重新安装。

第四步：对高压系统进行检查并记录相关数据，在车辆上电时应该通知正在检查、维修高压系统的人员。在检修时做好高压系统的绝缘防护处理。

第五步：对高压系统检修后一定要对拆卸或更换过的零部件进行检查，避免因检修后忘记恢复而造成其他影响。在车辆上电前，注意确认是否还有人员在进行高压系统维修操作，避免发生危险。

第四节　纯电动汽车高压配电回路检测技术

如第三节所述，纯电动汽车有一套高压配电系统。动力电池通过高压配电系统为电机控制器、驱动电机、电动压缩机、PTC加热器等高压部件提供能量。此外，动力电池还有一套直流快充充电系统和一套交流慢充充电系统。这些所有的高压部件都由高压配电系统连接输送电能。本节以吉利帝豪EV300为例，介绍高压供电回路的检测。

如图3-28所示，高压配电系统主要包括分线盒、直流充电接口、交流充电接口、直流母线、电机三相线束等部件，所有高压线缆均为橙色，车辆上电时不要触碰这些线缆和部件，高压线缆插接件拔出后，立即用绝缘胶带包裹。在进行高压回路检测前，首先进行以下目视检查：检查可能影响高压配电系统的售后加装装置；检查易于接触或能够看到的系统部件，以查明其是否有明显损坏或存在可能导致故障的情况；检查分线盒内部是否有水或者灰尘等异物；检查分线盒高压线束插接器是否松动，内部是否有锈蚀的迹象。

图3-28　吉利帝豪EV300高压配电系统部件位置
1—分线盒　2—直流母线　3—电机三相线束　4—交流充电接口（如配备）　5—直流充电接口

吉利帝豪EV300高压配电系统的原理及能量传递路线如图3-29所示。

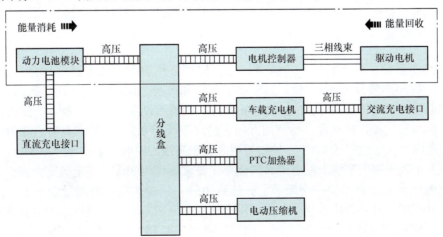

图3-29　吉利帝豪EV300高压配电系统的原理及能量传递路线

一、高压配电系统原理

1. 分线盒

分线盒也叫高压配电箱，作用类似于低压供电系统中的熔丝盒。如图 3-30 所示，分线盒的功能包括高压电能的分配和高压回路的过载及短路保护。分线盒将动力电池总成输送的电能分配给电机控制器、空调压缩机和 PTC 加热器。此外，交流慢充时，充电电流也会经过分线盒流入动力电池为其充电。分线盒内对空调压缩机回路、PTC 加热器回路、交流慢充回路各设有一个 30A 的熔断器。当上述回路电流超过 90A 时，熔断器会在 15s 内熔断；当回路电流超过 150A 时，熔断器会在 1s 内熔断，保护相关回路。

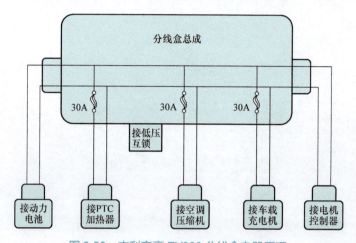

图 3-30　吉利帝豪 EV300 分线盒电器原理

2. 直流充电接口

直流充电接口能接收直流充电桩的电能，并通过高压线束将电能输送给动力电池总成，为其充电。

3. 交流充电接口（如配备）、直流母线

交流充电接口能接收交流充电桩的电能，并通过高压线束将电能输送给车载充电机，车载充电机将交流电转换成直流电再传递给分线盒，分线盒经过直流母线将直流电传递到动力电池，为其充电。

二、高压回路检测流程

检测高压系统前除进行目视检查外，还应使用万用表测量整车高压回路，确保无电，方法如下：拔出维修开关 5min 后，测量动力电池和车身之间的电压来初步判断是否漏电，若检测到电压大于或等于 50V，应立即停止操作，检查判断漏电部位。使用万用表测量高压回路时，需注意选择正确量程，检测用万用表精度不低于 0.5 级，要求具有直流电压测量档位，量程范围应大于或等于 500V。使用万用表测量高压回路时，需遵守"单手操作"原则。所使用的万用表一根表笔线上配备绝缘鳄鱼夹（要求耐压为 3kV，过电流能力大于 5A），测量时先把鳄鱼夹夹到电路的一个端子上，然后用另一只表笔接到需测量端子上并读数，每次测量时只能用一只手握住表笔。使用万用表测量高压回路时，严禁触摸表笔金属部分。

高压回路检查主要包括回路绝缘、回路短路及回路相互短路检测。当使用故障诊断仪读取到与高压回路相关的故障码时，应该依据高压回路电路图进行回路电阻检测。高压回

路各分段回路检测标准见表 3-4，电路简图如图 3-31 所示。由于各回路检测流程相同，故本节仅以电机控制器回路为例，说明高压回路的检测操作步骤。

表 3-4 吉利帝豪 EV300 高压回路各分段回路检测标准

序号	回路	检测范围	检测端子或线路	标准电阻值
1	电机控制器回路	回路绝缘	EP54-1 和分线盒壳体之间 EP54-2 和分线盒壳体之间	大于或等于 20MΩ
		回路短路	EP41-1 与 EP54-1 之间 EP41-2 与 EP54-2 之间	小于 1Ω
		回路相互短路	EP54-1 与 EP54-2 之间	大于或等于 20MΩ
2	动力电池回路	回路绝缘	EP41-1 与分线盒壳体之间 EP41-2 与分线盒壳体之间	大于或等于 20MΩ
		回路短路	EP41-1 与 EP54-1 之间 EP41-2 与 EP54-2 之间	小于 1Ω
		回路相互短路	EP41-1 与 EP41-2 之间	大于或等于 20MΩ
3	车载充电机回路	分线盒熔断器	分线盒熔断器两端	小于 1Ω，否则应更换额定容量熔断器
		回路绝缘	EP51-1 与分线盒壳体之间 EP51-2 与分线盒壳体之间	大于或等于 20MΩ
		回路短路	EP41-1 与 EP51-1 之间 EP41-2 与 EP51-2 之间	小于 1Ω
		回路相互短路	EP51-1 与 EP51-2 之间	大于或等于 20MΩ
4	压缩机回路	分线盒熔断器	分线盒熔断器两端	小于 1Ω，否则应更换额定容量熔断器
		回路绝缘	EP52-1 与分线盒壳体之间 EP52-2 与分线盒壳体之间	大于或等于 20MΩ
		回路短路	EP41-1 与 EP52-1 之间 EP41-2 与 EP52-2 之间	小于 1Ω
		回路相互短路	EP52-1 与 EP52-2 之间	大于或等于 20MΩ
5	PTC 加热器回路	分线盒熔断器	分线盒熔断器两端	小于 1Ω，否则应更换额定容量熔断器
		回路绝缘	EP53-1 与分线盒壳体之间 EP53-2 与分线盒壳体之间	大于或等于 20MΩ
		回路短路	EP41-1 与 EP53-1 之间 EP41-2 与 EP53-2 之间	小于 1Ω
		回路相互短路	EP53-1 与 EP53-2 之间	大于或等于 20MΩ

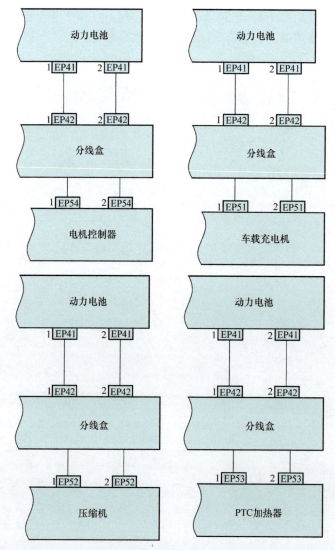

图 3-31 吉利帝豪 EV300 高压回路各分段回路电路简图

步骤一：使用故障诊断仪读取故障代码。

1）操作起动开关，使电源模式至 ON 状态。

2）连接故障诊断仪，读取系统故障代码。

3）确认系统是否存在其他故障代码。若有其他故障代码，则优先排除其他故障代码对应的故障。

步骤二：检查回路绝缘故障。

1）操作起动开关，使电源模式至 OFF 状态。

2）断开蓄电池负极电缆。

3）拆卸维修开关。

4）断开电机控制器线束插接器 EP54。

5）用绝缘电阻测试仪测量电机控制器线束插接器 EP54-1 和分线盒壳体之间的电阻，标准电阻值应大于或等于 20MΩ。

6）用绝缘电阻测试仪测量电机控制器线束插接器 EP54-2 和分线盒壳体之间的电阻，标准电阻值应大于或等于 20MΩ。

7）确认测量值是否符合标准。若不符合标准，修理或更换线束。各回路线束插接器如图 3-32 所示。

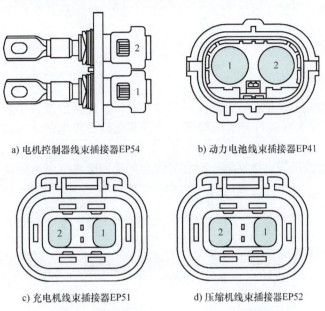

图 3-32 吉利帝豪 EV300 高压回路线束插接器

步骤三：检查回路短路故障。

1）操作起动开关，使电源模式至 OFF 状态。

2）断开蓄电池负极电缆。

3）拆卸维修开关。

4）断开动力电池线束插接器 EP41。

5）断开电机控制器线束插接器 EP54。

6）用万用表测量动力电池线束插接器 EP41-1 和电机控制器线束插接器 EP54-1 之间的电阻，电阻标准值应小于 1Ω。

7）用万用表测量动力电池线束插接器 EP41-2 和电机控制器线束插接器 EP54-2 之间的电阻，电阻标准值应小于 1Ω。

8）确认测量值是否符合标准。若不符合标准，修理或更换线束。

步骤四：检查回路相互短路故障。

1）操作起动开关，使电源模式至 OFF 状态。

2）断开蓄电池负极电缆。

3）拆卸维修开关。

4）断开电机控制器线束插接器 EP54。

5）断开分线盒其他所有高压线束插接器。

6）用万用表测量电机控制器线束插接器 EP54-2 与 EP54-1 之间的电阻，标准电阻应大于或等于 20MΩ。

7）确认测量值是否符合标准。若不符合标准，修理或更换线束。

步骤五：更换分线盒。

1）操作起动开关，使电源模式至 OFF 状态。

2）断开蓄电池负极电缆。

3）拆卸维修开关。

4）更换分线盒。

5）确认故障排除。

诊断结束。

三、分线盒总成更换

当确认高压回路检测正常而故障代码仍然存在时，应按照维修手册规定的流程更换分线盒。更换时应该按照规范打开前机舱盖、断开蓄电池负极电缆、拆卸维修开关、拆卸电机控制器上盖。

1）断开分线盒低压线束插接器，拆卸分线盒侧动力电池线束插接器（图 3-33）。

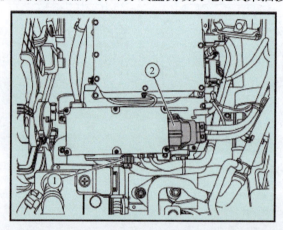

图 3-33　拆卸分线盒侧动力电池线束插接器（拆卸固定螺栓①和②）

2）如图 3-34 所示，拆卸分线盒电机控制器高压线束插接器两个固定螺栓①（电机控制器侧，紧固力矩为 23N·m），拆卸分线盒电机控制器高压线束端子两个固定螺栓②（电机控制器侧，紧固力矩为 9N·m），脱开线束。

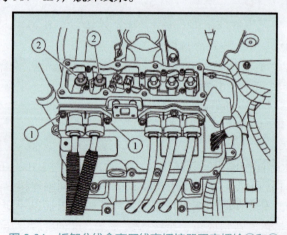

图 3-34　拆卸分线盒高压线束插接器固定螺栓①和②

3）断开 PTC 高压线，如图 3-35 所示。

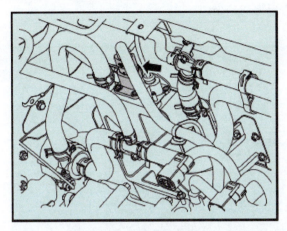

图 3-35　断开 PTC 高压线

4）断开分线盒充电机高压线，如图 3-36 所示。

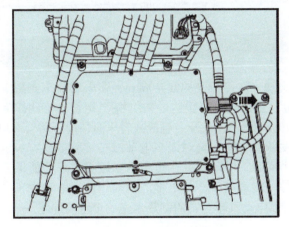

图 3-36　断开分线盒充电机高压线

5）断开空调高压线束，如图 3-37 所示。

图 3-37　断开空调高压线束

6）拆卸4个分线盒固定螺栓（图3-38），脱开线束固定卡扣，取出分线盒总成。4个分线盒固定螺栓的紧固力矩为9N·m。

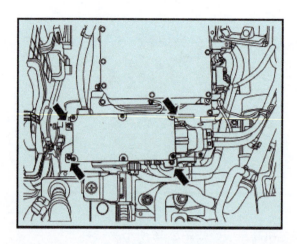

图3-38　拆卸分线盒固定螺栓

第五节　纯电动汽车空调系统维修技术

普通燃油汽车加满油一次可行驶600~700km，而电动汽车充满电的续驶里程通常只有200~500km，甚至更短，且充电时间长达8~9h，甚至更长。空调作为电动汽车辅助系统中耗能最大的部分（约70%~80%），在开启制冷或者采暖情况下将会对电动汽车行驶里程产生很大影响。因此，开发新型节能空调对提高电动汽车续驶里程有一定帮助。对电动汽车空调而言，冷却也是一个问题，电池只有在恒定的温度下工作才能保证高效的能量密度与使用寿命，故必须有一部分能量用于冷却电池。同时，由于电动汽车电机运转效率高，可以利用的余热非常少，所以电动汽车空调的制热也是一个重要课题。

一、电动汽车空调系统的特点

对于目前传统燃油汽车的空调系统，制冷主要采用发动机驱动的蒸汽压缩式制冷系统，制热主要采用燃油发动机产生的余热。对于纯电动汽车以及燃料电池汽车来说，没有发动机作为空调压缩机的动力源，也不能提供作为汽车空调冬天制热用的热源，因此无法直接采用传统汽车空调系统的解决方案；对于混合动力车型来说，发动机的控制方式多样，故空调压缩机也不能采用发动机直接驱动的方案。

综合以上原因，在电动汽车的开发过程中，必须研究适合电动汽车使用的新型空调系统。电动汽车上有高压直流电源，因此，采用电动热泵型空调系统，压缩机采用电机直接驱动，成为电动汽车可行的解决方案。

电动汽车空调的制冷系统与传统汽车基本相同，主要由一体化电动空调压缩机、冷凝器、膨胀阀、蒸发器和储液干燥器五大部件组成。压缩机上集成有压缩控制器，将高压直流电转换成三相交流电而驱动空调压缩机，电动压缩机上布置有高压插头和低压插接器，压缩机本体上有制冷剂循环的进出管路。使用泵气效率较高的涡旋式压缩机是电动汽车空调的一个共同特点，与其他诸多类型的空调压缩机（如斜盘式、曲柄连杆式、叶片式等压缩机）相比，涡旋式压缩机具有振动小、噪声小、使用寿命长、重量轻、转速高、效率高、外形尺寸小等多个优点，更符合电动汽车的空调使用要求。

压缩式的电动汽车空调系统与传统汽车空调系统并无本质区别，其主要不同点在于：

1）电动汽车没有发动机的余热可以利用或者不能完全利用发动机的余热，需采用热泵型空调系统或辅助加热器。

2）电动空调压缩机用电机通过高压电驱动，这对压缩机的高转速性和密封性要求较高。电动空调压缩机通过压缩来自蒸发器的低压、低温蒸气，并将其加压到冷凝器的高压、高温蒸气的方式，使制冷剂环绕系统循环。

3）电动汽车空调除了给车厢提供冷量外，还需供给一部分冷量用于冷却电池，因为电池必须在一定的温度范围内才能高效率工作。电动汽车空调系统示意图如图3-39所示。

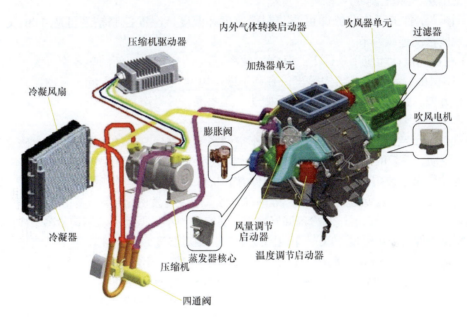

图3-39　电动汽车空调系统示意图

二、电动汽车空调系统的分类和工作原理

电动汽车空调系统和传统燃油汽车空调系统的工作原理相同，只是空调压缩机的驱动方式以及暖风产生方式有所不同。电动汽车多采用高压电动空调压缩机，由动力电池驱动。暖风通常采用电加热方式，电加热方式有两种：一种是通过加热冷却液，再经过循环为暖水箱提供热量；另一种是直接加热经过蒸发箱的空气实现暖风。根据电动汽车特有性质，目前电动汽车空调可采用热电（偶）空调系统、电动热泵型空调系统和PTC加热器空调系统。

1. 热电（偶）空调系统

半导体制冷又称电子制冷或者温差电制冷。基本原理为：半导体制冷器的基本器件是热电偶对，即把一只N型半导体和一只P型半导体连接成热电偶，通上直流电后，在接口处就会产生温差和热量的转移，电路中串联若干对半导体热电偶对，而传热方面是并联的，这样就构成了一个常见的制冷热电堆，借助热交换器等各种传热手段，使热电堆的热端不断散热并且保持一定的温度而把热电堆的冷端放到工作环境中去吸热降温。热电（偶）制冷、制热工作原理如图3-40所示。

该项技术非常适合电动汽车的使用，并且与传统机械压缩式空调系统相比，热电空气调节具有以下特点：

1）热电元件工作需要直流电源。

2）改变电流方向即可产生制冷、制热的逆效果。

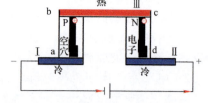

图3-40　热电（偶）制冷、制热工作原理

3）热电制冷片热惯性非常小，制冷时间很短，在热端散热良好、冷端空载的情况下，通电不到1min，制冷片就能达到最大温差；制冷片的温差范围从-130℃到90℃都可以实现。

4）调节组件的工作电流即可调节制冷速度和温度，温度控制精度可达0.001℃，并且容易实现能量的连续调节。

5）在正确设计和应用条件下，其制冷效率可达90%以上，而制热效率远大于1。

6）体积小、重量轻、结构紧凑，有利于减小电动汽车的整备质量；可靠性高、寿命长并且维护方便，没有转动部件，因此无振动、无摩擦、无噪声且耐冲击。

2. 电动热泵型空调系统

电动热泵型空调系统是在原有燃油汽车空调系统上进行改进的，压缩机由永磁直流无刷电机直接驱动，系统的工作原理如图3-41所示。该系统与普通的热泵空调系统并无本质区别，由于在电动汽车上使用，压缩机等主要部件有其特殊性。而且国外热泵技术具备了一定的基础，该技术最大的优点就是制冷、制热效率高，相关企业开发的全封闭电动涡旋压缩机，由一个直流无刷电动机驱动，通过制冷剂回气冷却，具有噪声小、振动小、结构紧凑、质量轻等优点。在测试条件为环境温度40℃、车内温度27℃、相对湿度50%的工况下，系统稳定时它能以1kW的能耗获得2.9kW的制冷量；当环境温度为-10℃、车内温度为25℃时，1kW的能耗可以获得2.3kW的制热量。在-10~40℃的环境温度下，均能以较高的效率为电动汽车提供舒适的驾乘环境。若能在零部件技术上得到改进，则效率还可以得到提高。

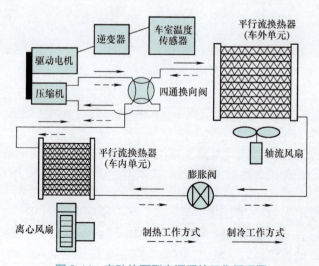

图3-41　电动热泵型空调系统工作原理图

3. 正温度系数（Positive Temperature Coefficient, PTC）加热器空调系统

若电动汽车采用加热器的电制热方式时，加热器一般配置在驾驶席和前排乘客席之间的地板下方。加热器采用 PTC 加热元件，将提供的热量传送至散热剂（冷却液）。因要求加热器要有较高的制热性，所以电源使用的是蓄电池高压电源。前期采用 PTC 发热条，直接将冷空气加热为热空气，再用鼓风机吹出暖风。为提高加热器效率，现在制热多采取水为介质，将水加热后送到空调风道的散热器，再经鼓风机吹向车厢内或风窗玻璃。

综合以上所述，从空调技术成熟性和能源利用效率比较来看，对于热电（偶）空调系统，目前存在着热电材料的优值系数较低、制冷性能不够理想等缺点，并且热电堆产量受到构成热电元件的锑元素产量的限制，不具备电动汽车空调节能高效的要求。这使得电动汽车空调更倾向于选用节能高效的电动热泵型空调，该技术方案对于不同类型电动汽车通用性较好，并且对整车结构改变较小，是将来电动汽车空调发展趋势。

三、比亚迪 e6 先行者电动汽车空调系统简析

图 3-42 所示为比亚迪 e6 先行者的空调系统，与常规燃油汽车不同的是，制冷系统的动力源是电动空调压缩机，暖风系统的暖风源是 PTC 加热器。由于都是占空比控制，故比较节能。电动空调系统的组成与常规车型类似，主要由 HVAC 总成、空调风管总成、空调管路总成、电动压缩机、冷凝器、空调控制面板及其相关传感器、空调驱动器等组成。其中，空调驱动器与 DC/DC 布置于同一壳体中，位于前舱左侧，而由电加热模块（PTC）取代了暖风芯体，不置于 HVAC 总成中。

比亚迪 e6 先行者车型的空调系统采用机电一体化压缩机制冷及 PTC 制热模块采暖。空调系统的压缩机为电动涡旋压缩机，由高压电驱动，其转速可由系统主动调节，调节范围为 0~4000r/min。通过控制永磁同步电动机定子各相绕组的通电频率及电流，可高精度调节电动机转子的转速与转矩，并能直接控制压缩机的转速，达到调节制冷剂的排量，以适合汽车运行对空调系统不同工况的要求。这样保证了良好的制冷效果，同时也节省了电能。

在制热方面，通过约 3000W 的 PTC 制热模块制热，同时可调节制热量，如图 3-43 所示。PTC 加热器是采

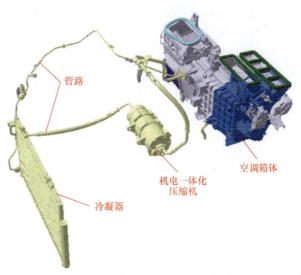

图 3-42 比亚迪 e6 先行者的空调系统

用 PTC 热敏电阻元件为发热源的一种加热器。PTC 热敏电阻通常是由半导体材料制成的，它的电阻值随温度的变化而急剧变化，当外界温度降低时，PTC 热敏电阻的电阻值随之减小，发热量反而会相应增加。PTC 热敏电阻按材质可以分为陶瓷 PTC 热敏电阻和有机高分子 PTC 热敏电阻。有的电动汽车空调内部有 8 条 PTC 发热元件，由空调驱动器将蓄电池高压电源向每条元件供电，功率可达 300~600W，用于对冷空气或冷却液的加热。吹出气体的温度最高可达 85℃，完全可满足空调制热的要求。如果高于 85℃，则 PTC 热敏电阻的电阻值变得极大，实际表现为自动停止工作。作为加热用的陶瓷 PTC 元件，具有自动恒温的特

性，可省去一套复杂的温控线路，而且其工作电压可高达1000V，可直接由动力电池的高压供电。

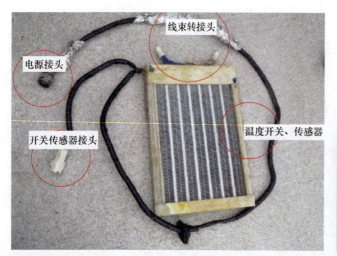
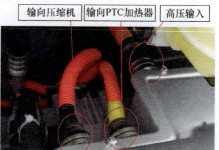

图 3-43　PTC加热器及外部接线

四、吉利帝豪纯电汽车自动空调的原理及检测

自动空调系统的作用是无论车辆外部天气状况如何，都可以给乘客室提供舒适的乘坐环境，系统由制冷系统、制热系统、空气分配系统和模式/温度控制系统组成，系统元件布置及分解如图 3-44 和图 3-45 所示。

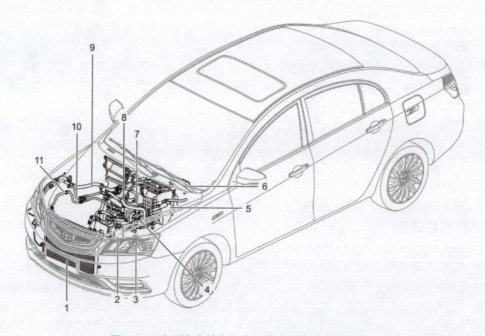

图 3-44　吉利帝豪纯电汽车自动空调系统元件布置

1—冷凝器　2—空调压缩机　3—电池水泵　4—热交换器　5—空调主机　6—空调控制面板
7—三通电磁阀　8—热交换器高低压管　9—空调高低压管　10—加热器出水管　11—暖风出水管

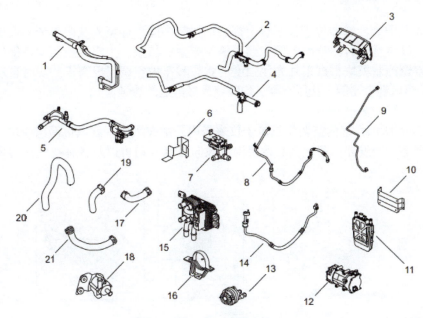

图3-45 系统元件分解图（2017款）

1—热交换器高低压管 2—暖风出水软管 3—空调控制面板 4—加热器出水管 5—空调高低压管
6—三通电磁阀安装支架 7—三通电磁阀 8—压缩机吸气管 9—空调高压管 10—加热器安装支架
11—加热器 12—空调压缩机 13—电池水泵 14—压缩机排气管 15—热交换器 16—电池水泵安装支架
17—暖风进水软管 18—加热器水泵 19—热交换器进水管 20—加热器进水管 21—热交换器出水管

（一）主要组成部件介绍

1. 压缩机

压缩机类型为电动涡旋式，压缩机控制器与压缩机集成为一体，通过电机自身的旋转带动涡旋盘压缩，完成制冷剂的吸入和排出，为制冷循环提供动力。压缩机性能曲线测试工况：高压1.57MPa，低压0.296MPa，过热度10℃，过冷度5℃。

2. 冷凝器、储液干燥器

从空调压缩机出来的高温高压制冷剂蒸气流入冷凝器，冷凝器由能进行快速热传递的铝管和冷却翅片制成，冷却翅片通过散热把高温高压的制冷剂蒸气凝结成中温高压的液体。

储液干燥器位于冷凝器的左侧，与冷凝器焊接成一体。储液干燥器的内部结构设计可以保证中温高压的气液混合制冷剂进入，而从储液干燥器出来的是中温高压的液态制冷剂。储液干燥器内部有吸附制冷系统水分的干燥剂，干燥剂不能重复使用。出现泄漏时，储液干燥器芯不能维修，只能更换。

3. 室内温度传感器、室外温度传感器

室内温度传感器和室外温度传感器影响车内空气温度的自动控制，这些传感器都是对温度敏感的热敏元件，传感器的电阻和温度呈反比对应关系。空调控制模块根据电阻值信息设置内外循环电动机、冷暖温度风向电动机、鼓风机调速模块等来控制空调温度。室内温度传感器壳体通过软管管道连接到吸气器，流出空调主机的气流在吸气器软管端部形成微小真空度。这种真空使车内空气流经室内温度传感器，提高了传感器检测的车厢温度的准确性。室外温度传感器位于车辆前保险杠下面的前格栅区域，空调控制模块使用这个传感器来获知周围空气的温度信息，并显示在仪表上。

4. 环境光及阳光传感器

环境光及阳光传感器位于仪表板上部装饰衬垫中间。环境光及阳光传感器属于光照能量传感器，该传感器可测量阳光照射到车辆所产生的热量，为空调控制模块提供更多的补偿参数。空调控制模块根据车外光照强度的状态和车内空调工况需求，实时自动调整空调风量和冷/热风混合比例，让所有乘员均能获得最舒适的感觉。

5. 室内空调主机

如图 3-46 所示，室内空调主机位于仪表板内，由鼓风机、鼓风机调速模块、空调滤清器、加热器芯、蒸发器、膨胀阀、冷暖温度风向控制电动机以及各种空气偏转风门、通风风道构成。

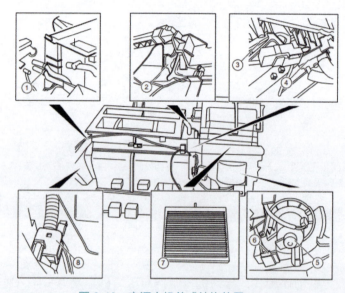

图 3-46　空调主机总成结构位置

1—加热器芯进出水管　2—内外循环控制电动机　3—冷暖风向控制电动机　4—膨胀阀
5—鼓风机　6—鼓风机调速模块　7—空调滤芯　8—室内温度传感器

（1）鼓风机

鼓风机由永磁电机、笼型风扇组成。鼓风机在不同转速下的转速变化取决于鼓风机调速模块，如用户选择最大空调模式，则绝大部分进入鼓风机的空气来自乘客舱（内循环）。放置鼓风机时不可将鼓风机电机的扇风轮作为支承面，禁止触碰扇风轮，防止扇风轮叶片损坏。

（2）加热器芯

加热器芯体是制热系统的主要部件。加热器芯体位于空调主机内，每当加热器开始工作时，加热器水泵将高温的冷却液泵入加热器芯体，加热器芯体将冷却液的热量传输给流经加热器芯体的空气，加热器芯体有特有的进口和出口暖风水管。拆卸时，加热器芯体的暖风水管路必须完全泄放；维修时，配备独立暖风水管道的加热器芯体必须已安装好。加热器芯上装有温度传感器，此传感器将加热器芯的表面温度信号传递给空调控制模块，为自动空调控制提供更多的补偿参数。

（3）蒸发器与膨胀阀

蒸发器位于空调主机的右侧。空调主机安装在车上时，需要将其进行拆卸，才能拆卸和安装蒸发器与膨胀阀。拆卸时，蒸发器的制冷剂管路必须完全泄放；维修时，配备独立制冷剂管路的蒸发器必须已安装好。膨胀阀与蒸发器相连，安装于蒸发器的一端，位于蒸发器进口，膨胀阀的一侧连接空调压缩机的进、排气管，一侧连接蒸发器的进、排气管，在液体管路内对高压液体制冷剂形成限制，使制冷剂流向蒸发器时成为低压液体。

膨胀阀根据空调压力下限、空调压力上限，从大到小改变位置。蒸发器在空气进入乘客室之前对其进行冷却和除湿：蒸发器内制冷剂蒸发，从而吸收通过蒸发器气流的热量。空气中的热量传给蒸发器芯的时候，空气中的水分湿气会凝结在蒸发器芯的外表面上形成水流出。蒸发器上配备有温度传感器，以防止其结冰，该传感器对蒸发器上散热片的表面温度进行测量，若其温度低于2℃（36℉），则压缩机离合器不会继续工作；若该温度增加至4℃（39℉）及以上，则压缩机重新开始工作。

6. 制冷剂 R-134a 与润滑油

制冷剂在空调系统中有吸收热量、携带热量、释放热量的作用。车辆使用 R-134a 制冷剂，R-134a 制冷剂为无毒、阻燃、透明、无色的液化气体。进行需要打开制冷系统管路或部件的维修作业前，应参阅制冷剂管路和管接头的处置以及保持化学品稳定性的说明。R-134a 空调系统加注专用润滑油 POE、HAF68 制冷剂润滑油。此制冷剂润滑油易吸水，需要在密闭容器中进行储存，R-134a 空调系统的内部循环中只能使用 POE、HAF68 制冷剂润滑油。安装螺纹和 O 形密封圈处只能使用矿物基 525 黏度制冷剂润滑油，使用其他润滑油会造成压缩机或附件故障。

7. 空调高压管、空调低压管、空调压力开关

制冷管路电磁阀车辆采用空调高压管与低压管（空调硬管和/或软管）将空调制冷系统连接成一个密闭的系统，制冷剂与润滑油在这个密闭系统里流动，完成制冷剂的工作循环过程。空调硬管由铝管和相应接头组成，空调软管由橡胶软管和相应的接头组成。空调压力开关属于三态压力开关，根据空调制冷循环制冷剂压力值，打开或关断压力开关，传送空调系统压力信号，实现空调系统的压力保护。制冷管路电磁阀属于开关阀，在只有电池冷却需要时，关闭进入乘员舱的制冷剂回路。

8. 加热器

加热器由电阻膜和散热元件组成，在一定电压范围内，其加热的功率随电流变化而变化，温度变化对电阻膜的电阻值的影响较小，因此加热器可输出稳定的功率，从而为制热系统提供稳定的热源。

（二）自动空调系统的工作原理

1. 制冷系统的工作原理

压缩机由高压电驱动，从蒸发器中抽取气态制冷剂并将其压缩。制冷剂的温度升高至83~110℃（181~230℉），压力达到1470kPa（213.2psi）。高压过热制冷剂被传送至冷凝器中，此时制冷剂内的热量被输送至冷凝器散热片的空气带走，因为热量的散失，制冷剂被冷却，温度降至53~70℃（127~158℉）。制冷剂在高压下被送至储液干燥器中，储液干燥器作为储存中介，过滤所有夹杂在制冷剂中的水分。干燥过的制冷剂被送至膨胀阀入口处，膨胀阀对进入蒸发器中的制冷剂流量进行节流减压控制，从膨胀阀出来的雾状制冷剂压力为200kPa（29psi），温度降到0~2℃（32~36℉）。雾状制冷剂在蒸发器中受热蒸发。最后，鼓风机把空气经过蒸发箱表面吹向各出风口，因为蒸发器内部制冷剂的蒸发吸热，把经过蒸发箱表面的空气中的热量吸收，所以出风口的温度远远低于环境温度。经过蒸发的低压制冷剂气流从蒸发箱流至膨胀阀，此时的制冷剂压力为200kPa（29psi），温度升高到5~8℃（41~46℉）。最后，低压制冷剂气流回流至压缩机经过再一次的压缩，至此，空调制冷剂完

成一个工作循环，如图 3-47a 所示。

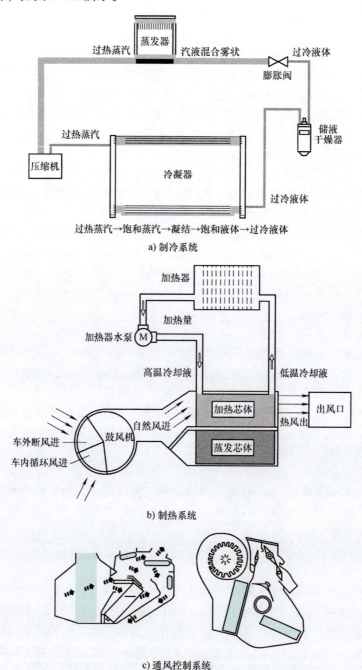

图 3-47 吉利帝豪 EV 自动空调系统的工作原理

2. 制热系统的工作原理

制热系统由鼓风机和加热器（PTC）、加热器水泵、加热器芯体等组成。如图 3-47b 所示，当自动空调系统处于加热模式时，加热器在高压电的作用下对冷却液进行加热，高温冷却液被加热器水泵抽入加热器芯；同时，冷暖温度控制电动机将温度控制装置转至采暖位置，部分或全部气流在鼓风机的作用下旁通至加热器芯，产生热量传递。任何不用加热的空气，都将在进入乘客舱前与加热后的空气混合，产生温度合适的混合气。

3. 通风控制系统的工作原理

通风控制系统的各种模式可使模式阀门通过风道混合或引入冷风、热风和外部空气通过空调系统，气流由风道系统和出风口将空气输送到乘客室，其工作原理如图 3-47c 所示。在"AUTO"（自动）模式中会自动选择相应的模式状态，使用"MODE（模式）"按钮可更改车辆的送风模式。如果当前显示某个送风模式，则按"MODE（模式）"按钮可选择下一送风模式。

空气流向按下列模式进行改变：吹面—通过仪表板出风口送风；双向—通过仪表板出风口、地板出风口送风；吹脚—通过地板出风口送风；混合—通过地板、前风窗出风口送风；除霜—前风窗出风口送风。

（三）空调电气系统原理框图及线束端子

空调电气系统原理框图如图 3-48 所示，空调线束插接器如图 3-49 所示，插接器各端子定义见表 3-5 和表 3-6。

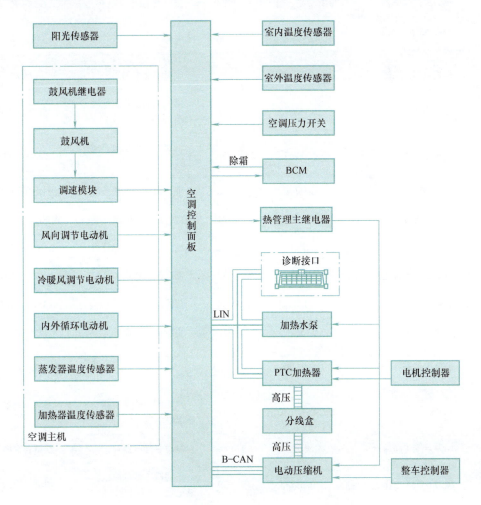

图 3-48　吉利帝豪 2017 款空调电气系统原理框图

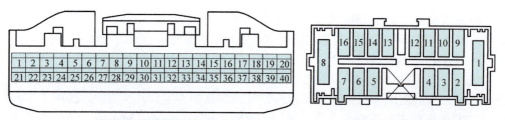

空调控制面板线束插接器 IP45　　　　　主机接仪表线束插接器 IP53

图 3-49　吉利帝豪 2017 款空调线束插接器

表 3-5　空调控制面板线束插接器各端子定义

端子号	定义	线径颜色、端子状态	端子号	定义	线径颜色、端子状态
1	LINBUS	0.35Gr/P、总线	22	CAN-H	0.35L/W、总线
3	背光照明电源	0.35O/G、输入	23	GND	0.5B、输入
5	车内温度传感器	0.35W/G、输入	24	传感器 GND	0.35Br/G
6	混合风门电动机反馈	0.5G/Y、输入	26	电源	0.35R、输入
7	模式电动机反馈	0.35G/R、输入	27	鼓风机继电器	0.35W
8	加热芯体温度	0.35Y/L	28	模式电动机除霜模式端	0.35B/Y、输出
9	阳光传感器	0.35W/L	29	模式电动机出风口模式端	0.35B/W、输出
10	车外温度	0.35P/L	30	混合风门电动机冷端	0.35B/G、输出
11	蒸发器温度	0.35W/R	31	混合风门电动机热端	0.35B/P、输出
12	电池包出水温度	预留	32	循环电动机外循环端	0.35Br/L、输出
13	电池进出水温度	预留	33	循环电动机内循环端	0.35W/L、输出
14	后除霜反馈	0.5L	34	后除霜控制	0.35L、输出
15	鼓风机反馈	0.35B/O	35	主继电器控制	0.5Br、输出
16	鼓风机控制	0.35L/B	36	三通阀（电机侧）继电器	预留、输出
17	5V 输出	0.35L/W、输出	37	两通阀（热交换器侧）继电器	预留、输出
18	压力开关（高低压）	0.5P	38	制冷管继电器	预留、输出
19	压力开关（中压）	0.5B/O	39	三通阀（到电池包）继电器	预留、输出
21	CAN-L	0.35Gr 总线	40	启动状态电源	0.5R/L、电源

第三章 纯电动汽车关键技术

表 3-6 主机接仪表线束连接器各端子定义

端子号	定义	线径颜色	端子状态	端子号	定义	线径颜色	端子状态
1	鼓风机电源线	2.5P/B	输入	9	鼓风机控制	0.35L/B	输入
2	鼓风机反馈	0.35B/O	输入	10	循环电动机内循环端	0.35W/L	输出
3	循环电动机外循环端	0.35Br/L	输出	11	信号线公共接地线	0.5Br/R	输入
4	蒸发器温度	0.35W/R	输入	12	加热芯体温度	0.35Y/L	输入
5	混合风门电动机热端	0.35B/P	输出	13	5V 输出	0.35L/W	输入
6	模式电动机反馈	0.35G/R	输入	14	混合风门电动机冷端	0.35B/G	输出
7	模式电动机除霜模式端	0.35B/Y	输出	15	混合风门电动机反馈	0.5G/Y	输入
8	调速模块接地线	2.5B	输入	16	模式电动机出风口模式端	0.35B/W	输出

（四）电动压缩机检测流程

电动压缩机电路如图 3-50 所示。

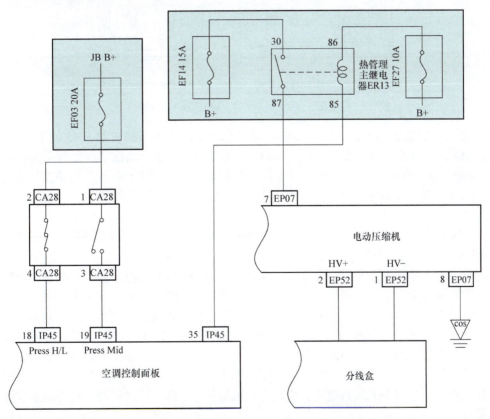

图 3-50 吉利帝豪 2017 款电动压缩机电路

电动压缩机不工作时，首先检查自动空调设置的温度是否高于环境温度。然后遵循先低压电路、后高压电路的检查规律，按以下流程进行检查，更换元件时应按照维修手册进行规范操作。

第一步：使用故障诊断仪读取故障代码，操作起动开关，使电源模式至 ON 状态，利用诊断仪读取蒸发器温度传感器信号。检查蒸发器温度传感器显示温度是否过低，标准温度应高于 2℃（35.6℉），过低则更换该传感器。

第二步：检查鼓风机是否工作正常，优先排除鼓风机故障。

第三步：检查室外温度传感器、阳光传感器是否正常，两个温度传感器显示温度是否低于 4℃；否则更换相应传感器。

第四步：操作启动开关，使电源模式至 OFF 状态，检查熔丝 EF03、EF14、EF27 是否熔断。

第五步：操作启动开关，使电源模式至 OFF 状态，检查热管理主继电器。

第六步：检查压缩机低压电源与接地之间的电压。

操作启动开关，使电源模式至 OFF 状态，断开压缩机低压线束插接器 EP07（图 3-51a），操作启动开关使电源模式至 ON 状态。打开空调，同时用万用表测量压缩机低压线束插接器 EP07 的 7 号端子与 8 号端子之间的电压，电压标准值为 11~14V。若测量值不符合标准，则修理或更换线束。

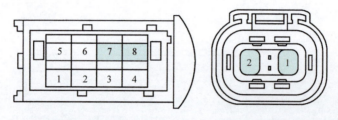

a) 压缩机控制器线束插接器 EP07   b) 压缩机线束插接器 EP52

图 3-51　吉利帝豪 2017 款压缩机插接器

第七步：检查压力开关。用万用表测量空调控制面板线束插接器 IP45 的 18 号端子与车身接地之间的电压，电压标准值为 11~14V。用万用表测量空调控制面板线束插接器 IP45 的 19 号端子与车身接地之间的电压，电压标准值为 0V。若不符合标准，则更换压力开关。

第八步：检查压缩机高压电源电压。操作启动开关使电源模式至 OFF 状态；拆卸维修开关，断开压缩机高压线束插接器 EP52（图 3-51b）；安装维修开关。操作启动开关使电源模式至 ON 状态，打开空调，同时用万用表测量压缩机高压线束插接器 EP52 端子 1 和端子 2 之间的电压值，电压标准值为 274.4~411.6V。若测量值不符合标准，则更换压缩机。

第九步：检查分线盒熔丝是否熔断。操作启动开关使电源模式至 OFF 状态，拆卸维修开关，拆卸分线盒上盖，用万用表测量分线盒熔丝两端的电阻，标准电阻值应小于 1Ω，确认测量值是否符合标准。若测量值不符合标准，则检修熔丝线路，更换额定容量熔丝。

第十步：检查分线盒线束。操作启动开关使电源模式至 OFF 状态，拆卸维修开关。断开压缩机高压线束插接器 EP52，拆卸分线盒上盖。用万用表测量分线盒与压缩机高压线束插接器的 1 号端子之间的电阻，标准电阻值应小于 1Ω；用万用表测量分线盒与压缩机高压线束插接器的 2 号端子之间的电阻，标准电阻值应小于 1Ω。若测量值不符合标准，则更换电分线盒。

第十一步：更换空调控制面板。操作启动开关使电源模式至 OFF 状态，断开蓄电池负极电缆，更换空调控制面板，确认故障排除。

第六节　经典车型关键技术剖析

本节以北京汽车 160E 纯电动汽车为例进行介绍。

一、基本结构

北京汽车 160E 纯电动汽车的基本结构如图 3-52 所示,主要由汽车前部的整车控制器（VCU）、电机控制器、高压控制盒、DC/DC 车载充电机、空调冷凝器、驱动电机、真空制动、变速器,以及汽车中部的变速操纵、动力电池等组成。

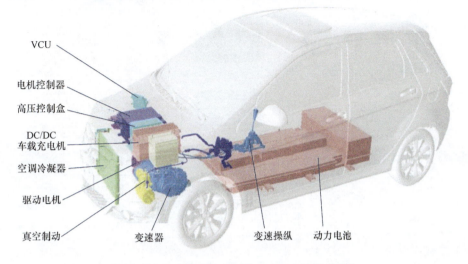

图 3-52　北京汽车 160E 纯电动汽车的基本结构

1. 充电系统（动力电池系统）

北汽 160E 纯电动汽车充电系统由动力电池组件、DC/DC 变换器、车载充电机、高压控制盒、快充口（直流）、慢充口（交流）等组成,如图 3-53 所示。

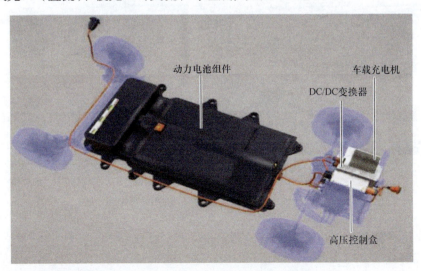

图 3-53　北汽 160E 纯电动汽车充电系统

（1）充电系统控制设计

如图 3-54 所示,该车充电设计架构是:左侧交流低压充电桩电能通过充电线进入纯电动汽车内部,通过车载充电机进入高压控制盒,右上部的高压充电桩电能通过充电线直接进入高压控制盒,高压控制盒可以与动力电池进行联络充电,高压控制盒可以通过 DC/DC

变换器对低压蓄电池充电。

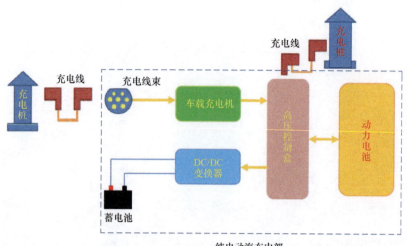

图 3-54 北汽 160E 纯电动汽车充电设计架构

（2）车载充电机

车载充电机的主要功能是将低压（220V）交流电转换为高压直流电对动力电池进行充电，同时提供过电压、欠电压、过电流、欠电流等多种保护措施，当充电系统出现异常时会及时切断供电。车载充电机的外观及接口如图 3-55 所示。

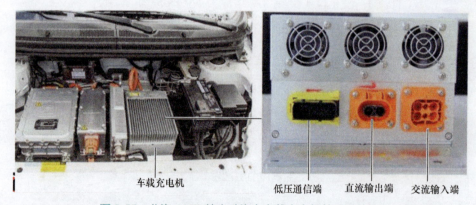

图 3-55 北汽 160E 纯电动汽车车载充电机外观及接口

（3）高压控制盒

高压控制盒主要对动力电池中储存的电能进行输出及分配，实现支路用电器件的切断和保护。高压控制盒共有五个出接线口，分别连接快充、动力电池、电机控制器和其他高压接插件。

（4）DC/DC 变换器

DC/DC 变换器的主要作用是将 320V 直流高压电转换成 14V 直流低压电，向低压蓄电池及全车低压用电设备供电；共有四个接线口，分别为低压输出负极、低压输出正极、低压控制端、高压输入端。DC/DC 变换器的外观及接口如图 3-56 所示。

图 3-56　北汽 160E 纯电动汽车 DC/DC 变换器外观及接口

2. 动力电池

北汽 160E 纯电动汽车动力电池系统主要由动力电池模组、电池管理系统、动力电池箱及辅助元器件四部分组成，如图 3-57 所示。

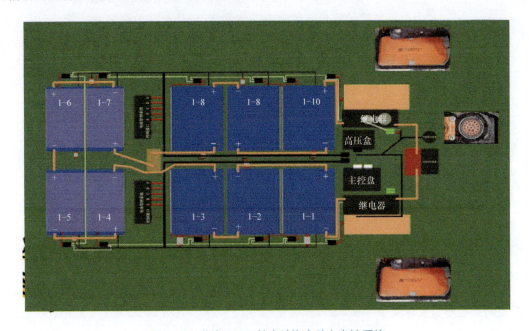

图 3-57　北汽 160E 纯电动汽车动力电池系统

（1）动力电池模组的组成

电池单体：构成动力电池模块的最小单元。一般由正极、负极、电解质及外壳等构成，实现电能与化学能之间的转换，如图 3-58a 所示。

电池模块：一组并联电池单体的组合，该组合的额定电压与电池单体的额定电压相等，是电池单体在物理结构和电路上连接起来的最小分组，可作为一个单元替换，如图 3-58b 所示。

模组：由多个电池模块或单体电芯串联组成的一个组合体。

a) 电池单体　　　　　　　　　　　　b) 电池模块

图 3-58　电池单体与电池模块

(2) 动力电池模组的电压

北京汽车 E160 的动力电池系统的单体电芯电压范围为 2.5~3.7V，动力电池系统的总电压工作范围为 255~372V。

动力电池系统的额定电压 = 单体电芯额定电压 × 单体电芯串联数

动力电池系统的容量 = 单体电芯容量 × 单体电芯并联数量

动力电池系统总能量 = 动力电池系统的额定电压 × 动力电池系统容量

上述具体参数见表 3-7。

表 3-7　北汽 160E 纯电动汽车动力电池参数

项目	参数
零部件号	E00008217
额定电压	320V
电芯容量	66A·h
额定能量	25.6kW·h
总质量	278kg
工作电压范围	220~400V
能量密度	76W·h/kg

(3) 动力电池模组的充电

动力电池充电分为快充、慢充和制动能量回收三种方式。采用车载充电机充电时，充电温度与充电电流要求见表 3-8。

表 3-8　北汽 160E 纯电动汽车载充电机充电参数

温度	<5℃	5~15℃	15~45℃	>45℃
可充电电流 /A	0	20	50	0
备注	恒流充电至 343V/3.5V 以后转为恒压充电方式			

快充中，电流显示值为 13.2~46.2A，快充充电的电流受动力电池内部温度的影响而变化。快充和慢充的流程均为：采用恒流 - 恒压充电方法，以恒定电流充电至动力电池组总电压达到或最高单体电压达到此温度条件下的规定电压值，再以恒定电压充电至电流小于 0.8A，然后停止充电。

在充电过程中，如果电池单体电压差大于 300mV，则停止充电，报充电故障。可接受最大回馈电压要求：动力电池可以承受由电机产生的最大 365V 的感应电动势。

动力电池可以接受表 3-9 中的脉冲回馈电流和持续时间。

表 3-9　北汽 160E 纯电动汽车脉冲回馈电流和持续时间（不同温度下）

温度 /℃	< 0	0~10	10~45	45~55	≥ 55
电流 /A	0	40	120	40	0
持续时间 /s	0	15	15	15	0

动力电池可以接受表 3-10 中的脉冲最大回馈电流。

表 3-10　北汽 160E 纯电动汽车脉冲最大回馈电流

温度 /℃	< 0	0~10	10~45	45~55	55
电流 /A	0	10	80	24	0

（4）动力电池高压系统的工作原理

动力电池高压系统电路如图 3-59 所示。

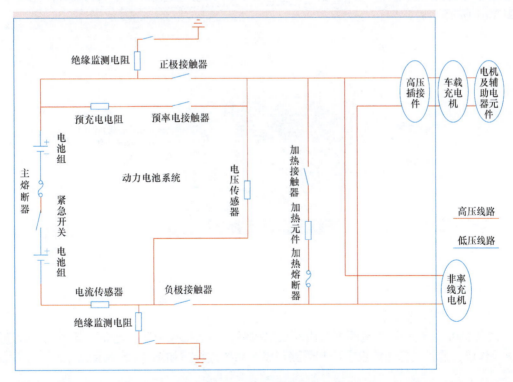

图 3-59　动力电池高压系统电路

（5）充电口介绍

快充（直流）充电接口参数值：额定电压 750V，额定电流 125A、250A。具体充电接口如图 3-60 所示。

图 3-60　快充（直流）充电接口

慢充（交流）充电接口参数值：额定电压 250V，额定电流 16A、32A。具体充电接口如图 3-61 所示。

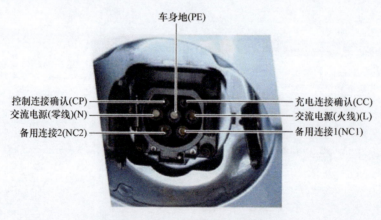

图 3-61　慢充（直流）充电接口

二、电驱技术

1. 电驱系统的组成

北汽 160E 纯电动汽车电驱系统由驱动电机组件、电机控制器、电驱冷却系统和减速器总成等构成，通过高低压线束、冷却管路与整车系统连接，如图 3-62 所示。

2. 电驱系统的散热

北汽 160E 纯电动汽车的控制器、电机通过 U、V、W 三根线连接，高压电源的高压正负极与控制器连接。

散热器构建比较简单的 O 形回路：散热器—散热水管—电机—散热水管—控制器—散热水管—散热器。冷却管路与整车系统连接如图 3-63 所示。

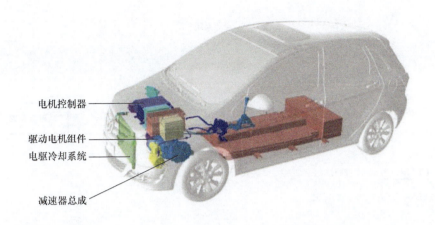

图 3-62　北汽 160E 纯电动汽车电驱系统的连接示意图

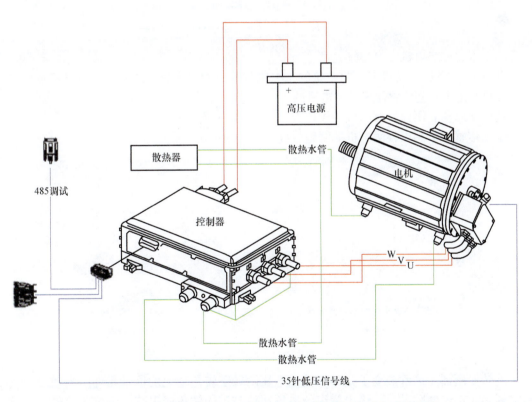

图 3-63　北汽 160E 纯电动汽车电驱系统冷却管路与整车系统连接

3. 电驱系统的能量回收

北汽 EV160 纯电动汽车电驱系统的主要功能是将电能转化为机械能，或者将机械能转化为电能，如图 3-64 所示。

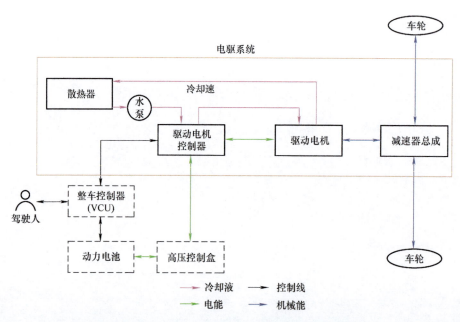

图 3-64　北汽 EV160 纯电动汽车电驱系统的能量回收

（1）永磁同步电机（PMSM）

北汽 EV160 纯电动汽车电驱系统的永磁同步电机的效率高、体积小、重量轻及可靠性高。电机使用了一些传感器来提供电机的工作信息：

旋转变压器：用以检测电机转子位置，如图 3-65a 所示；

温度传感器：用以检测电机的绕组温度，如图 3-65b 所示。

a）旋转变压器

b）温度传感器

图 3-65　永磁同步电机旋转变压器及温度传感器

旋转变压器（简称旋变）是一种输出电压随转子转角变化的信号元件。当励磁绕组以一定频率的交流电励磁时，输出绕组的电压幅值与转子转角成正弦、余弦函数关系，或保持某一比例关系，或在一定转角范围内与转角呈线性关系。其工作原理如图 3-66 所示。

（2）电机控制器

电机控制器是电驱系统的控制中心，主要由 DC/AC 逆变模块、AC/DC 整流模块、温度保护模块以及电子控制器组成，如图 3-67 所示。电机控制器使用的传感器有电流传感器、电压传感器、温度传感器等。

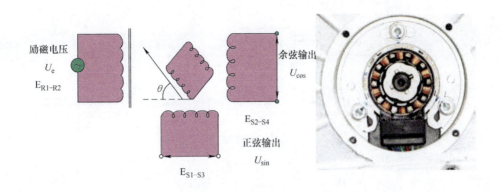

图 3-66 旋转变压器的工作原理

4. 电驱系统的温度保护功能

（1）电机温度保护

当控制器监测到驱动电机温度传感器显示：120℃≤温度＜140℃时，降功率运行；温度≥140℃时，降功率至零，即停机。

（2）电机控制器温度保护

当控制器监测到散热基板温度≥85℃时，超温保护，即停机；当控制器监测到散热基板温度为：85℃＞温度≥75℃时，降功率运行。

（3）电驱冷却系统的控制策略

当控制器监测到驱动电机温度传感器显示：45℃≤温度＜50℃时，冷却风扇低速启动；当温度≥50℃时，冷却风扇高速启动；温度降至40℃时，冷却风扇停止工作。

图 3-67 电机控制器

当控制器监测到散热基板温度≥75℃时，冷却风扇低速启动；当温度≥80℃时，冷却风扇高速启动；温度降至75℃时，冷却风扇停止工作。

三、电控技术

电控系统由加速踏板位置传感器、制动踏板位置传感器、电子换档器等输入信号传感器，整车控制器（VCU）、电机控制器（MCU）、电池管理系统（BMS）等控制模块和驱动电机、动力电池等执行元件组成，如图 3-68 所示。

1. 电控系统的上电控制

上电注意事项：点火钥匙旋转至 Start 档，松开后回到 ON 档；档位处于 N 档上电，踩下制动踏板。点火钥匙只采用 OFF、ACC 和 ON 三个状态。

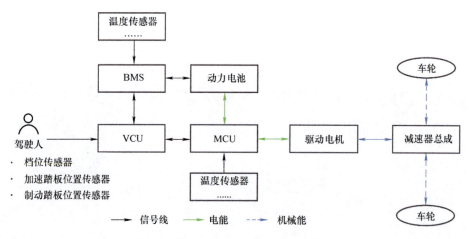

图 3-68 电控系统组成

上电顺序：

1）低压上电：当点火钥匙由 OFF → ACC 时，VCU 低压上电；当点火钥匙由 ACC → ON 时，BMS、MCU 低压上电。

2）高压上电：点火钥匙位于 ON 档，BMS、MCU 当前状态正常，且在之前一次上下电过程中整车无严重故障。

① BMS、MCU 初始化完成，VCU 确认状态。

② 闭合电池继电器。

③ 闭合主继电器。

④ MCU 高压上电。

⑤ 如档位在 N 档，仪表盘 Ready 灯点亮。

2. 电控系统的上电控制异常情况

上电控制异常情况：点火钥匙位于 ON 档时，高压不能正常上电。需注意观察仪表信息：

1）充电指示灯亮——关好充电门板，重新转至 ON 档上电。

2）动力电池故障灯亮——重新转至 ON 档上电后，如仍亮，则说明电池有故障。

3）动力电池绝缘电阻低——检查动力电池高压线连接情况。

4）档位显示状态闪烁——档位换到 N 档。

5）系统故障灯亮且无以上情况——检查蓄电池电量，VCU、MCU、BMS 低压供电情况，用诊断仪读取当前故障代码。

3. 电控系统的下电控制

纯电动汽车下电只需将点火钥匙转至 OFF 档，即可实现高压、低压电的正常下电。下电顺序如下：

1）点火钥匙转至 OFF 档，主继电器断开、MCU 低压下电。

2）辅助系统停止工作，包括 DC/DC、水泵、空调、暖风。

3）BMS 断开电池继电器。

4）整车控制器下电，整车控制器在下电前会存储行车过程中发生的故障信息。

4. 电控系统的故障诊断及处理

电控系统根据电机、电池、EPS、DC/DC 变换器等零部件故障，整车 CAN 网络故障及 VCU 硬件故障进行综合判断，确定整车的故障等级，并进行相应的控制处理。故障等级及影响情况见表3-11。

表3-11 电控系统故障等级及影响情况

等级	名称	故障后处理
一级	致命故障	紧急断开高压
二级	严重故障	二级电机故障：零转矩。二级电池故障：20A放电电流，限功率
三级	一般故障	进入跛行工况/降功率
四级	轻微故障	只仪表显示，四级故障属于维修的提示，但是VCU不对整车进行限制。四级能量回收故障，仅停止能量回收，行驶不受影响

四、高压安全保护技术

高压安全保护主要包括以下几个方面：

1）通过BMS和漏电传感器（绝缘电阻20MΩ）对整车进行持续的漏电检测。

2）维修人员在带电时拔开插件或打开高压器件盖子时，高压互锁可使整车高压系统立即断电，并快速释放电机控制器等里的大电容。

3）惯性开关会在车辆发生重大碰撞时，立即断开高压系统并释放大电容。

五、高压互锁故障排除技术

故障现象：整车报高压故障。

故障原因：某个高压插件未插或未插到位。高压互锁回路如图3-69所示。

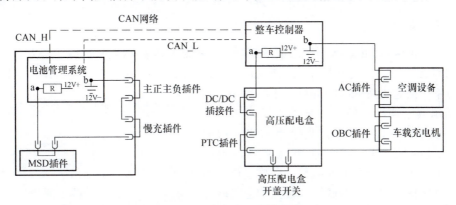

图3-69 汽车高压互锁回路

第七节 纯电动汽车车型实例

一、瑞麒M1-EV纯电动汽车

瑞麒M1-EV纯电动汽车（图3-70）搭载336V电压的电驱动系统，并配备了60A·h的高性能锂电池。该车最高速度为120km/h，巡航最大续驶里程可以达到150km。此外，瑞麒 M1-EV 纯电动汽车还可利用 220V 的民用电源进行充电，充电时间一般为 6~8h；并且瑞麒 M1-EV 纯电动汽车还支持快速充电，0.5h 即可充到电池电量的 80%。在开启空调的情况下，瑞麒 M1-EV 纯电动汽车的提速性能并没有明显的下降。

二、奇瑞 S18D 增程电动汽车

作为专为都市精英量身打造的"城市酷尚 SUV"奇瑞 S18D 增程电动汽车（图 3-71）配备了自动开启的增程器，其特点是以纯电驱动为主，配备了 8kW 的增程器，可以解决极端情况下的电动汽车续驶里程问题，达到 300km 的长续驶里程。能够让驾驶人放心地使用纯电轿车，获得坚实的便捷性和安全性。该车具有高性能、小型化、轻量化、便于拆装等特点，当车载电池电量消耗至最低临界限值时，增程器将自动启动并为车辆继续提供电能或直接驱动电机，以实现高达数百千米的续驶里程。在奇瑞纯电动汽车发展中，增程式电动汽车将成为重点推广产品。

图 3-70 瑞麒 M1-EV 纯电动汽车

图 3-71 奇瑞 S18D 增程电动汽车

与此同时，S18D 增程电动汽车拥有领先国内小车的数字行车电脑、四轮碟刹系统、一键自动锁车升窗功能、四轮黑色动感大包围、银色行李架及 185 宽胎等多项高配置的智能舒适装备。S18D 增程电动汽车不仅让用户体验 SUV 的驾乘乐趣，更为乘坐者带来轿车化的舒适感受。

三、高尔夫 Blue-e-Motion

高尔夫 Blue-e-Motion 基于全球最畅销紧凑车型之一的高尔夫所打造，是大众新能源汽车技术的重要成果。而这款高尔夫纯电动汽车的亮相，或许也将成为高尔夫车迷们期待的下一个对象，而它也将为人们的汽车生活带来全新改变。高尔夫电动汽车的动力来源于其先进的电池系统，该系统由以 180 个锂离子电池单元组成的 30 个电池模块构成，容量为 26.5kW·h。电池系统安装于高尔夫行李舱下面底部、后排座椅下面以及前后排座椅之间下面的底部。独立的空气冷却系统可确保电池保持恒定的工作温度。更为重要的是，当锂离子电池提供源源不断的动力推动汽车运行时，这辆高尔夫电动汽车行驶起来安静无声且没有污染，对于环境的影响几乎为零。该车驱动电机的最大功率可达 85kW，最大转矩则为 270N·m。新车的最高速度可达 140km/h，而 0 至 100km/h 的加速时间为 11.8s。高尔夫电动汽车采用前轮驱动方式，续驶里程可达 150km。为尽量提高续驶里程，高尔夫电动汽车还采取了诸多创新技术措施，其中最重要的就是能量回收系统。

图 3-72 高尔夫 Blue-e-Motion

驾驶人通过自动变速器的排档或转向盘上的换档拨片，分 4 级（D~D3）来调节制动能量回收系统的强度。当启动最低一级的 D 级时，驾驶人通过提前判断，松开加速踏板，汽车就开始"滑行"，只依靠轮胎的滚动阻力和空气阻力进行"制动"减速，最大限度地减少能量消耗。如果调整为最高的 D3 级或"B"（即制动）工作模式，则系统将在制动过程中最大化回收动能，并将能量存储于蓄电池中延长行驶里程，实现了一边使用电能一边制造电能的效果。

四、英菲尼迪 LE 概念车

英菲尼迪 LE 概念车（图 3-73）基于日产聆风打造，是一款三厢造型紧凑级车型，车头造型来源于 G37 车型，由于是一台纯电动汽车，其前进气格栅采用全封闭设计，英菲尼迪的前车标后面，则是它的充电插口。从外观上看，该车的车身线条流畅而自然，腰线内凹。配合其他空气动力学设计，其风阻系数能够达到 0.25，大大提高了性能。同时，采用了独特的前脸设计，使整车更加时尚和前卫。而在内饰方面，英菲尼迪 LE 也配置了包括真皮座椅、蓝色背景照明等豪华配置。

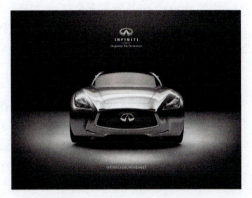

图 3-73　英菲尼迪 LE 概念车

动力系统是该车最大的亮点，搭载了一台由 24kW 锂电池供电的电机，最大功率达 100kW，转矩最大达到 325N·m。尽管是电力驱动，但该车的加速性能也表现不俗。此外，该车的续航能力较强，在单次充电后能行驶大约 161km。值得一提的是，英菲尼迪 LE 提供了一种无线充电装置，实现了家用无线充电的可能性。同时，为了解决驾驶人泊车技术有限、对不准充电口的问题，英菲尼迪还为 LE 配备了泊车辅助系统。

五、福特 Transit Connect 电动汽车

福特在电动汽车制造方面起步相对较晚，而且从目前来看，福特将主要的精力放在了可插电式混合动力和纯电动车型上。Transit Connect 电动汽车（图 3-74）是福特推出的首款电动车，已于 2010 年年末开始向北美市场交车，不过其并不是常见的轿车，而是一款商用货车，最高速度可达 120km/h，续驶里程为 130km，拥有 3.8m³ 的载货空间和 500kg 的载重能力。

图 3-74　福特 Transit Connect 电动汽车

六、福特福克斯电动汽车

福特福克斯电动汽车（图 3-75）电池组容量为 25kW·h（LG 提供），足够驱动福克斯连续行驶 160km 左右。插上电源，福克斯电动汽车的车载充电机立即将来自电网的交流电转换成直流电，充入液冷式/液体加热式电池组，利用标准壁式插座充电，一次需要 8~9h；利用专门充电盒充电，需要 5~6h；而利用强劲的车载充电设备和与之匹配的公共充电桩连接，则只需要 3~4h。

图 3-75　福特福克斯电动汽车

福克斯电动汽车最高速度可达 136km/h，其拥有全面的标准安全配置和功能，包括六个安全气囊、电子牵引力控制系统，以及 SYNC 车载多媒体通信娱乐系统。全车大量运用环保材料，如生物泡沫座垫等，可循环利用织物材质的应用也是该车的一大环保亮点。

七、国内外电动汽车平台介绍

"平台化"概念目前已经广泛地应用在车企设计生产汽车的过程中，汽车生产平台化能有效降低车型开发成本、提高开发效率、缩短车型的研发周期、降低车型的研发生产成本，并且还能够帮助汽车厂商实现旗下各自品牌之间的技术共享，满足全球化市场的不同需求。目前，借助传统汽车的设计和制造经验，各大车企陆续推出电动化汽车平台。

汽车平台是指汽车从设计开发到生产制造过程中的设计方法、设备基础、生产工艺、制造流程乃至汽车核心零部件及质量控制的一整套体系。目前汽车领域的"平台化"概念主要是和汽车底盘相关。目前各大车企推出的电动汽车平台一般有基于传统燃油汽车平台改造和开发新的电动汽车专属平台两大策略。

1. 美国电动汽车平台

美国电动汽车平台主要有特斯拉的 Model S/X、Model 3，通用的 Bolt，法拉第未来的 VPA，以及福特的 Ford's global C-car platform 等。图 3-76 所示为通用 2016 年推出的纯电动汽车 BOLT 的 Gamma G2SC 平台，采用单电机驱动模块和 LG 提供的 60kW·h 锂离子电池系统，后续可能还将基于该平台推出一系列新车型。

图 3-76　通用 Gamma G2SC 平台

2. 欧洲电动汽车平台

欧洲拥有电动化汽车平台的企业主要有大众、宝马、戴姆勒、沃尔沃以及 PSA。大众一直致力于旗下汽车的平台化建设，已经建立的汽车平台包括 NSF、MQB、MLB 和 MSB。大众初期推出的电动汽车车型 e-Golf 就是基于 MQB 平台开发的。大众正在打造未来电动汽车的专属平台——MEB（Modular Electrification Toolkit）。MEB 平台是在 MQB 平台的基础上开发的适用于电动汽车的全新的模块化平台，该平台可提供 250~500km 的纯电形式续航能力，可对应不同车型级别推出对应车型。大众计划基于 MEB 平台推出 BUDD-e、I.D concept、I.D. Buzz、I.D. CROZZ 多款车型。基于 MEB 平台,大众能够在打造全球市场标准化平台的基础上实现各个地区市场的定制化生产。

3. 日本、韩国电动汽车平台

日韩主要电动汽车平台企业有日产、雷诺、三菱、现代以及斯巴鲁(图 3-77)。日产-雷诺联盟为聆风打造了专属的电动汽车平台,续驶里程 172km、配备电池容量 30kW·h、电机最大功率 80kW。

图 3-77 斯巴鲁全球平台(Subaru Global Platform)

4. 我国电动汽车平台

我国电动汽车平台企业主要有比亚迪(图 3-78)、腾势、吉利、北汽新能源、北京现代、上汽、长安、广汽(图 3-79)等。

(1)北汽新能源

北汽新能源未来十年技术规划——蜂鸟计划,通过"技术+产品"整体战略的完善,未来北汽新能源将以四大核心技术为基础,打造两大平台、18 款产品的全球最丰富的新能源汽车产品矩阵。

(2)比亚迪

2014 年 4 月 20 日,比亚迪在北京车展上首次发布 542 战略,从性能、安全、油耗三方面重新定义汽车标准。5 代表百公里加速 5s 以内,4 代表全时电四驱,2 代表百公里油耗 2L 以内。在机械时代,这三个数据指标要么是豪车专属,要么是性能极限,比亚迪通过动力技术及电子技术的革新,彻底打破了旧的性能、安全和油耗指标。2017 年上市的比亚迪秦 EV300 以及宋 EV300 全部基于 542 战略打造。

图 3-78 比亚迪专属电动平台

图 3-79　基于广汽自主研发的纯电专属技术平台的传祺 GE3

参考阅读：电动汽车的热点问题

1. 现代电动汽车能满足人们的需要吗？

尽管现今的电动汽车还存在这样或那样的问题，特别是目前电池的能量密度远低于汽油，导致电动汽车的续驶里程还达不到燃油汽车的水平，限制了电动汽车在某些长程交通场合的使用，但进入 20 世纪 90 年代以来，电动汽车还是获得了迅速的发展。

据统计，美国人每天平均开车行驶 60km，而高速公路限速为 88km/h（以加州为例）。具有 EV1 这样性能的电动汽车足以满足美国人 95% 的需求。而对于其他国家，人们对机动车性能的要求比美国还要低一些。

由此可见，今日的电动汽车足以满足人们日常交通运输的需求。

2. 电动汽车很昂贵吗？

目前电动汽车的制造成本大约是燃油汽车的 1.5~2 倍，其中电池的成本占到电动汽车总成本的一半左右，电动汽车的一次性投资高于燃油汽车，但是随着电动汽车大批量生产和电池技术的改进，电动汽车的价格必将大幅降低。

另外，电动汽车的使用成本比燃油汽车低很多。在美国，一般用户每月开车的汽油花费为 50~60 美元，而使用电动汽车每月电费花费为 6~8 美元。在我国，一辆轿车按 10L/100km 计算，其电耗为 10~15kW·h，每行驶 100km，电价才 7~10 元，而油价为 70~80 元。在日本，驾驶电动汽车的使用费：电价是传统车油价的 1/9~1/3。

因此，按全寿命计算，使用电动汽车的总费用反而要比传统汽车少，下面实例分析选取生产的纯电动汽车（某 A 型）和某某公司的燃油汽车（某某型）做比较。某 A 型是在某某型上改装的电动汽车，它采用铅酸电池和永磁同步电机等高新技术，性能较为先进，节能元器件应用较多，其驾驶性能与同等的 RAV4 燃油汽车相似，选择在 2012 年运转循环工况下比较它们的全寿命成本。

在计算车辆全寿命成本时考虑了车辆购置成本、运行成本、车辆维修保养成本和电池成本（燃油汽车无此项）因素，即

全寿命成本 = 车辆购置成本 + 运行成本 + 维修保养成本 + 电池成本

某 A 型市场价 5 万元，某某型燃油汽车为 5 万元；某 A 型 100km 耗电 20kW·h，电价按 0.5 元/(kW·h) 计算；某某型 100km 耗油 7L，油价按 7.5 元/L 计算；二者的

全寿命行驶里程按 50 万 km 计算；某某型的年均维修保养费按 3000 元计算；某 A 型不需要发动机、离合器和变速器等一系列机械传动设备，车辆的故障率降低，维修保养费可降低 70% 以上，那么某 A 型的年均维修保养费按 900 元计算；某 A 型使用的电池组的价格和寿命分别为 5000 元，5 万 km（一次续驶里程 100km，充放电 500 次），在全寿命行驶里程 50 万 km 内需要更换 10 次；根据《汽车报废标准（国经贸经〔1997〕456 号）》规定，车辆使用年限为 10 年。两者全寿命成本比较见表 3-12。

表 3-12　两种车型全寿命成本的比较

比较项目	全电动某 A 型	燃油某某型
整车价格（1）/元	5 万元	5 万元
百公里费用＝能源费率（2）	10 元	50 元
全寿命行驶里程（3）	50 万 km	50 万 km
全寿命运行成本（4）=（2）×（3）÷100km	5 万元	25 万元
车辆年维修保养成本（5）	900 元	3000 元
全车寿命（6）	10 年	10 年
全寿命养护成本（7）=（5）×（6）	9000 元	3 万元
电池组寿命（8）	5 万 km	0
电池组价格（9）	6000 元	0
电池组更换次数（10）	10 次	0
电池成本（11）=（9）×（10）	6 万元	0
整车全寿命成本（12）=（1）+（4）+（7）+（11）	16.9 万元	33 万元

根据表 3-12 可以看出，由于某 A 型运行过程中没有燃油消耗，其能源费率仅为某某型的 20%，其运行过程中的经济性较传统燃油汽车有明显的优势。但在某 A 型的全寿命成本构成中，整车价格和电池成本占了相当大的比重，两者约占总成本的 65%。但综合考虑，还是某 A 型全电汽车要合算得多。

3. 使用电动汽车方便吗？

电动汽车结构简单，无须更换机油、油泵、化油器以及消声装置等，无须添加冷却液，它的日常维修工作极少，且电动汽车起动无噪声、零排放，驾驶非常轻松。

在充电方面，目前，美国仅在加州就已建立了 120 多个充电站，以方便电动汽车使用。据 EV1 的用户称：EV1 只需充电 0.5h，就可以多行驶 40~50km（大于大多数城市居民一整天的里程）。一般说来，电动汽车可以在 45min 内将动力电池充到满电量的 80%。而对一般的电动汽车用户来说，晚上在家将电动汽车充满电的时间远小于他们的睡眠时间。

因此，尽管目前电动汽车还不能像燃油汽车加油那样，能在几分钟之内充满电，但总体来看，使用电动汽车还是很方便的。

4. 距离电动汽车普及还有多远？

近年来，采用各种高新技术的电动汽车层出不穷，这给人们带来了一个明确的信息：我们已经走到了电动汽车时代的边缘。随着日新月异的技术进步和人们环保意识的不断提高，2014年2月，美国政府提出了一个关于新能源汽车的发展目标：2015年插电式混合动力汽车及纯电动汽车的保有量达100万辆。为实现这一目标，政府推出了一系列优惠政策，支持插电式混合电动汽车的研发、生产和销售。而美国的三大汽车厂商也响应政府号召，纷纷推出了自己的电动汽车计划，但在技术开发上的问题还有很多仍待解决。

在美国，汽车达到25%的普及率共花了50年时间，而随着技术进步的加快，移动电话达到相同的普及率只用了10年。可以预见，普及电动汽车将不再需要50年这么长的时间，在今后的10~15年之内，电动汽车的使用将迅速普及。

5. 电动汽车的普及面临哪些技术难题？

尽管目前电动汽车以其相当高的技术性能而媲美于传统的燃油汽车，从世界各国的电动汽车发展现状来看，我们还不能说电动汽车已具备了全面普及的条件。普及电动汽车的关键在于改善其性能和降低成本，如果希望电动汽车的性能比传统汽车更高，就必须要有非常卓越的电机和控制系统。这是非常重要的，通过电机的高效性，从而不需要变速器等部件，可以一下子通过电机进行非常好的控制。并且要通过不同的转矩数据，还有其他一些性能数据，表明电动汽车比传统汽车更加高效。

而第二个性能问题，它的驾驶距离确实是一个问题，因为目前为止电池还没有解决能量密度方面的一些问题，但是短期来看可以提供一个比较有吸引力的一种驾驶里程和一种充电的效率，从而专门针对这些愿意在有限里程（每天只是开短距离）使用的用户群体。

另外，纯电动汽车由于技术问题，其电池系统仍然比较昂贵，所以怎样降低其成本是推广电动汽车的一个很重要的问题。而且在使用方面，我们也必须要证明从油井到车轮，真正可以减少碳排放的数字，真正可以降低驾驶成本。

6. 我国发展纯电动汽车有多大意义？

1）解决石油短缺问题。石油价格持续飙升造成能源紧缺，而全面普及家庭汽车消费，这加剧了石油危机的爆发。对于我国，发展纯电动汽车的一个非常重要的理由是它可以提高我国能源的安全性，降低能源的对外依存度。

2）解决汽车排放污染问题。由于汽车尾气和工业污染给大气层和地球生存环境带来日趋严重的破坏，削减碳排放量、保护生存环境显然已经是比赚钱更迫切更紧急的事情。推广和普及纯电动汽车是行之有效的手段，并且也是削减碳排放量重点方向之一。

3）作为我国汽车工业的发展机遇。我国在传统汽车技术领域长期扮演追赶、模仿者的角色，其中发动机、变速器技术与国外相比差距尤为明显。如果我国能依靠现有技术条件，完全有可能在美、日发展模式之外另辟蹊径，直接从传统燃油汽车过渡到纯电动汽车，由此实现我国新能源汽车产业在全球的率先发展。

4）发展纯电动汽车更符合当前我国国情及汽车工业发展的实际。国家"863"电动汽车重大专项使我国电池、电机、电控技术取得了长足的进步。随着车用电池技术的逐步成熟，我国纯电动汽车有望率先进入快速成长期。

思维拓展

1. 纯电动汽车的定义是什么？它由哪几个子系统构成？
2. 按照动力驱动系统的不同，纯电动汽车可分为哪几种典型结构？
3. 纯电动汽车须解决的关键技术有哪些？
4. 我国纯电动汽车的发展目标是什么？
5. 简述比亚迪e6高压电气系统的组成。
6. 电动汽车空调系统与传统燃油汽车相比，有哪些特点？
7. 高压回路检测前进行何种目视检查？
8. 检测高压系统前，应确保整车高压回路无电，怎样确保高压回路无电？

第四章　混合动力电动汽车关键技术

本章任务

1. 了解混合动力电动汽车的结构与组成部分。
2. 了解混合动力电动汽车的工作原理。
3. 熟悉不同类型混合动力电动汽车在不同工况下的能量流通方式。
4. 通过对混合动力电动汽车的学习,掌握典型车型的原理及检修技术。

广义上说,混合动力电动汽车(以下简称混合动力汽车)是指拥有至少两种动力源,使用其中一种或多种动力源提供部分或者全部动力的车辆。但是,在目前实际生活中,混合动力汽车多半采用传统的内燃机和电机作为动力源,通过混合使用热能和电力两套系统驱动汽车。使用的内燃机既有柴油机又有汽油机,因此可以使用传统汽油或者柴油,也有发动机经过改造后使用其他替代燃料,例如压缩天然气、丙烷和乙醇燃料等。

本章将介绍混合动力汽车的定义、结构组成、工作原理,以及混合动力汽车的现状和未来发展前景。

第一节　混合动力汽车的结构

一、混合动力汽车的定义

混合动力汽车(HEV)是指同时装备两种动力来源——热动力源(由传统的汽油机或者柴油机产生)与电动力源(电池与电机)的汽车。这两种动力源在汽车不同的行驶状态下分别工作,或者一起工作,达到最少的燃油消耗和尾气排放,从而实现节油和环保的目的。

通过在混合动力汽车上使用电机,使得动力系统可以按照整车的实际运行工况要求灵活调控,而发动机保持在综合性能最佳的区域内工作,从而降低油耗与排放。混合动力汽车就是在纯电动汽车上加装一套内燃机,其目的是减少汽车的污染,提高纯电动汽车的行驶里程。

混合动力汽车的燃油经济性高,而且驾驶性能优越,混合动力汽车的发动机要使用燃油,而且在起步、加速时,由于有驱动电机的辅助,所以可以降低油耗。简单地说,就是与同样大小的汽车相比,燃油费用更低。而且,辅助发动机的驱动电机可以在汽车起动的瞬间产生强大的动力,因此车主在享受更强劲起步、加速的同时,还能实现较高水平的燃油经济性。

二、混合动力汽车的主要动力总成组件

为了充分了解混合动力汽车的结构，下面将对其主要的动力总成（图4-1）进行详细介绍。

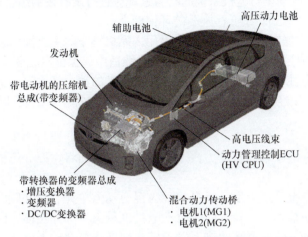

图 4-1　混合动力汽车的主要组件

1. 发动机

混合动力汽车可以广泛地采用四冲程内燃机（包括汽油机和柴油机）、二冲程内燃机（包括汽油机和柴油机）、转子发动机、燃气轮机和斯特林发动机等，利用它们各自的优势，可以构成不同特点的混合动力系统。

2. 驱动电机

混合动力汽车的驱动电机可以选择直流电机、交流异步电机、永磁同步电机和开关磁阻电机等。随着混合动力汽车的发展，直流电机已经很少采用，多数采用交流异步电机和永磁同步电机，开关磁阻电机的应用也得到重视，还可以采用特种电机作为混合动力汽车的驱动电机，如现在正在研究的轮毂电机就很有前景。

3. 动力电池

混合动力汽车常用的动力电池包括飞轮电池、超级电容器、电化学电池、燃料电池、储能器和锌空气电池等。动力电池一般作为混合动力汽车的辅助能源，只有在汽车发动机起动或电机辅助驱动时才使用。

4. 动力分配装置

在并联和混联系统中，机械的动力分配装置是耦合发动机和电机功率的关键部件。它不仅具有很大的机械复杂性，而且直接影响整车控制策略，因而成为混合动力系统开发的重点和难点。目前采用的动力复合方式有转矩复合、速度复合和双桥动力复合。

三、混合动力汽车的智能控制系统

发动机和混合动力系统都分别有各自的 ECU 和控制软件，将它们集成在混合动力车辆中后，利用 CAN 总线将它们连接起来，实现信息共享和统一指挥。实现了混合动力系统工作时，发动机按混合动力系统的指令工作。当混合动力系统关闭或有故障时，发动机按加速踏板指令工作。混合动力汽车的控制系统有以下功能：

1）使混合动力汽车的动力性能能够达到或接近现在内燃机汽车的水平。

2）最大限度地发挥驱动电机的辅助作用，尽量降低混合动力汽车的燃油消耗量，实现发动机的节能化。

3）实现多能源控制，混合动力汽车关键的控制技术，是对内燃机驱动系统和电机驱动系统实现双重控制。发动机与电机系统的动力系统应进行最有效的组合以实现最佳的匹配。

4）在环保方面，达到"超低污染"的环保标准。

5）在操作装置和操纵方法上，继承或沿用内燃机汽车的主要操作装置和操纵方法。

在保证车辆动力性能情况下，使发动机动力性适中，保证电力驱动系统发挥最大效率。既能满足车辆对动力性能的要求，以接近内燃机汽车的动力性水平，又能降低燃料消耗和减少排放。因此，必须经过动力匹配计算和优化设计来选择所需的发动机。

四、混合动力汽车的发动机

为了让读者更好地了解混合动力汽车的发动机，下面将主要介绍混合动力汽车发动机的阿特金森循环技术。

在混合动力汽车上，热力发动机又被称为混合动力单元。在并联混合动力汽车上，混合动力单元通过传动轴驱动车轮，同时驱动电机也承担一部分功能，因而使得混合动力单元能够采用尺寸更小、效率更高的热力发动机；在串联混合动力汽车上，混合动力单元驱动一台发电机产生电能，由于汽车的行驶与发动机没有直接联系，所以混合动力单元也能够采用小型高效的发动机，且其运行工况可以固定于较小的高功率区。

1. 阿特金森循环发动机的定义

阿特金森循环是一种1882年由James Atkinson发明的内燃机形式。阿特金森循环发动机提高了燃油效率，现阶段用在某些混合动力车辆上。

在常规奥托发动机的做功行程完成后，封闭在气缸内的气体压力仍然有3~5个大气压。在排气行程中，这部分气体的热量白白地排放到大气中。如果提高做功行程的做功量，在膨胀行程末，气缸内的压力降为稍高于大气压，再将排气气门打开，则会提高燃油效率，这种工作循环被称为阿特金森循环，具有这种循环的发动机被称为阿特金森循环发动机。

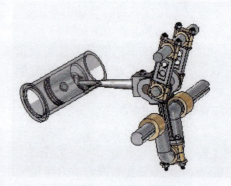

图4-2 阿特金森循环发动机的主要部件

阿特金森发动机巧妙地只用一个飞轮带曲柄连杆机构实现了4个行程，如图4-2所示。阿特金森发动机的特点是可以通过推迟进气门关闭，在压缩行程从进气门排出部分燃气，减少进气量。

现代阿特金森循环发动机（ATkinson Cycle Engine）使用电子控制装置和进气阀定时装置，使燃烧在气缸中的油/气混合物的体积膨胀得更大，借此让动力装置能更高效地利用燃油。

2. 阿特金森循环发动机的工作原理

阿特金森循环发动机其实并不需要在普通发动机上做太大修改，只是改变了气门开闭的时机。普通汽车发动机基于奥托循环，包括吸气、压缩、做功和排气四个行程。在奥托循环发动机中，在吸气行程中，油气混合物被吸入气缸，当活塞到达下止点后，进气门关闭，油气混合物被封闭在气缸中；在压缩和做功行程中分别被压缩和点燃。这样，膨胀比几乎等于发动机的压缩比，很难提高。但在阿特金森循环中，在活塞到达下止点后上升时，进气门仍然开放，这样有一部分混合气体被推回到进气歧管，进而提高了爆炸的膨胀比，利于提高燃油效率。

3. 阿特金森循环发动机的缺点

（1）独特的进气方式让低速性能很差

在低速时，本来就稀薄的混合气在"反流"之后变得更少，这让该类发动机的低速转矩表现很差，用于车辆起步显然动力不够，发动机的动力和对节气门的响应都不如普通发动机，但是，电机的转矩很好地弥补了发动机转矩不足的缺点，特别适合城市工况行驶。

（2）长活塞行程不利于高转速运转

较长的活塞行程确实可以充分利用燃油的能量，提升经济性，但也因此限制了转速的升高，加速性能也变差，并且"升功率"这个性能指标会很低。而追求性能，尤其是追求高速性能的赛车发动机，往往行程与活塞直径的比值会很低。在民用车上，为了平衡，通常行程与缸径两个数据是接近的。

4. 阿特金森循环发动机的应用

1885年，阿特金森循环是通过曲柄和气门等机构实现的，其燃烧室的容积用以保持固定的压缩比，而膨胀比随着载荷变化而变动，以此来优化燃油效率。在20世纪初，工程师试图通过复杂的连杆机构以期实现不同的冲程，事实证明这种做法并不适用。后随着电子技术的发展，可变气门配气相位（VVT）使得阿特金森循环真正成为可能。福特和丰田公司已经将阿特金森循环发动机商品化，应用于其混合动力汽车上，如图4-3所示。

图4-3 采用阿特金森循环（2.5L4AR-FXE）的发动机

目前，油电混合动力汽车基本上对于发动机进行了重新设计或重大改进，如丰田普锐斯的1.5L汽油机（1NZ-FXE）采用了阿特金森循环，它是在1NZ-FE的基础上改造得到的。这种循环发动机具有高热效率、高膨胀比等特点，也具有紧凑型倾斜挤气燃烧室（以形成有利于燃烧的挤气涡流）以及铝合金缸体，其主要目的是追求高的热效率而不是高功率。由于电机承担了功率调峰的作用，发动机可以舍弃非经济工作区的动力性能而追求经济工作区的高效率。如日本丰田普锐斯所用发动机的工作区域设定在1000~4500r/min。

参考阅读：典型混合动力汽车发动机

1. 丰田普锐斯混合动力汽车发动机

丰田油电混合动力系统中安装的发动机与以往机型相比，具有低油耗、高输出的特性。例如普锐斯中配备的 1NZ-FXE（图 4-4）具有以下特点：

（1）高膨胀比循环

1NZ-FXE 应用了高膨胀比循环的代表性系统——阿特金森循环，是追求高效率的 1.5L 发动机。缩小燃烧室容积以提高膨胀比，即等待爆发压力充分降低后才进行排气，由此充分利用爆发能量。

MG1的参数	说明及数值
类型	同步交流电机
功能	发电机，发动机的起动机
额定电压/V	AC 500
最大输出功率/kW [r/min]	37.8 [9500]
最大输出转矩/N·m [r/min]	45 [6000]
最大转矩时的电流/A	75
最大转速/(r/min)	10000
冷却系统	水冷

图 4-4 丰田普锐斯发动机及其参数

（2）高旋转化

将发动机的最高转数升至 5000r/min，提高了输出功率。在减少摩擦损失的同时提高了最高转速，所以既加大了加速时的驱动力，又实现了低油耗。而且运转部件的质量更小，活塞环的张力更小，气门弹簧的反弹力更小。

（3）采用 VVT-i 技术

采用 VVT-i 技术，可根据行驶状况细微地调节进气阀的工作时间，可进行高效燃烧，可提高输出功率、降低油耗。

2. 丰田凯美瑞混合动力汽车发动机

动力总成的心脏部分是凯美瑞迄今为止最为先进的成就。与驱动电机同步运转的汽油发动机是由第六代凯美瑞所装备的直列四气缸发动机经过大幅度改进而成的。这种发动机在以下几个方面做了特别改进。

（1）简易化

构件轻型化，同时增强了刚性。经过改进，使发动机适应了混合化的发动方式，由此成功地从中去除了与安全带、动力转向、空调器和蓄电池相关的其他零部件。

（2）强化

2AZ-FXE 型发动机是 2.4L 高膨胀率的发动机，采用了阿特金森循环，大大提高了经济性和顺畅性。

第四章 混合动力电动汽车关键技术

在开发过程中，丰田公司的工程师在无数的道路条件下进行模拟试验之后才掌握了在降低振动与噪声的同时能够最大限度地节省油耗，发挥其性能的控制点，从而使发动机与驱动电机的配合达到了最佳的效果。

（3）符合世界上最为严格的尾气排放标准

为了符合美国加州的 AT-PZEV 标准，丰田的工程师对发动机进气管的所有部位进行了改进，以改善空气流，优化发动机的进排气系统。这种改造同时还可以减小内部摩擦、加强吸音性能、提高触媒作用、增强曲轴箱和发动机体的刚性。具体改造包括扩大排气歧管管径并降低厚度、优化 A/F（空气/燃料）传感器、优化排气用触媒基本材料中的贵金属原料。

丰田凯美瑞发动机的规格参数见表4-1。

表4-1 丰田凯美瑞发动机的规格参数

排量	气门数	功率	转矩
2.4L 四气缸 DOHCEFI	四气门与VVT-i技术	最大输出功率：110kW/6000r/min	最大转矩为187N·m（4400r/min）

第二节 混合动力汽车的分类

随着全球汽车工业的迅猛发展，石油资源供应日趋紧张，世界各国积极寻求代用燃料或者减少燃油的消耗量，大力开发新型节能环保汽车。在太阳能、电能等替代能源真正进入实用阶段之前，混合动力汽车因其低油耗、低排放的优势越来越受到人们的关注。本节将会对混合动力汽车的分类和工作原理进行介绍。

一、按结构布置形式分类

根据混合动力驱动模式、结构布置形式及动力传输路线分类，混合动力汽车主要分为以下三类：串联式混合动力汽车、并联式混合动力汽车和混联式混合动力汽车。

1. 串联式混合动力汽车

串联式混合动力汽车又叫增程式电动汽车，以驱动电机作为驱动装置，发动机作为辅助动力装置以提高行驶里程。发动机只作为动力源驱动发电机发电，电能通过控制器输送到动力电池或驱动电机，由驱动电机通过变速机构驱动汽车，驱动系统只是驱动电机。小负荷时由动力电池供给驱动电机能源，驱动车轮，大负荷时由发动机带动发电机发电给驱动电机。在这种连接方式下，动力电池就像一个水库，只是调节的对象不是水量，而是电能。

串联式混合动力汽车的动力系统如图4-5所示，能量流动路线如图4-6所示，系统结构图如图4-7所示。

图4-5 串联式混合动力系统示意图

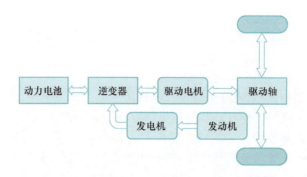

图 4-6　串联式混合动力系统能量流动路线

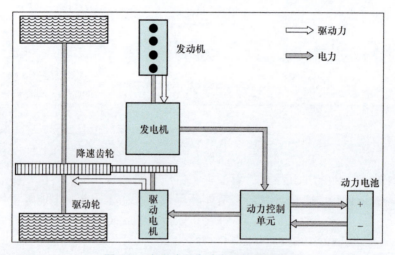

图 4-7　串联式混合动力系统结构图

串联式混合动力汽车适用于城市内频繁起步和低速运行的工况，可以将发动机调整在最佳工况点附近稳定运转，通过调整动力电池和驱动电机的输出来达到调整车速的目的。其使发动机避免了怠速和低速运转的工况，从而提高了发动机的效率，减少了废气排放。但是它的缺点是能量转换步骤较多，机械效率较低。典型车型有丰田柯斯达及法国雷诺Espace，如图 4-8 和图 4-9 所示。

图 4-8　丰田柯斯达

图 4-9　法国雷诺 Espace

串联式混合动力汽车不同工况下的能量流动路线具体分析如下：

1）在市区行驶时，如果动力电池完全充满电，则选用纯电池驱动方式。传动系统能量流如 4-10 所示。

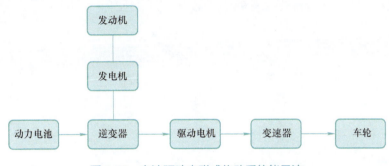

图 4-10　电池驱动串联式传动系统能量流

2）当电池电量较低时，发动机被起动，并将其设置在最大功率工作点上，发动机输出的功率与汽车所需功率的差值将通过发电机为动力电池充电，如图 4-11 所示。

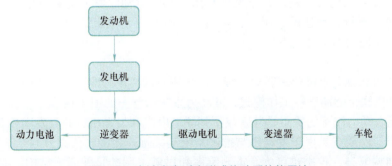

图 4-11　电池充电时串联式传动系统能量流

3）当汽车发动机提供的最大功率低于汽车所需的功率时，动力电池将提供这部分差额功率，如图 4-12 所示。

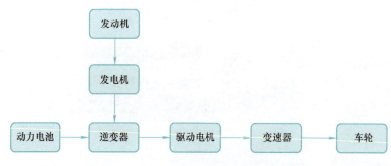

图 4-12 混合动力时串联式传动系统能量流

4）在制动或减速时，驱动电机起发电机的作用，将部分动能转化为电能存储在动力电池中，如图 4-13 所示。

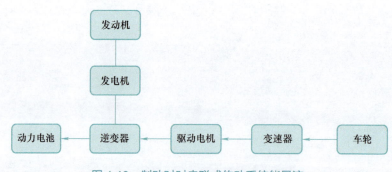

图 4-13 制动时时串联式传动系统能量流

由图 4-5 可以看出，串联式混合动力汽车的动力系统由发动机、发电机和驱动电机三部分动力组成，它们之间用串联的方式组成的动力单元系统，发动机驱动发电机发电，电能通过控制器输送到动力电池或驱动电机，由驱动电机通过变速机构驱动汽车。当车辆处于起动、加速、爬坡工况时，发动机－发电机组和动力电池组共同向驱动电机提供电能；当车辆处于低速、滑行、怠速的工况时，则由动力电池驱动电机，当动力电池缺电时则由发动机－发电机组向动力电池充电。

2. 并联式混合动力汽车

采用发动机和驱动电机两套驱动系统，可采用发动机单独驱动、驱动电机单独驱动或发动机和驱动电机联合驱动三种工作模式，其动力系统示意图如图 4-14 所示。与串联式结构相比，并联式混合动力汽车的优点是并联仅用到驱动电机和发动机，并且发动机和驱动电机的最大功率较小，而缺点是由于发动机与推进系统是共轴连接的，所以并联结构需要离合器，这使得并联结构复杂，控制难度大。本田雅阁和思域采用的是并联式结构，如图 4-15 和图 4-16 所示。

图 4-17 所示为并联式混合动力系统结构图，图 4-18 所示为其系统能量流。并联结构的特征是以机械形式进行复合，发动机通过变速装置与驱动桥直接相连，驱动电机可同时用作电动机或发电机以平衡发动机所受的载荷，使其能在高效率区域工作。

第四章 混合动力电动汽车关键技术

图 4-14 并联式混合动力系统示意图

图 4-15 本田雅阁混合动力汽车

图 4-16 本田思域混合动力汽车

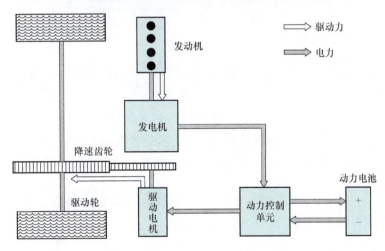

图 4-17 并联式混合动力系统结构图

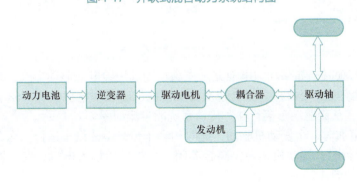

图 4-18 并联式混合动力系统能量流

147

并联式混合动力汽车不同工况下的能量流动路线具体分析如下:

1) 在起步、爬坡或加速阶段,发动机运转,发动机只为耦合器提供总功率的一部分,离合器闭合将转矩输入变速器,同时动力电池释放电能,经逆变器将直流电转换为交流电,给驱动电机供电,驱动电机也将转矩输入变速器驱动电机转动,发动机和电机共同将动力输入变速器、后桥从而驱动车辆加速行驶。发动机实现"功率辅助"是目的,传动传统能量流如图 4-19 所示。

图 4-19 功率辅助时并联式传动传统能量流

2) 当车辆制动、减速、停车时,驱动桥传来的惯性转矩,经变速器带动电机运转,电机转换为发电状态,起到发动机的作用。所输出的交流电经逆变器转换为直流电,对动力电池组进行充电,如图 4-20 所示。

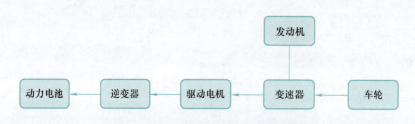

图 4-20 能量回收时并联式传动传统能量流

3) 当电池电量较低时,发动机被起动,并将其设置在最大功率工作点上,发动机输出的功率与汽车所需功率的差值将通过发电机为动力电池充电,如图 4-21 所示。

图 4-21 电池充电时并联式传动传统能量流

4) 在市区行驶时,如果动力电池完全充满,则选用纯电池驱动方式,离合器分离,动力电池释放电能,经逆变器将直流电转换为交流电,给驱动电机供电,驱动电机将转矩输入变速器、后桥,从而驱动车辆行驶。传动系统能量流如图 4-22 所示。

5) 在高速巡航时,由发动机驱动,此时相当于传统燃油汽车运行。当车辆采用发动机单独驱动模式运行时,发动机运转,离合器闭合,将转矩输入电机、变速器、后桥,从而驱动车辆行驶,如图 4-23 所示。

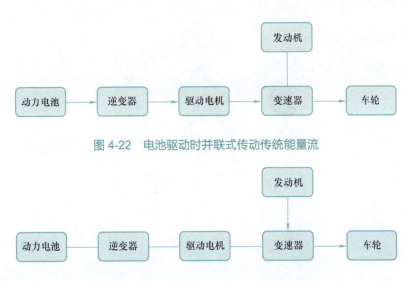

图 4-22　电池驱动时并联式传动传统能量流

图 4-23　发动机驱动时并联式传动传统能量流

并联式装置的发动机和驱动电机共同驱动汽车，发动机与电机分属两套系统，可以分别独立地向汽车传动系统提供转矩，在不同的路面上既可以共同驱动又可以单独驱动。当汽车加速、爬坡时，电机和发动机能够同时向传动机构提供动力，一旦车速达到巡航速度，汽车将仅仅依靠发动机维持该速度。电机既可以作电动机使用又可以作发电机使用，又称为电动—发电机组。由于没有单独的发电机，发动机可以直接通过传动机构驱动车轮，这种装置更接近传统的汽车驱动系统，机械效率损耗与普通汽车差不多，得到比较广泛的应用。

3. 混联式混合动力汽车

混联式混合动力汽车在结构上综合了串联式结构和并联式结构的特点。它主要偏向于并联式结构，但又包含一些串联式结构的特点。与串联式相比，它增加了机械动力传输路线；与并联式相比，它增加了电能的传输路线。混联式混合动力系统结构图如图 4-24 所示，系统示意图如图 4-25 所示，传动系统能量流如图 4-26 所示。

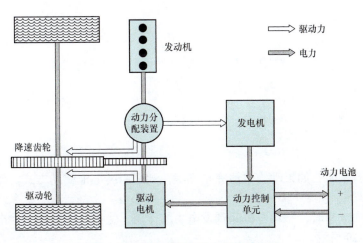

图 4-24　混联式混合动力系统结构图

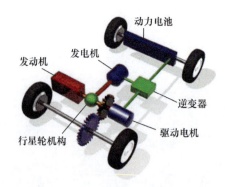

图 4-25　混联式混合动力系统示意图

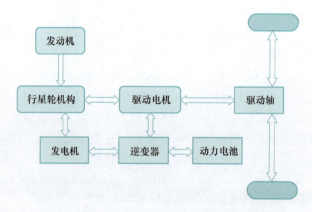

图 4-26　混联式混合动力系统的传动系统能量流

带有行星齿轮组的混联式混合动力汽车不同工况下传动系统的能量流分析如下：

1）在高速巡航时，由发动机单独驱动，此时相当于传统燃油汽车运行。传动系统能量流如图 4-27 所示。

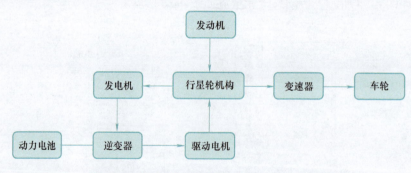

图 4-27　发动机驱动时混联式传动系统能量流

2）在市区行驶时，如果动力电池完全充满，则选用纯电池驱动方式。传动系统能量流如图 4-28 所示。

3）在制动或减速时，驱动电机起到发电机的作用，将部分动能转化为电能存储到动力电池中，如图 4-29 所示。

4）在起步或加速阶段，发动机只为耦合器提供总功率的一部分，剩下的功率要由驱动电机来提供，实现"功率辅助"的目的，传动传统能量流如图 4-30 所示。

5）当电池电量较低时，发动机被起动，并将其设置在最大功率工作点上，发动机输出的功率与汽车所需功率的差值将通过发电机为动力电池充电，如图 4-31 所示。

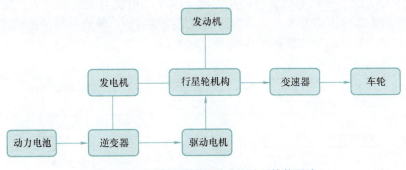

图 4-28　电机驱动时混联式传动系统能量流

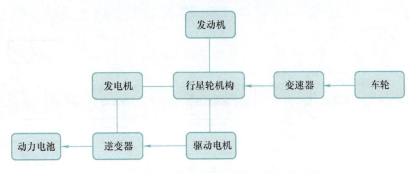

图 4-29　能量回收时混联式传动系统能量流

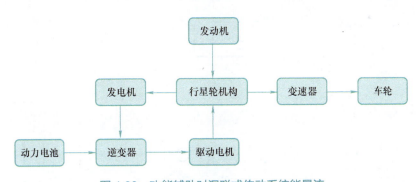

图 4-30　功能辅助时混联式传动系统能量流

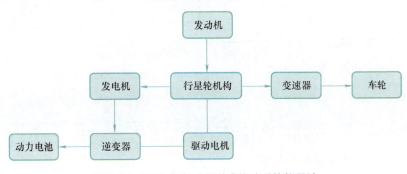

图 4-31　电池充电时混联式传动系统能量流

混联式装置包含了串联式和并联式的特点。动力系统包括发动机、发电机和驱动电机，根据助力装置不同，它又分为发动机为主和驱动电机为主两种。以发动机为主的形式中，发动机作为主动力源，驱动电机为辅助动力源；以驱动电机为主的形式中，发动机作为辅助动力源，驱动电机为主动力源。该结构的优点是控制方便，缺点是结构比较复杂。

三种混合动力系统结构比较如图4-32所示。

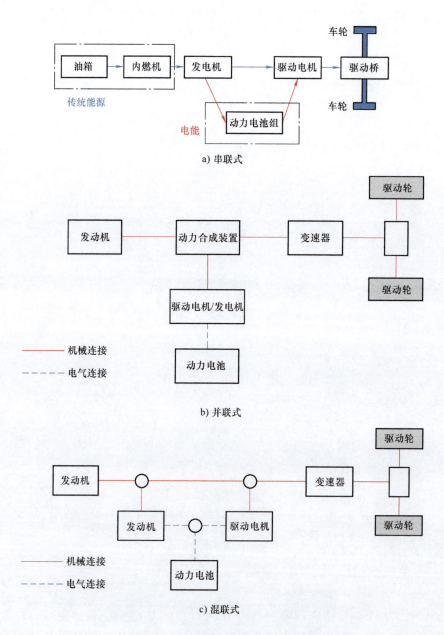

图4-32 三种混合动力系统结构比较

三种混合动力系统性能比较见表4-2。

表 4-2　三种混合动力系统性能比较

性能	串联式	并联式	混联式
动力总成	发动机、发电机、驱动电机三大动力总成	发动机、电动机－发电机两大动力总成	发动机、电动机－发电机、电机三大动力总成
发动机的选择范围	发动机的选择有多种形式	发动机一般为传统的内燃机	发动机的选择有多种形式
发动机功率	发动机功率较大	发动机功率较小	发动机功率较小
发动机排放	发动机工作稳定，排气净化较好	发动机工况变化大，排气净化较差	发动机排放介于串联式与并联式结构之间
驱动模式	只有电机驱动模式	发动机驱动模式、电机驱动模式、发动机－电机混合驱动模式	发动机驱动模式、电机驱动模式、发动机－电机混合驱动模式
传动效率	发动机→发电机→驱动电机，能量转换效率较低	发动机传动系统的传动效率较高	发动机传动系统的传动效率较高
制动能量回收	能够回收制动能量	能够回收制动能量	能够回收制动能量
整车总布置	三大动力总成之间没有机械式连接装置，结构布置的自由度较大，但三大动力总成的质量、尺寸都较大，在小型车辆上不好布置，一般在大型车辆上采用	发动机驱动系统保持机械式传动系统，发动机与驱动电机两大动力总成之间被不同的机械装置连接起来，结构复杂，使布置受到一定限制	三大动力总成之间采用机械式连接装置，三大动力总成的质量、尺寸都较小，能够在小型车辆上布置，但结构更加复杂，要求布置更加紧凑
适用条件	适用于大型客车或货车，该结构混合动力汽车适应在路况较复杂的城市道路和普通公路上行驶，更加接近纯电动汽车性能	适用于小型汽车，该结构混合动力汽车适应在城市道路和高速公路上行驶，接近普通燃油汽车性能	适用于各种类型汽车，适应在各种道路上行驶。更加接近普通内燃机汽车性能
造价	三大动力总成的功率较高，质量较大，制造成本较高	只有两大动力总成，两大动力总成的功率较低，质量较小，驱动电机具有双重功能，还可利用普通燃油汽车底盘改装，制造成本较低	虽然有三大动力总成，但三大动力总成的功率较低，质量较小，需要采用复杂的控制系统，制造成本较高
燃油经济性	差	好	好
排放性能	好	中	中
动力驱动系统结构	简单	较复杂	复杂
控制方式	简单	较复杂	复杂
制造技术	容易	较难	难
技术先进性	低	先进	先进
成本	高	较高	高

丰田普锐斯所采用的混合驱动方式将发动机、发电机和驱动电机通过一个行星齿轮装置连接起来，即混联式混合动力驱动，充分利用了串联和并联两种驱动方式的优点，如图4-33所示。

图4-33　丰田普锐斯混合动力系统

二、按照对电能的依赖程度分类

按照对电能的依赖程度不同，混合动力汽车可分为弱混合动力汽车、轻混合动力汽车、中混合动力汽车、全混合动力汽车以及外插电式混合动力汽车几种。

（1）弱混合动力系统

弱混合动力系统在传统内燃机的起动机（一般为12V）上加装了BSG（Belt-alternator Starter Generator）电机，如图4-34所示。该电机为发电起动（Stop Start）一体式电机，用来控制发动机的起动和停止，从而取消了发动机的怠速，降低了油耗和排放。从严格意义上来讲，这种弱混合动力系统的汽车不属于真正的混合动力汽车，因为它的电机并没有为汽车行驶提供持续的动力。在微混合动力系统里，电机的电压通常有两种：12V和42V。其中42V主要用于柴油混合动力系统。

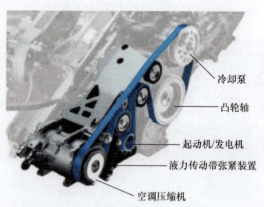

图4-34　弱混合型混合动力的BSG系统

例如奇瑞A5的BSG电机（功率10kW），通常节油10%以下，电机不直接参与驱动，主要用于起动和回收制动能量。一般情况下，弱混合型混合动力汽车的混合度在10%以下。

（2）轻混合动力系统

轻混合动力汽车透视图如图4-35所示，代表车型是通用的混合动力货车。该混合动力系统采用集成起动电机（Integrated Starter Generator，ISG）。与微混合动力系统相比，轻混合动力系统除了能够实现用发电机控制发动机的起动和停止外，还能够实现以下功能：

1）在减速和制动工况下，对部分能量进行吸收。

2）在行驶过程中，发动机等速运转，发动机产生的能量可以在车轮的驱动需求和发电机的充电需求之间进行调节。轻混合动力系统的混合度一般在20%以下。

（3）中混合动力系统

该混合动力系统同样采用了ISG。与轻混合动力系统不同，中混合动力系统采用的是高压电机。另外，中混合动力系统还增加了一个功能：在汽车处于加速或者大负荷工况时，电机能够辅助驱动车轮，从而补充发动机本身动力输出的不足，从而更好地提高整车的性能。这种系统的混合程度较高，可以达到30%左右，目前技术已经成熟，应用广泛。

（4）全混合动力系统

该系统采用272~650V的高压起动机，混合程度更高。与中混合动力系统相比，全混合动力系统的混合度可以达到甚至超过50%。技术的发展将使全混合动力系统逐渐成为混合动力技术的主要发展方向。全混合动力代表产品为丰田普锐斯（电机50kW），可节油40%。全混合动力汽车透视图如图4-36所示。

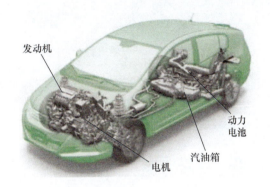

图4-35　轻混合动力汽车透视图

图4-36　全混合动力汽车透视图

（5）外插电式混合动力系统（Plug-in Hybrid Electric Vehicle，PHEV）

外插电式混合动力汽车是一种可以在正常使用情况下从非车载装置中获取能量、使用外接电源（包括家用电源110V/220V或专用电源380V/500V）对车载可充电动力电池进行充电的混合动力汽车。

外插电式混合动力汽车是最新一代混合动力汽车类型，在混合动力汽车基础上增加了纯电动行驶工况，加大了电池容量，因此具有更长的纯电动行驶里程，比如超过50km；需要时仍可以普通的混合动力汽车方式工作。比如，一款插电式混合动力汽车可用动力电池行驶50km，在电量耗尽时混合动力系统将自动介入驱动车辆前进，而到了充电站或回家后，可用外接电源直接为动力电池充电以继续用纯电动模式行驶。外插电式混合动力汽车即可"加油"也可"充电"，兼顾了纯电动汽车和常规混合动力汽车的优点，是从混合动力汽车到纯电动汽车的一种过渡技术方案。

外插电式混合动力能提供更好的节油比例，是传统混合动力技术的一个扩展。相对传统混合动力车辆，外插电式混合动力汽车能较多地利用电网能源，从而降低油耗、减少排放，但将消耗一定的电能。例如大众高尔夫Twin Drive（电机功率为130kW）的测试数据为每百公里8kW·h和2.5L的油耗，节油50%~60%。

外插电式混合动力汽车是在传统车辆的基础上增加了相关装置，如加装充电电池、充电装置、驱动电机、升压用逆变器、充电用逆变器等，动力及控制系统总成如图 4-37 所示。通过模拟仿真计算和道路实际运行测试，对发动机、电机等系统进行控制策略的优化和匹配后开发而成。外插电式混合动力汽车发动机都采用汽油机，充满电后以纯电动模式运行，可持续行驶 32~96km，最高车速在 100km/h、160km/h。外插电式混合动力汽车利用公共电网充电，充满需要 3~9h；使用快速充电模式，则充电 1h 后也可行驶 50km 左右。

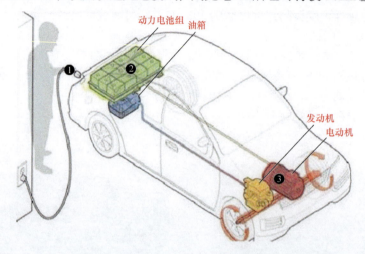

图 4-37　外插电式混合动力汽车动力及控制系统总成示意图

第三节　混合动力驱动控制技术

1. 发动机起动控制

发动机起动控制顺序如下：点火开关接通，需要增加驱动力时燃油泵运行，动力电池通过电机控制器使电机起动并提高转速，电液式分离离合器平稳接合，接着电机起动发动机，如图 4-38 所示。

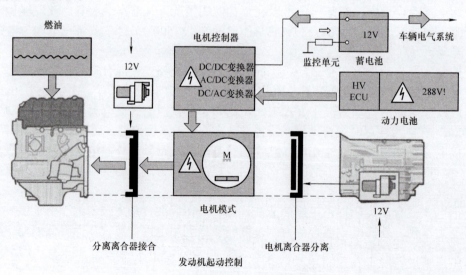

图 4-38　发动机起动控制

2. 起步和低速行驶控制（EV模式）

在混合动力系统上，如果车速低于10m/h，那么发动机将停止运转，此时发动机离合器分离，这样发动机不会反作用"倒拖"。车辆由动力电池通过电机控制器使电机起动，电机通过电机离合器的接合来单独驱动驱动轮，如图4-39所示。

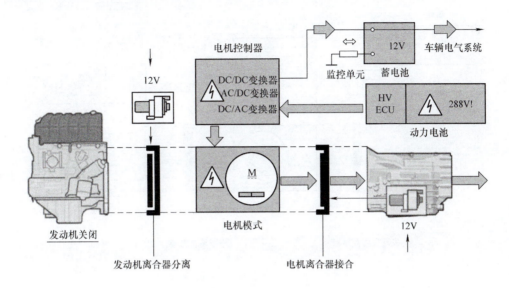

图4-39 起步和低速行驶控制（EV模式）

3. 加速行驶控制（混合模式）

如果完全踩下加速踏板，则发动机和电机离合器均闭合，燃油泵和动力电池都作为动力源，发动机和电机共同驱动混合动力车辆（图4-40），电机主要按照驾驶人的意愿和动力电池的电量水平来辅助加速车辆。

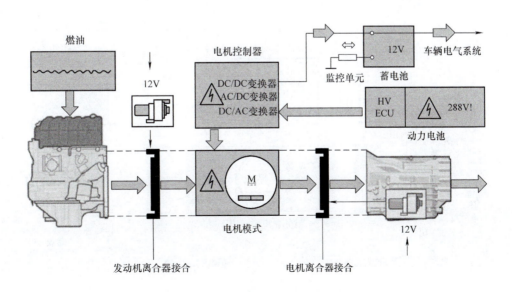

图4-40 加速行驶控制（混合模式）

4. 高速行驶控制（发动机模式）

当高速行驶时，混合动力车辆由发动机单独驱动，电机处于发电机模式，类似传统车辆的驱动方式。动力电池和车辆蓄电池同时充电，如图4-41所示。

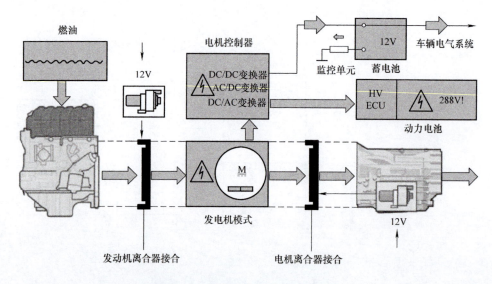

图4-41　高速行驶控制（发动机模式）

车辆蓄电池按照需要进行充电，这种充电需求是根据监控单元提供的DC/DC变换器输出电压参数来判断的。

5. D位或制动减速滑行控制

混合动力车辆以D位或制动减速滑行时，发动机离合器打开，发动机关闭。电机离合器完全闭合，作为发电机的电机进入完全发电模式，如图4-42所示。

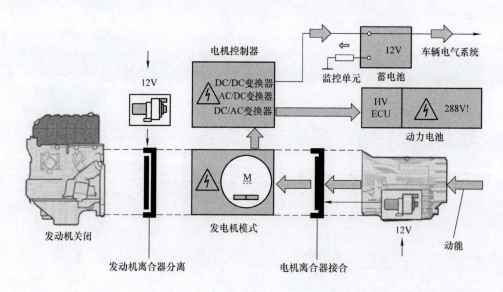

图4-42　D位或制动减速滑行控制

车辆滑行时，由于发动机离合器未打开，发动机在切断燃油供给的情况下处于"倒拖"状态（图4-43）。由于发动机被"倒拖"，消耗了能量，造成回收的动能减少。除此之外，这种运行模式还受车速和发动机运行状态影响。

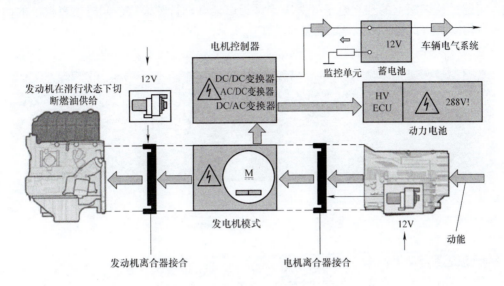

图4-43　制动滑行时发动机倒拖状态

6. 停车时充电控制

在READY指示灯打开、变速器处于P位或倒档时，如果监视项目满足条件，则能顺利起动发动机。发动机离合器闭合带动电机（作为发电机使用）运转，通过电机控制器为动力电池和辅助蓄电池充电。为了防止电机驱动驱动轮，电机离合器分离，如图4-44所示。

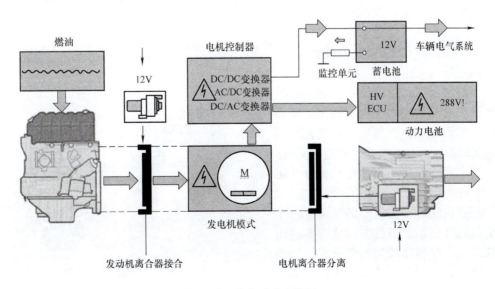

图4-44　停车时充电控制

参考阅读：大众途锐混合动力汽车

1. 仪表板

新途锐混合动力汽车可在零排放的电动模式下将车辆的行驶速度提速到 50km/h。驾驶人可通过仪表板上的独立电子开关决定是否启动电动行驶模式，同时仪表板上的两个显示器均以简洁直观的图形呈现能量流动转化情况，如图 4-45 所示。

图 4-45　大众途锐混合动力汽车仪表板

2. 动力系统

新途锐混合动力汽车（图 4-46）搭载了 V6、TSI 汽油直喷发动机与电机驱动的混合动力系统。在纯电动模式下可加速至 50km/h。大众途锐混合动力系统结构图如图 4-47 所示。

新途锐混合动力汽车采用领先的并联式混合动力系统，将发动机、离合器、电机与自动变速器集成于同一轴承之上，使车身设计丝毫不受影响，同时更能降低能量损耗，令每一次的功率输出都能完全传送至车轮，完美彰显了卓绝的爬坡能力、拖载能力以及越野性能。

图 4-46　大众途锐混合动力汽车

3. 系统工作过程

当超过 50km/h 的状态时，汽油发动机将作为主要的动力来源；此刻，电机不参与车辆驱动，仅提供车载电器所需的电能以及对部分放电的电池进行充电。

当车辆减速时，汽油发动机停止工作，电机替代发动机为动力电池充电。

新途锐混合动力汽车的起动-停车系统在提高燃油经济性方面同样有着出色的表现。在拥堵的城市路况中，如遇红灯使车辆处于静止状态，则两种驱动装置均停止工作，一旦驾驶人松开制动

图 4-47　大众途锐混合动力系统结构图

器，车辆就恢复驱动力；在行驶过程中，电机与发动机通过干式离合器默契合作，与车身尺寸及动力性能相当的同级车型相比，该车型可节省超过25%的燃料消耗。

车辆加速时，发动机和电机通力配合，新途锐混合动力可释放279kW（380hp）的输出功率，转矩高达580N·m，百公里加速时间6.5s，最高电子限速为240km/h，而综合油耗仅为8.2L/100km，越野性能表现卓绝出色。

第四节　丰田普锐斯混合动力控制系统技术

普锐斯是日本丰田汽车于1997年所推出的世界上第一个大规模生产的混合动力汽车，在2001年销往全世界40多个国家和地区，其最大的市场是日本和北美。美国是普锐斯最大的市场，至2009年初为止，美国丰田总共销售超过60万辆。采用THS（TOYOTA HYBRID SYSTEM）和THS-Ⅱ的第一代和第二代普锐斯混合动力汽车是较为典型的代表，且已有多种变型产品。丰田普锐斯是目前为止世界上最成熟的油电混合动力轿车之一。

一、普锐斯混合动力系统的组成

普锐斯混合动力系统组成如图4-48所示，主要部件位置如图4-49所示，驾驶室内的部件安装位置如图4-50所示，动力电池系统中的部件安装位置如图4-51所示。下面介绍混合动力系统的主要组成部件。

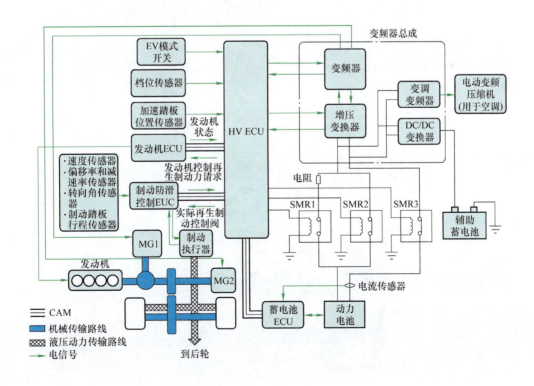

图4-48　普锐斯混合动力系统组成

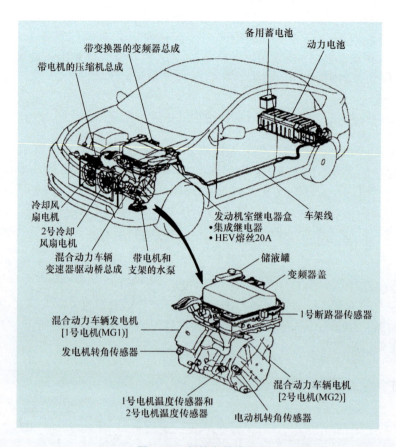

图 4-49 部件安装位置

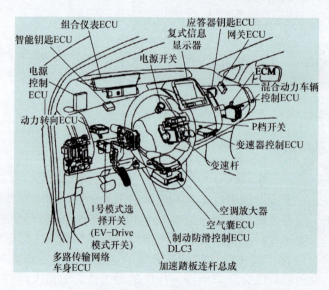

图 4-50 驾驶室内部的部件安装位置

第四章 混合动力电动汽车关键技术

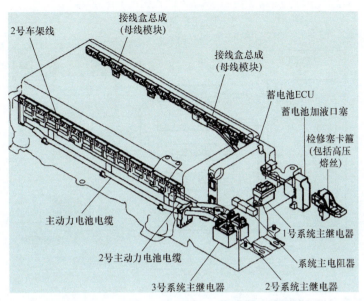

图 4-51 动力电池系统中的部件安装位置

1. 动力电池总成

普锐斯采用 Ni-MH 电池。该电池具有高能、重量轻，配合 THS-Ⅱ 系统使用时间较长的特点。车辆正常工作时，THS-Ⅱ 系统通过充放电来保持动力电池 SOC 状态为恒定值，因此不依赖外部设备充电。动力电池位于后座的行李舱中，可有效地使用车内空间。

动力电池每个电池模块（7.2V）由 6 个 1.2V 的单元电池串联组成，新款普锐斯共 28 个电池模块串联成额定电压为 201.6V 的高压蓄电池（动力电池）。其中单元电池在两处相连接，以降低内电阻。如图 4-52 所示，动力电池系统由蓄电池 ECU、电流传感器、检修塞、继电器、电池冷却系统构成。

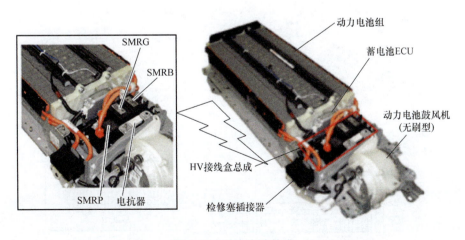

图 4-52 动力电池总成

如图 4-53 所示，蓄电池 ECU 始终监视以下项目，并将信息发送给 HV ECU：

163

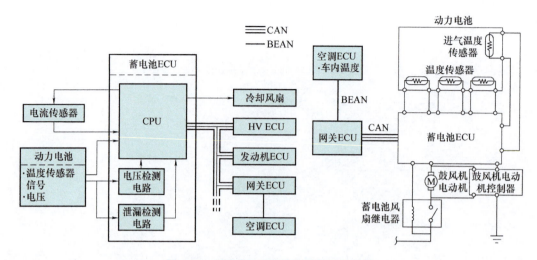

图 4-53 蓄电池 ECU 控制及鼓风机控制

1）通过动力电池内的泄漏检测电路，检测是否泄漏。

2）通过动力电池内的 3 个温度传感器、1 个进气温度传感器、14 个电压传感器、1 个电流传感器检测动力电池温度、电压。

电池充放电时会散发热量，为保护动力电池的性能，动力电池配备空气冷却系统，如图 4-54 所示，行李舱右侧的冷却风扇通过后排座椅右侧的进气口吸入车内空气，从动力电池箱顶部右侧进入，从上而下流经电池模块进行冷却，然后经排风管排到车外。动力电池 ECU 根据动力电池内部 3 个温度传感器和空气进口处的进气温度传感器信号，检测动力电池的温度，控制冷却风扇鼓风机工作，从而将动力电池温度控制在合适的范围。

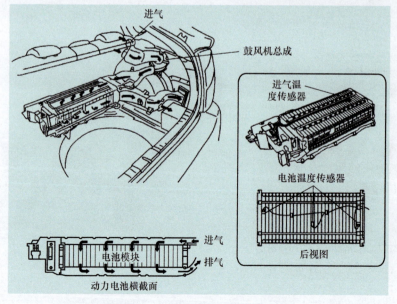

图 4-54 动力电池的空气冷却系统

如图 4-55 所示，HV 接线盒总成内有三个继电器 SMR，根据 HV ECU 电源管理控制的信号，接通或断开高压电路。当点火钥匙转到 OFF 时，主继电器切断高压系统以确保安全；当汽车受到碰撞或系统有故障时，主继电器也会断开高压电路。

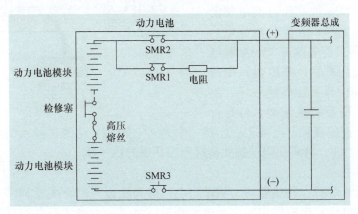

图 4-55　继电器控制

检修塞安置在两个蓄电池支架之间。为了确保安全，通过检修塞人为地断开电路。维修高压电路的任何部分时，必须先将检修塞拔下，切断动力电池的高压电路，保证维修人员安全。检修塞总成还包括互锁的导线开关，如图 4-56 所示，将检修塞卡框翻起，关闭互锁开关，进而切断高压电路。当电池产生短路时，主熔丝断开，以防止电子器件的损坏和车辆发生火灾。为确保安全，拔下检修塞前一定要关闭点火开关。

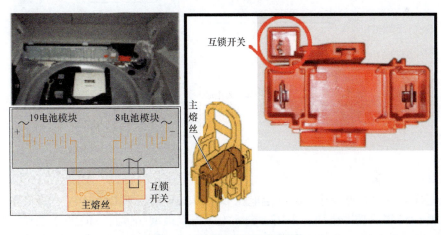

图 4-56　检修塞的位置及结构

2. 高压线缆

如图 4-57 所示，高压电线将变频器与动力电池、MG1、MG2 及空调压缩机等部件相连，传输高电压、高电流。电线一端接在动力电池左前插接器上，另一端从后排座椅下经过，穿过地板一直连接到发动机室中的变频器。这种屏蔽电线可以减少电磁干扰。备用蓄电池的 12V（+）配线排布与上述相同。高压配线线束及插接器以红色与普通低压配线相区别。

3. 辅助蓄电池

如图 4-57 所示，行李舱中安装有一个免维护直流 12V 屏蔽电池，给前照灯等电器及所有控制模块供电。当蓄电池电压低时，由变换器把高压直流电转换成低压直流电（12V）给蓄电池充电。在 key-off 模式下，蓄电池有 75mA 漏电电流，即使不使用车辆，电池也只能持续大约两个星期。与其他车辆一样，当蓄电池亏电时，需要跨接起动。打开行

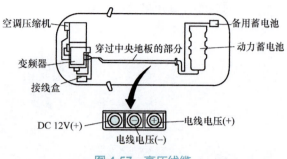

图 4-57 高压线缆

李舱，将跨接线直接接到蓄电池上。连接一个充满电的 12V 电池，插入钥匙并转至启动位置，当发动机运行时，将跨接电池按照连接顺序相反的顺序断开。

4. 变频器总成

变频器总成安装在发动机舱内，将动力电池的高压直流电转换成 MG1 和 MG2 使用的交流电，也将发电机和电机发出的交流电流转换成可供动力电池充电的直流电流。总成内部为多层结构，结构紧凑，主要由变频器、升压变换器、DC/DC 变换器组成（图 4-58）。

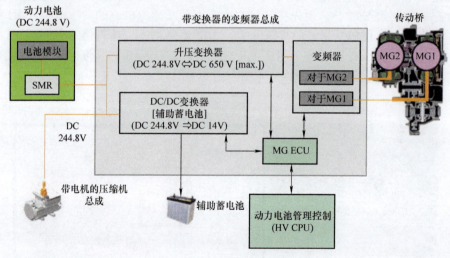

图 4-58 变频器总成

（1）升压变换器

升压变换器将动力电池输出的额定电压 DC 201.6V 增压到 DC 650V 的最高电压。变换器包括增压 IPM 集成功率模块，采用了嵌入绝缘栅双极型晶体管（IGBT）的增压集成功率模块以及储能的反应器。通过这些组件，变换器将电压升高。MG1 或 MG2 作为发电机工作时，变频器总成将任何一个发电机所发出的交流电转换为直流电，然后通过升压变换器将其降低到 201.6V，为动力电池充电。升压变换器系统如图 4-59 所示。

（2）变频器

将动力电池的高压直流电转换为供给 MG1 和 MG2 的三相交流电，如图 4-59 所示。HV ECU 控制功率晶体管的触发。此外，变频器向 HV ECU 传递控制电流所需的信息，如输出电流量或输出电压等。

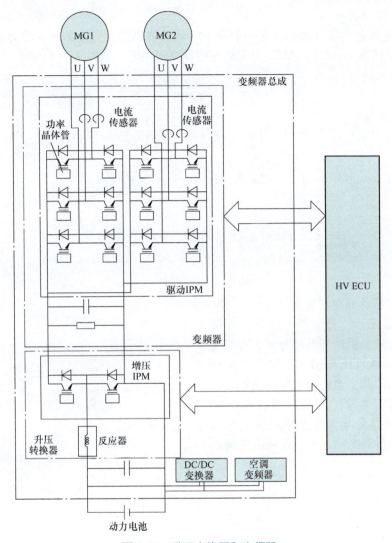

图 4-59　升压变换器和变频器

（3）DC/DC 变换器

将动力电池和发电机发出的 244.8V/201.6V 高压直流电变换至 12V，再向 12V 辅助蓄电池充电。其安装于变频器的下部，电路如图 4-60 所示。

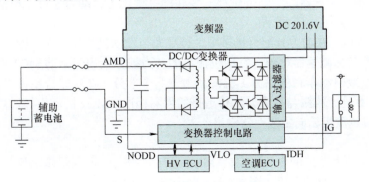

图 4-60　DC/DC 变换器电路

（4）AC 变换器

新型普锐斯变频器总成中包含一个用于空调系统的独立变换器。将动力电池的额定电压 DC 201.6V 转换为 AC 201.6V，为电动变频压缩机供电，如图 4-61 所示。

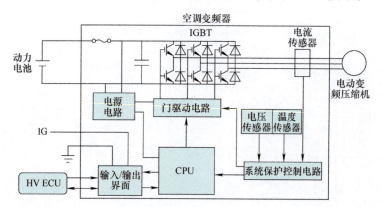

图 4-61　AC 变换器

（5）变频器总成冷却系统

如图 4-62 所示，普锐斯的电池及变频器冷却系统与发动机冷却系统分开，冷却带变换器的变频器总成和 MG1、MG2。采用强制循环式水冷却，由电动水泵提供循环动力。电源状态转换为 IG 时此冷却系统工作，冷却系统的散热器集成在发动机的散热器中，这样结构得到简化，可有效利用空间。

二、混合动力驱动桥

1. 驱动桥的主要组成

丰田普锐斯采用混合驱动方式，将发动机、发电机和驱动电机通过一个行星轮装置连接起来。行星轮机构作为变速机构，

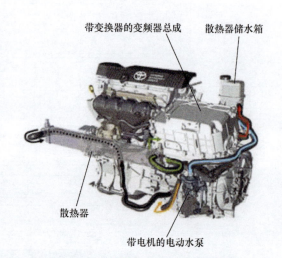

图 4-62　变频器、MG1、MG2 冷却

可以实现电机与发动机的动力分配和无级变速。动力总成和传动机构主要由电机 MG1、电机 MG2、动力分配行星排、减速行星排、过渡齿轮、主减速器和差速器等组成。行星轮、MG1/MG2、驱动桥减振器和主动链轮都安装在同一根轴上，动力通过无声链条从主动链轮传输到减速装置，如图 4-63 所示。

如图 4-64 所示，在动力分配行星排中，行星架与发动机相连，太阳轮与 MG1 相连，齿圈通过过渡齿轮与主减速器相连。发动机输出的动力被分成用于驱动 MG1 发电的动力（电动力）和用于直接驱动车轮的动力（机械动力）两个部分。在减速行星排中，行星架固定，太阳轮与 MG2 相连，齿圈与动力分配行星排的齿圈相连。MG2 的动力经过减速行星排减速增矩后，也通过过渡齿轮向主减速器输出。

2. 电机 MG1 和 MG2 的作用

普锐斯混合动力系统的电机 MG1、MG2 是高效的交流永磁同步电机。MG1 主要用于调速，MG2 主要作为驱动电机（图 4-65），两个电机均可以作为发电机或电动机。第三代电

机将工作电压提高到 650V，最高输出功率从 50kW 增加到 60kW，最高转速提高了约 1 倍，通过线圈集中绕组方式实现了结构紧凑、重量减轻的效果。但由于体积减小导致转矩下降，所以第三代普锐斯采用了一个行星轮作为 MG2 的减速机构。

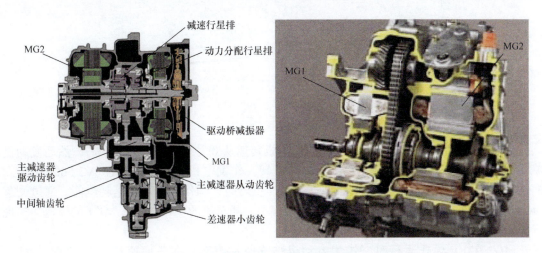

图 4-63　新款 P410 驱动桥结构

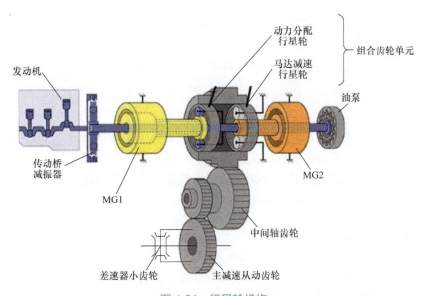

图 4-64　行星轮机构

电机的功耗可表示为

$$P_{MG}=T_{MG}n_{MG}\eta_{MG}^{K}$$

式中，T_{MG} 和 n_{MG} 分别表示电机的转矩和转速，两者符号相同时消耗能量，作为电动机使用，此时 P_{MG} 为正值；两者符号相反时产生能量，作为发电机使用，此时 P_{MG} 为负值。η_{MG}^{K} 表示电机的效率，上标 K 反映了功率流的方向，消耗能量时其值为 −1，产生能量时其值为 +1。

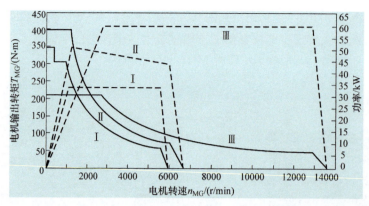

图 4-65 电机 MG2 输出功率、转矩特性

MG1 作为电动机，起动发动机，把发动机转速从 0 升至 1000 r/min 左右，然后发动机喷油点火；在发动机有轴功输出时，MG1 正转，作发电机产生最高电压 AC 500V（新款 650V），对动力电池充电和对 MG2 供电；MG1 反转时，则作为电动机消耗电能。通过调节 MG1 的转速来实现发动机在某个高效功率点运行；随车速的变化，调节 MG1 的转速，实现行星轮无级变速的功能。

MG2 在 EV 模式运行时，作为电动机独立驱动汽车；汽车加速和需要辅助功率时，MG2 作电动机；起动再生制动时 MG2 将车辆的动力转换为电能并储存在动力电池中。倒车时，MG2 反转驱动汽车。

> 维修提示，MG1 和 MG2 都是精密组件，不可拆解，出现故障时应整体更换驱动桥总成。

三、丰田普锐斯混合动力系统的工作原理

1. 运行模式的控制策略

根据行驶条件不同，汽车在稳定运行过程中，为最大限度适应车辆的行驶状况，丰田普锐斯采用图 4-66 所示的四种运行模式控制策略。

如图 4-66a 所示，低速运行时，MG2 提供主要驱动力。动力电池向电动机（MG2）供电以驱动车辆，当车速增加至 24~32km/h 范围时，发动机将起动运转。

图 4-66b 为正常情况下发动机通过行星齿轮机构驱动车辆行驶模式。发动机功率分配包括两个功率通路：一部分驱动车轮；另一部分驱动 MG1，产生电能。HV ECU 将控制该能量分配比例。全加速期间，功率除由发动机提供外，动力电池还供电给 MG1 得到增补的功率。发动机转矩与 MG2 转矩相组合，提供车辆加速所需的功率。

图 4-66c 中，MG1 为动力电池充电，发电机（MG1）由发动机通过行星轮机构带动旋转，为动力电池充电。

图 4-66d 为制动动能回收模式。减速或制动期间，车轮驱动 MG2 发电，车轮的动能被回收并转化为电能，储存在动力电池中。

2. 工作过程简述

THS 使用发动机和 MG2 提供的两种动力，并使用 MG1 作为发电机。系统根据各种车辆行驶状态优化组合这两种动力。HV ECU 始终监视 SOC 状态、动力电池温度、冷却液温度和电载荷状况。系统按照图 4-67 所示的车辆行驶状况综合操纵发动机、MG1/MG2，来驱

动车辆。

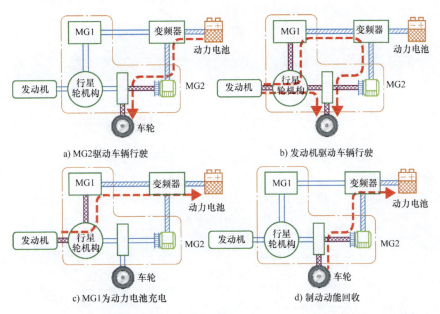

图 4-66 丰田普锐斯混合动力系统的工作状态

（1）READY 灯打开状态

若动力电池已完全充电，且车辆静止不动，则发动机可关闭。当 READY 灯打开、车辆处于 P 档或者倒车时，若 HV ECU 监视的项目满足条件，如冷却液温度、SOC、动力电池温度、电载荷等，HV ECU 驱动 MG1 从而起动发动机（图 4-68）。为防止 MG1 的太阳轮反作用力转动 MG2 的环齿轮并驱动车轮，MG2 接受电流以施加制动。

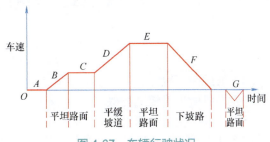

图 4-67 车辆行驶状况

A—READY 灯打开状态　B—起动　C—微加速　D—低载荷巡航
E—节气门全开加速　F—减速行驶　G—倒车

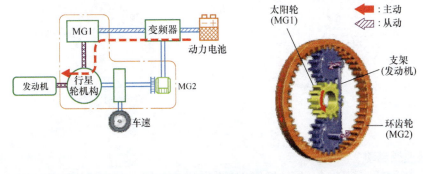

图 4-68 起动状态

（2）起动

车辆起步后，仅 MG2 运转驱动车辆。MG1 反向运转不发电。当车速增加至 24~32km/h 范围时，发动机将借助于 MG1 起动运转（图 4-69）。

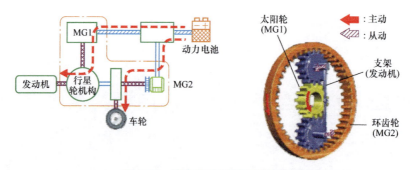

图 4-69　汽车起步后发动机起动

（3）发动机微加速

发动机驱动车轮，并带动 MG1 发电，通过变频器输送到 MG2 用于输出动力，如图 4-70 所示。

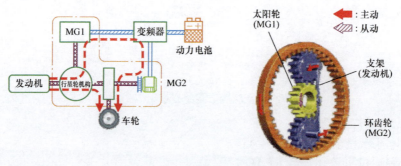

图 4-70　发动机微加速状态

（4）低载荷巡航

与发动机微加速模式类似。

（5）节气门全开加速

如图 4-71 所示，发动机向驱动轮和 MG1 传递功率，MG1 处于发电机运行状态。MG2 在保持原动力的基础上，从动力电池获取电能增加驱动力，因此动力电池荷电状态下降。

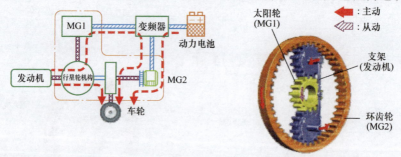

图 4-71　节气门全开加速

（6）减速或制动

车辆在 D 位减速行驶时，发动机停止工作，动力为零，车轮驱动 MG2 发电，为动力电池充电。B 档减速时（图 4-72），车轮驱动 MG2 发电并给动力电池及 MG1 充电，这样 MG1 保持发动机转速并施加发动机制动，此时发动机燃油供给被切断。

（7）倒车

MG2 反向旋转驱动车辆，发动机不工作，MG1 正向旋转但不发电。若动力电池需要充电，MG1 被起动并起动发动机；然后发动机带动 MG1 发电并为动力电池充电。

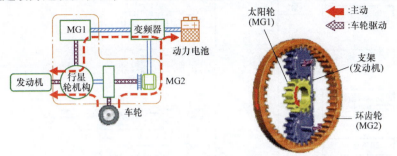

图 4-72　B 档减速状态

四、混合动力控制系统的工作原理

丰田普锐斯混合动力控制系统如图 4-73 所示。

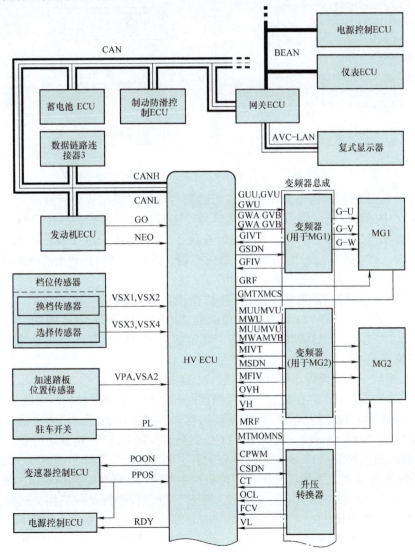

图 4-73　丰田普锐斯混合动力控制系统

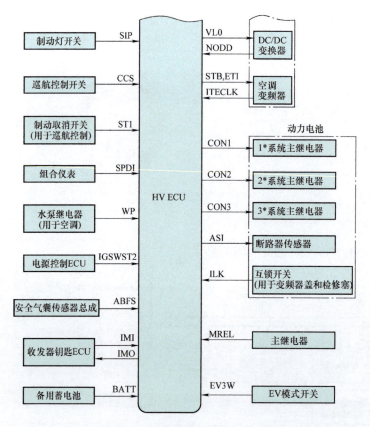

图 4-73　丰田普锐斯混合动力控制系统（续）

HV ECU 根据加速踏板位置传感器发出的信号检测加速踏板上所施加力的大小，根据 MG1 和 MG2 中的转速传感器发出的车速信号检测车速，并根据档位传感器的信号检测档位。根据这些信息，HV ECU 确定车辆的行驶状态，对 MG1、MG2 和发动机的动力进行最优控制。此外，HV ECU 对转矩输出进行最优控制，以实现低油耗和更清洁的排放目标。其控制系统如图 4-74 所示，主要控制功能如下。

1）系统监视控制：蓄电池 ECU 始终监视动力电池的充电状态 SOC，并发送到 HV ECU。当 SOC 过低时，HV ECU 提高发动机的功率输出以驱动 MG1 为动力电池充电。若 SOC 较低或动力电池、MG1/MG2 温度高于规定值，则 HV ECU 限制驱动轮的动力，直到恢复到额定值。

2）关闭控制：一般此时车辆处于空档，MG1/MG2 被关闭。

3）上坡辅助控制：车辆在陡坡上松开制动而起动时，上坡辅助控制可以防止车辆下滑。电机具有高灵敏度的转速传感器，可以感应坡度和车辆下降角度，增大电机的转矩以确保安全。制动会施加到车辆后轮，此时 HV ECU 向防滑控制 ECU 发送制动信号。

4）电机牵引力控制：如果驱动轮在没有附着力时空转，与车轮相连的 MG2 会旋转过快，引起行星轮机构转速增大而损坏支撑行星轮机构中部的咬合部件。当 HV ECU 确定 MG2 转速过大时，会实施制动力抑制电机（MG2）旋转，进而保护行星轮机构，同时防止发电机（MG1）产生过大的电流。

5）雪地起步时驱动轮转速控制功能：当驱动轮失去牵引力时，MG2 转速会有较大变化，HV ECU 根据 MG2 转速信号突变计算打滑量，根据打滑量的大小抑制 MG2 旋转。控制原理如图 4-75 所示。

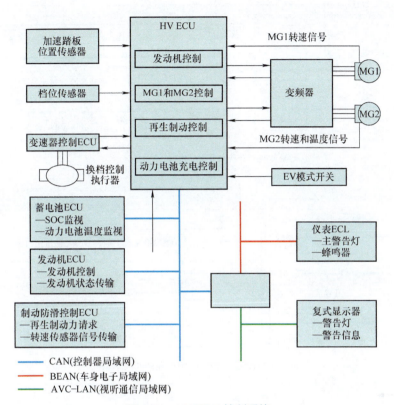

图 4-74　HV ECU 控制系统

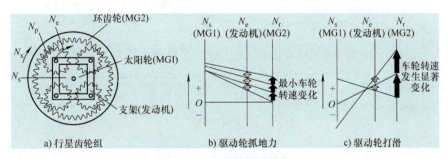

图 4-75　驱动轮转速控制

6）系统主继电器（SMR）控制功能：为防止电路电压过高并保证电路切断的可靠性，HV ECU 通过三个继电器的作用实施 SMR 控制来连接和关闭高压电路。SMR 是在接收到 HV ECU 的指令后连接或断开高压电路的电源继电器。负极侧 1 个、正极侧 2 个，一起确保系统工作正常。如图 4-76 所示，电路连接时，SMR1 和 SMR3 工作，与 SMR1 串联的电阻器用以防止初始过大的电流。随后 SMR2 接入，SMR1 断开；当电路断开时，SMR2 和 SMR3 以指定顺序断开，然后 HV ECU 检查各继电器是否关闭。

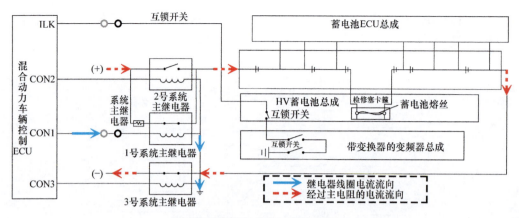

a) 电源打开状态下，SMR1、SMR3 闭合

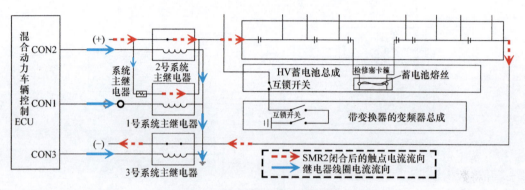

b) SMR2 闭合后的电路（在SMR1和ISMR3闭合前提下）

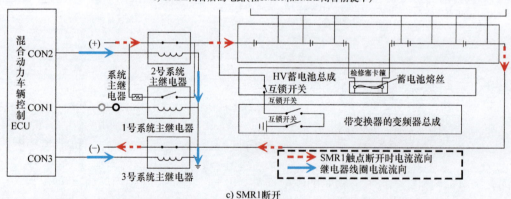

c) SMR1 断开

图 4-76　SMR 控制

7）发动机 ECU 控制：发动机 ECU 接收 HV ECU 发送的目标发动机转速和所需的发动机动力，来控制 ETCS-i 系统、燃油喷射量、点火正时和 VVT-i 系统。同时，发动机 ECU 将发动机工作状态信号发送到 HV ECU。系统出现故障时，发动机 ECU 通过 HV ECU 的指令打开检查发动机警告灯。

8）变频器控制：根据 HV ECU 提供的信号，变频器将动力电池的直流电转换为交流电来驱动发电机（MG1）、电机（MG2），同样也可进行逆向过程。此外，变频器将 MG1 的交流电提供给 MG2。HV ECU 向变频器内的功率晶体管发送信号，来转换 MG1、MG2 的 U 相、V 相和 W 相来驱动 MG1 和 MG2。HV ECU 从变频器接收到过热、过电流或故障电压信号后即关闭电流。关闭电流时，HV ECU 发送信号到变频器。

9）制动防滑控制：如图 4-77 所示，制动时，制动防滑控制 ECU 计算所需的再生制动力，并将信号发送到 HV ECU。一接收到信号，HV ECU 立刻将实际的再生制动控制数据发送到制动防滑控制 ECU。根据这个结果，制动防滑控制 ECU 计算并执行所需的液压制动力。

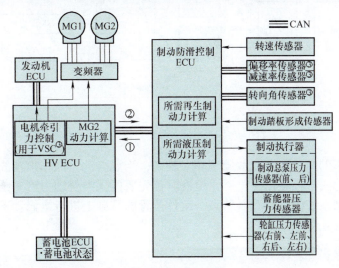

图 4-77　制动防滑控制

10）蓄电池 ECU 监视控制：蓄电池 ECU 根据电流传感器检测的充放电水平来计算 SOC，并将数值发送到 HV ECU，HV ECU 根据接收到的输出充电和放电要求，使动力电池的荷电状态保持在中等能级 60%。低于该指标时，HV ECU 向发动机 ECU 发送信号，使其增加功率输出，为动力电池充电，正常由低到高的偏差范围为 50%~70%，如图 4-78 所示。

① 再生制动力请求；电机牵引力控制请求（用于 VSC+ 系统）。
② 实际再生制动控制数值；液压制动控制请求（用于下坡辅助控制）。
③ 仅用于带 VSC+ 系统的制动防滑控制。

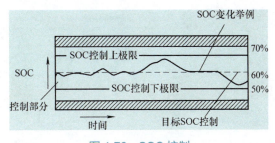

图 4-78　SOC 控制

11）换挡的控制

HV ECU 根据档位传感器提供的信号检测档位（"R""N""D"或"B"），控制发电机（MG1）、电机（MG2）和发动机，调整车辆行驶状态以适应所选档位。变速器控制 ECU 通过 HV ECU 提供的信号检测驾驶人是否按下驻车开关。然后，它操作换档控制执行器，通过机械机构锁止变速驱动桥。

12）碰撞时的控制：如图 4-79 所示，发生碰撞时，如果 HV ECU 收到安全气囊传感器总成发出的安全气囊张开信号，或变频器中断路器传感器发出的执行信号，则关闭 SMR（系统主继电器）以切断整个电源。

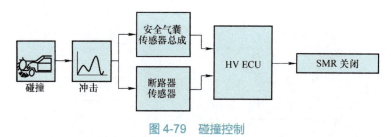

图 4-79　碰撞控制

第五节　丰田普锐斯混合动力控制系统的检修技术

混合动力汽车的结构复杂，故障率相对较高，当混合动力汽车出现故障时该如何进行检修呢？混合动力汽车存在高压电路，检修时首先要确保混合动力汽车维修安全，然后在分析混合动力控制系统的电路及其特点、组件位置的基础上进行维修。下面介绍丰田普锐斯混合动力汽车控制系统的检修。

一、丰田普锐斯混合动力控制系统检查

1. 高压系统操作时断开电源的步骤

1）确保电源开关关闭。
2）从辅助蓄电池上断开负极端子电缆。

> 注意：断开电源之后，故障代码（DTC）也会被清除，因此断开电源之前必须检查故障代码。

3）一定要戴绝缘手套。检查、维修任何高压配线和零件时，必须戴绝缘手套，绝缘手套及检查如图 4-80 所示。

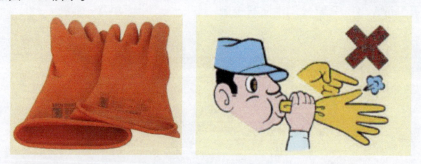

图 4-80　绝缘手套及检查

4）拆下检修塞，如图 4-81 所示。
5）放置车辆 5min。对变频器内的高压电容器进行放电，至少需要 5min。

2. 维修时的注意事项

1）高压电路的线束和插接器都是橙色；动力电池等的高压零件都贴有"高压"警示，小心不要触碰到这些配线，并隔离外露区域，如图 4-82 所示。

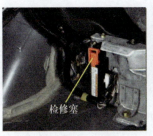

图 4-81 拆下检修塞

2）在对高压系统进行操作时，用类似"高压工作，请勿靠近！"的警告牌警示其他人员。

3）不要携带任何类似卡尺或测量卷尺等金属物体，因为这些物体可能掉落而引起线路短路；拆下任何高压配线后，立刻用绝缘胶带将其绝缘。

4）一定要按规定力矩将高压螺钉端子拧紧，力矩不足或过量都可能导致故障。

5）完成对高压系统的操作后，在重新安装检修塞前，应再次确认在工作平台周围没有遗留任何零件或工具，并确认高压端子已拧紧、插接器已连接。

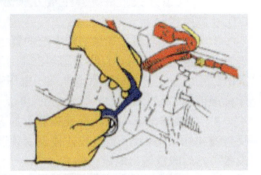

图 4-82 隔离外露区域

3. 电路图

混合动力控制系统电路如图 4-83 所示。其组成部件的位置参见图 4-35~图 4-37。

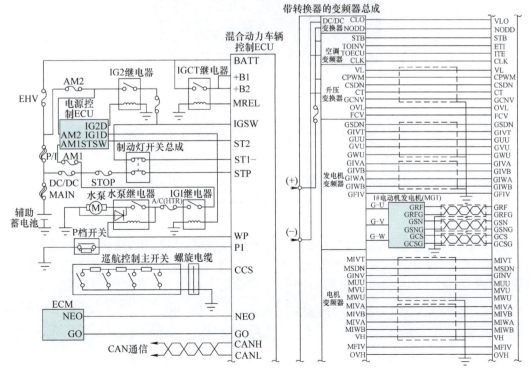

图 4-83 控制系统电路

4. 混合动力控制系统检查

1）检查变频器：检修前戴好绝缘手套，检查变频器总成前先检查 DTC，并进行相关故障排除。检查变频器流程：关闭点火开关→拆下检修塞→拆下变频器盖→断开连接端子 A 和 B（图 4-84）→打开电源开关（IG 位置）→测量对应线束端子电压。

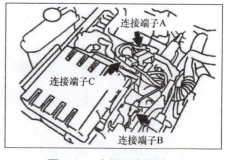

图 4-84　变频器连接端子

需要注意的是，拆下检修塞和变频器盖后，如果再打开电源开关，系统会生成互锁开关系统的 DTC（故障代码）。

2）检查转换器：如果 HV 系统的警告灯、主警告灯和充电指示灯同时点亮（图 4-85），应检查 DTC 并排除相应故障。READY 灯点亮、熄灭时，用电压表测量辅助蓄电池端子电压：READY 灯 "ON" 时，检测转换器输出电压，电压标准值为 14V；READY 灯 "OFF" 时，检测蓄电池输出电压，电压标准值为 12V。

3）检查输出电流：断开变频器上的 MG1 和 MG2 线缆，在图 4-86a 位置安装万用表和交直流 400A 的探针，将电线连接到变频器，在 READY 灯亮的条件下依次操作 12V 的电气设备，然后测量输出电流，标准值应小于或等于 80A。

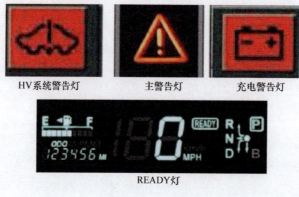

图 4-85　指示灯

图 4-86　断开插接器

4）检查输入/输出信号：如图 4-86b 所示，断开插接器，用万用表测量车身接地与车辆侧线束插接器端子间的电压，应与辅助蓄电池电压相同。打开电源开关（IG），用万用表测量车辆侧线束插接器端子（图 4-86c）的电阻和电压，标准值见表 4-3，否则应更换变频器总成。

表 4-3　插接器端子间的电阻、电压标准值

测试端子	标准值（电阻或电压）
端子 5—车身接地	8~116V
端子 3—车身接地	同辅助蓄电池电压
端子 1—车身接地	40~120Ω

5）检查速度传感器，如图 4-87 所示，标准值见表 4-4。

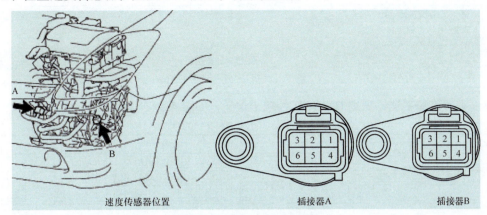

图 4-87　速度传感器及插接器

表 4-4　速度传感器标准值

测试端子	标准值（电阻）/Ω
A1—A4（GCS—GSCG）	12.6~16.8
A2—A5（GCN—GSCG）	12.6~16.8
A3—A6（GRF—GRFG）	7.65~10.2
B1—B4（MRF—MRFG）	7.65~10.2
B2—B5（MSN—MSNG）	12.6~16.8
B3—B6（MCS—MCSG）	12.6~16.8
所有端子—变速器壳体	≥10k

6）检查温度传感器：检查温度传感器端子间的电阻，阻值随温度传感器温度的变化如图 4-88 所示。

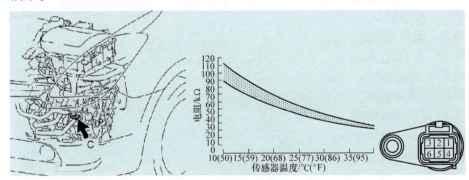

图 4-88　温度传感器的位置及阻值随温度传感器温度的变化

7）检查加速踏板位置：检查时，在插接器的混合动力车辆控制 ECU 侧进行测量。打开电源开关（IG），用万用表电压档测量各端子的电压值，标准值见表 4-5。

表 4-5　加速踏板位置传感器标准值

测试端子	测试条件	电压标准值/V
B25—B27（VCP1—EP1）	正常	4.5~5.5
B26—B27（VPA1—EP1）	不踩加速踏板	0.5~1.1
B26—B27（VPA1—EP1）	逐渐踩加速踏板	电压缓慢升高
B26—B27（VPA1—EP1）	完全踩下加速踏板	2.6~4.5

（续）

测试端子	测试条件	电压标准值 /V
B33—B35（VCP2—EP2）	正常	4.5~5.5
B34—B35（VPA2—EP2）	不踩加速踏板	1.0~1.2
B34—B35（VPA2—EP2）	逐渐踩加速踏板	电压缓慢升高
B34—B35（VPA2—EP2）	完全踩下加速踏板	3.4~5.3

8）查阅维修手册，识别HV ECU各端子含义，如图4-89所示。

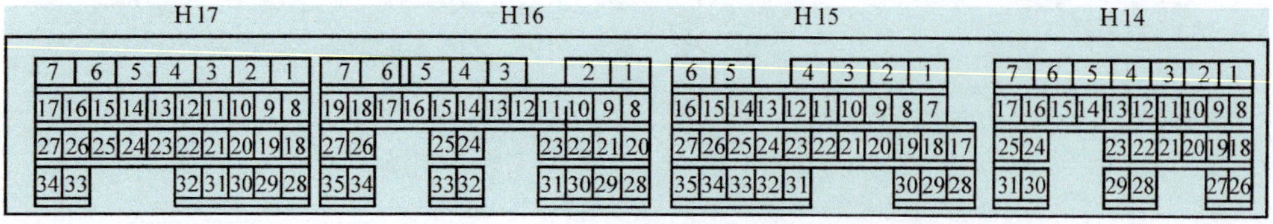

图4-89　HV ECU端子排列

二、故障诊断流程

1. 故障诊断步骤

步骤1：车辆进入车间。

步骤2：分析客户所述故障。

步骤3：将智能测试仪Ⅱ（IT-Ⅱ）连接到DLC3（数据链路插接器），如果测试仪显示通信故障，则检查DLC3。

步骤4：检查并记录DTC和定格数据，如果输出与CAN通信系统有关故障的DTC，则首先检查并修理CAN通信系统。

步骤5：清除DTC。

步骤6：故障症状确认，若故障未出现，进行步骤7；若故障出现，进行步骤8。

步骤7：症状模拟。

步骤8：检查DTC。

步骤9：查DTC表。

步骤10：电路检查。

步骤11：故障识别。

步骤12：调整或修理。

步骤13：确认故障试验。

步骤14：结束。

2. 智能测试仪使用

智能测试仪（Intelligent Ster）是丰田汽车公司推出的汽车检测仪，支持丰田和雷克萨斯所有装备CAN BUS系统的车型。触屏操作、中文显示，支持所有可诊断系统，内置双通道示波器和万用表，扩展了仪器功能。

1）连接智能测试仪：如图4-90所示，将智能测试仪连接到车辆数据链路插接器3（DLC3），即可检查DTC。

2）检查DLC3：数据链路插接器DLC3各端子定义及检查标准见表4-6，插接器如图4-91所示。

3）检查辅助蓄电池：电压标准值为11~14V。同时检查辅助蓄电池、熔断器、线束、插接器和接地。

第四章　混合动力电动汽车关键技术

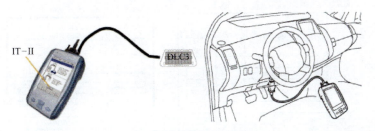

图 4-90　智能测试仪及连接

表 4-6　数据链路插接器 DLC3 各端子含义

端子号	符号	定义	测量值	条件
7	SIL	总线"+"	脉冲	通信过程中
4	CG	底盘接线	≤1Ω	始终
5	SG	信号接地	≤1Ω	始终
6	BAT	蓄电池正极	11~14V	始终

图 4-91　数据插接器

4）检查 CHK ENG 灯。

5）DTC 检查及清除，如图 4-92 所示。

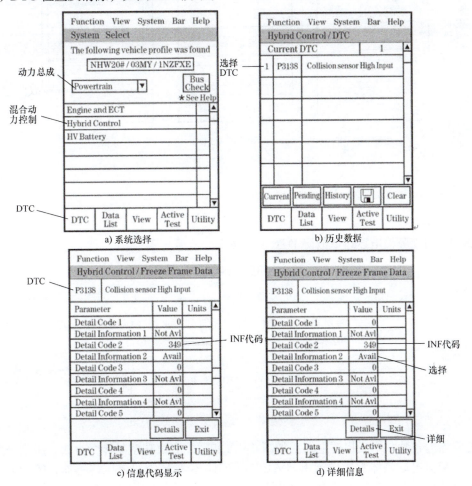

图 4-92　DTC 检查及消除

183

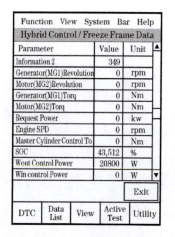
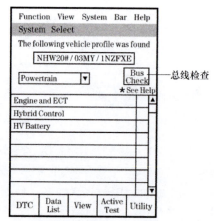

e) 显示的信息　　　　　　　　f) 总线检查

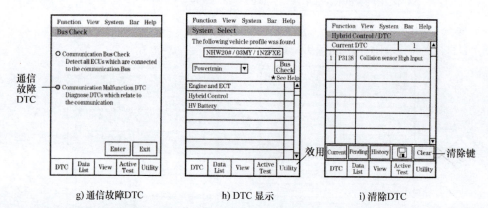

g) 通信故障DTC　　　h) DTC 显示　　　i) 清除DTC

图 4-92　DTC 检查及清除（续）

三、驱动电机变频器检查

1.DTC 含义

驱动电机变频器电压过低故障 DTC 见表 4-7。

表 4-7　驱动电机变频器电压过低故障 DTC

DTC	INF 代码	DTC 检测条件	故障可能发生部位
POA78	266	变频器电压（VH）传感器电路开路或 GND 短路	线束或插接器；带变换器的变频器总成；HV ECU
	267	变频器电压（VH）传感器电路 +B 短路	线束或插接器；带变换器的变频器总成；HV ECU

2.电路识读

变频器内包含一个三相桥电路，如图 4-93a 所示，它由功率晶体管组成，用来变换直流电和三相交流电。晶体管的导通由 HV ECU 控制。变频器内置电压传感器，HV ECU 使用电压传感器检测升压后的高电压并进行升压控制。根据高电压的不同，电压传感器输出一个 0~5V 的电压值，高电压越高，输出电压越高，反之输出电压越低，如图 4-93b 所示。

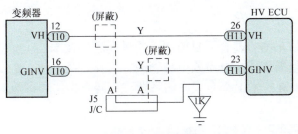
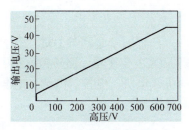

a) 变频器电压传感器电路

b) 变频器电压传感器输出电压

图 4-93 变频器电压传感器电路及输出电压

3. 检查步骤

1) 检查 DTC：输出 POA1D。

2) 读取智能测试仪数据：进入菜单 Powertrain/hybrid control /data list，读取升压后 VH 电压。如果显示 765V，则表明 +B 电路存在短路现象；若显示 0V，则表明存在电路开路或 GNVD 短路现象。

3) 断开变频器插接器：首先按规定拆下检修塞、变频器盖。断开变频器插接器（图 4-94），打开电源开关，读取智能测试仪数据，标准应为 0V。测试完毕后，关闭点火开关→连接插接器→安装变频器盖→安装检修塞。

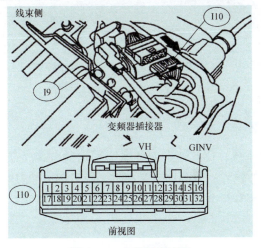

图 4-94 变频器插接器

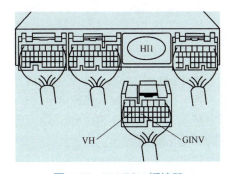

图 4-95 HV ECU 插接器

4) 断开 HV ECU HI1 线束插接器（图 4-95）：关闭点火开关→拆下检修塞→拆下变频器盖→断开 HV ECU HI1 线束插接器→断开变频器插接器。

5) 检查线束电阻是否开路或对地短路，见表 4-8。

表 4-8 线路检查标准值

测试端子	标准值	测试端子	标准值
VH（HI1-26）—VH（I10-12）	<1Ω	VH（HI1-26）或 VH（I10-12）到车身接地	≥10kΩ
GINV（HI1-23）—GINV（I10-16）	<1Ω	GINV（HI1-230 或 GINV（I10-16）到车身接地	≥10kΩ

6) 检查车辆 ECU 的 VH 电压：打开电源开关（READY 灯亮），测量 VH（HI1-26）与 GINV（HI1-23）间的电压应为 1.6~3.8V。若异常，则更换变频器总成；若正常，则更换车辆控制 ECU。

第六节　比亚迪秦混合动力汽车高压系统技术

比亚迪秦是搭载 DM 二代技术的首款车型，整合了目前比亚迪最先进的技术：TI 发动机、DCT 变速器、高转速电机、电机控制器集成、分布式电源管理、高安全铁电池。在发动机、电机、电控、电池、电源管理等关键技术上都有了质的飞跃。不同车型主要参数对照见表 4-9。

表 4-9　不同车型主要参数对照表

参数	丰田新普锐斯	VOLT	比亚迪秦
车型类别	插电式混合动力	插电式混合动力	插电式混合动力
动力构成	大发动机阿特金森+小电池	中发动机+大电池	大发动机（TI）+中电池
发动机排量 /L	1.8	1.4	1.5Ti
发动机最大功率 /kW	73（5200r/min）	63（4800r/min）	113（5000r/min）
发动机最大转矩 /N·m	142（4000r/min）	126（4250r/min）	235（1750~3500r/min）
驱动形式	前置前驱 CVT	前置前驱	前置前驱 DCT
电池类型	锂电池	锂电池	铁电池
电池容量 /kW·h	5.2	16	10
电池额定电压 /V	201.6	—	500
电机最大功率 /kW	60	120	110
电机最大转矩 /N·m	207	370	200
最高转速 /(r/min)	6000	—	12000

一、比亚迪秦 DM Ⅱ 混合动力系统的工作模式

DM（Dual Mode）本文中指的是双模动力系统，比亚迪秦 DM 系统采用插电式混合动力，拥有混动（HEV）和纯电动（EV）两种运行模式。整车拥有发动机、电机两个动力源，其中任意一个可以正常工作，均可驱动整车。当在混合动力工作模式下时，发动机和电机共同驱动车辆。

1. 纯电动工作模式（EV）

纯电动工作模式的工作状态如图 4-96 所示。动力电池提供电能给电机以驱动车辆，可以满足各种工况行驶，如起步、倒车、怠速、急加速及匀速行驶等，但在急加速、车速过高、爬坡、温度高、温度低、电量低等情况下，车辆可能会自动切换到 HEV 模式，如果继续使用 EV 模式行驶，则可手动切换回 EV 模式。在温度高或温度低时建议继续使用 HEV 模式。

2. 混合动力工作模式（HEV）

当驾驶人从 EV 模式切换到 HEV 模式后，车辆由发动机和电机共同驱动，实现了最佳的动力性，同时仍能保证混合动力系统具有良好的经济性。混合动力工作模式的工作状态如图 4-97 所示。

当电量不足时，系统从 EV 模式自行切换到 HEV 模式，如图 4-98 所示。使用发动机驱动，在车辆以较稳定的速度行驶时，发动机输出的一部分转矩会驱动电机进行发电，对动力电池组进行充电。

第四章 混合动力电动汽车关键技术

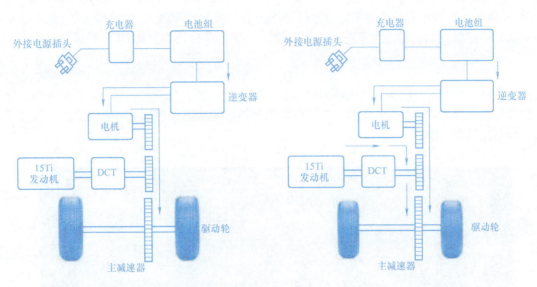

图4-96 纯电动工作模式的工作状态　　　　图4-97 混合动力工作模式的工作状态

当高压系统故障时，可单独使用发动机驱动，实现了高压系统的独立，如图4-98和图4-99所示。如果在 -20℃以下环境中行驶，那么最好使用单独发动机驱动车辆。因为动力电池在低温环境下的性能会下降。为防止动力电池损坏，会出现如下情况：

1）温度在 -30℃以下时，动力电池将无法进行充放电。
2）温度在 -30~-20℃之间时，动力电池可以放电但无法充电。
3）温度在 -20℃以上时，动力电池可以充放电。

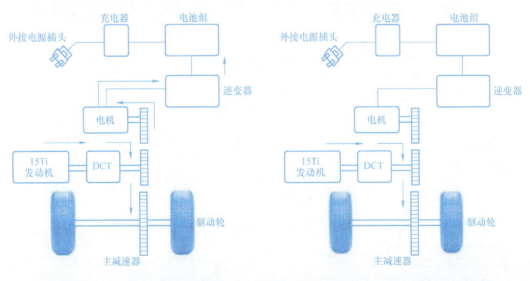

图4-98 "HEV"稳速发电工作模式　　　　图4-99 "HEV"燃油驱动工作模式

系统有 EV+ECO、EV+SPORT、HEV+ECO 和 HEV+SPORT 四种模式并可实现自由切换，在不同模式、不同工况下进行不同的动力分配，达到最佳综合经济性。EV模式行驶过程中，在高压系统无故障、无起动发动机需求的情况下，当电量下降到15%时，整车自动

187

由 EV 模式切换到 HEV 模式，在低速短距离行驶时，如果仍需进入 EV 模式，可长按 EV 按键 3s 以上，直到组合仪表上 EV 指示灯持续闪烁，表明整车进入"EV 模式"，此时输出功率受到一定限制；直到电量下降到一定程度时，整车将自动切换到 HEV 模式。

二、比亚迪秦整车高压系统组成

如图 4-100 所示，高压系统由动力电池包、高压配电箱、交流充电口、车载充电机、电池管理器、直流母线、档位控制器、P 位电机控制器、驱动电机控制器与直流总成、维修开关、漏电传感器等组成。

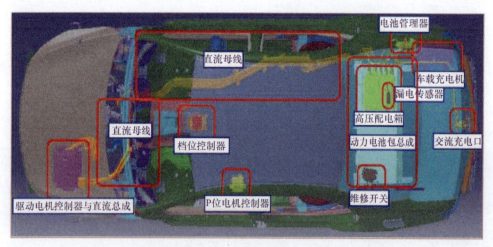

a) 比亚迪秦整车高压系统分布

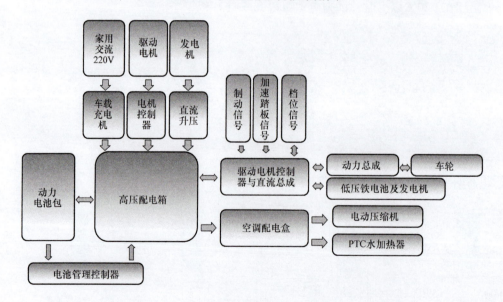

b) 比亚迪秦整车能量传递路线

图 4-100　比亚迪秦整车高压系统

第四章 混合动力电动汽车关键技术

c) 前舱高压电器

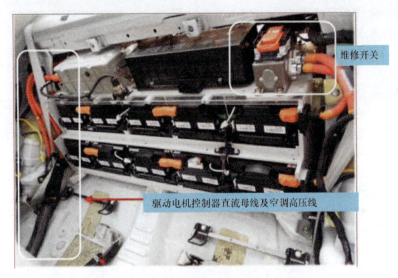

d) 驾驶室内部高压电器

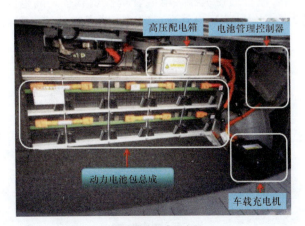

e) 行李舱内部高压电器

图 4-100　比亚迪秦整车高压系统（续）

1. 动力电池包总成

动力电池包总成位于后排座椅与行李舱之间。作为整车主要动力来源之一，动力电池包分 10 个模组，由 152 个电池单体串联而成，每个单体 3.3V，电池包标称电压为 501.6V，总电量为 10kW·h，标称容量 26A·h，一次充电 13kW·h。其由动力电池串联线、动力电池采样线、电池信息采集器、接触器、熔断器、电池包护板及安装支架等组成部分。

2. 维修开关

维修开关（图 4-101）位于动力电池包总成上方的左上角，连接动力电池包的一个正极和一个负极。功用是在车辆维修时直接断开高压回路，从而保证操作人员的安全。维修开关正常状态时，手柄处于水平位置；需要拔出时，应先将手柄旋转至竖直状态，再向上拔出；需要插上时，应先沿竖直方向用力向下插入，再将手柄旋转至水平状态。

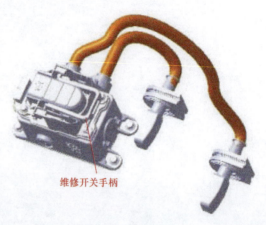

图 4-101　维修开关

3. 高压配电箱

高压配电箱（High Voltage Distribution Assy，HVDA），位于后行李舱电池包支架右上方。将电池包的高压直流电分配给整车高压电器使用，其上游是动力电池包，下游包括驱动电机控制器与直流总成、PTC 水加热器、电动压缩机、漏电传感器；也将车载充电器的高压直流电分配给电池包。

高压配电箱外部有高压端子、低压线束、漏电传感器检测线、空调熔丝、车载充电熔丝，内部有接触器、熔断器、电流霍尔式传感器，如图 4-102 所示。

4. 漏电传感器

漏电传感器（图 4-103）位于车身后围搁物板前加强横梁上，用于对电动汽车直流动力电源母线与其外壳、车身底盘之间的绝缘阻抗检测。通常检测与动力电池输出相连接的负极母线与车身底盘之间的绝缘电阻，来判断动力电池包的漏电程度。当动力电池包漏电时，传感器发出一个信号给电池管理控制器，电池管理控制器接到漏电信号后，进行相关保护操作并报警，防止动力电池包的高压电外泄，造成人或者物品的伤害和损失。

a) 高压配电箱外部高压端子

图 4-102　高压配电箱

第四章 混合动力电动汽车关键技术

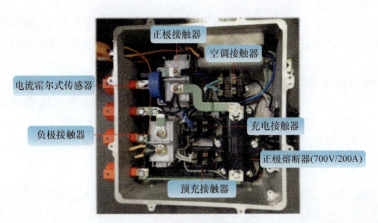

b) 高压配电箱内部结构

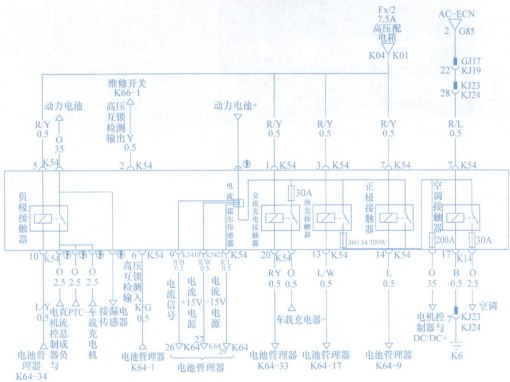

c) 高压配电箱电路原理图

图 4-102 高压配电箱（续）

图 4-103 漏电传感器

191

漏电传感器主要监测与动力电池输出相连接的负母线与车身底盘之间的绝缘电阻。负极与车身之间的绝缘阻值≤120kΩ（有的为100kΩ）时，为一般漏电；绝缘阻值≤20kΩ时为严重漏电。

5. 分布式电池管理系统

分布式电池管理系统（Distributed Battery Management System，DBMS），由10个电池信息采集器（Battery Information Collector，BIC，图4-104a）和1个电池管理控制器（Battery Management Controller，BMC，图4-104b）组成。10个BIC分别位于10个动力电池模组的前端，BMC位于行李舱车身右C柱内板后段。BIC的主要功能是电压采样、温度采样、电池均衡、采样线异常检测等。

a) 电池信息采集器　　　　　　　　b) 电池管理控制器

图 4-104　电池信息采集器及电池管理控制器

BMC的主要功能是总电压监测、总电流监测、SOC计算、充放电管理、接触器控制、功率控制、电池异常状态报警和保护、漏电报警、碰撞保护、自检以及通信功能等，如图4-105所示。

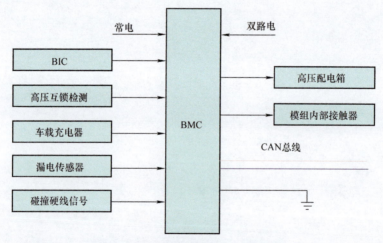

图 4-105　分布式电池管理系统框图

6. 驱动电机控制器与直流总成

驱动电机控制器作为动力系统的总控中心，驱动电机的运行，根据工况控制电机的正反转、功率、转矩、转速等；协调发动机管理系统工作；硬件采集电机的旋变、温度、制动、加速踏板开关信号；通过CAN通信采集制动深度、档位信号、驻车开关信号、起动命令、电池管理控制器相关数据、控制器的故障信息；内部处理的信号有直流侧母线电压、交流侧三相电流、IGBT 温度、电机的三相绕组阻值。驱动电机控制器与直流总成如图 4-106 所示。

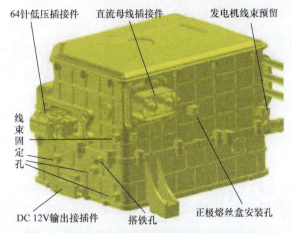

图 4-106　驱动电机控制器与直流总成

纯电模式下，直流总成的功能替代了传统燃油汽车挂接在发动机上的 12V 发电机，和蓄电池并联给各用电器提供低压电源。直流总成在高压（500V）输入端接触器吸合后便开始工作，负责将动力电池的高压电降压变换成 13.5V 标称输出电压，供给整车用电器工作并且在低压电池亏电时给低压电池充电。发动机原地起动发电机发出 13.5V 直流电，经过直流升压变换成 500V 直流电给电池包充电及空调使用。

控制器功能较多，针对双模控制、一键启动上电和防盗这两个比较重要的功能做出说明：根据 BCM 发出的启动开始指令，电机控制器开始与 IKEY 和 ECM 进行防盗对码，对码成功后防盗解除，电机控制器发出启动允许指令给 BMS，开始进行预充，预充成功后 OK 灯点亮；若预充失败，则电机控制器起动发动机，OK 灯也将点亮。

7. 充电系统

比亚迪秦的充电系统主要是通过家用插头和交流充电桩接入交流充电口，通过车载充电机将家用 220V 交流电转为高压直流电给动力电池进行充电，其主要由交流充电口、车载充电机、电池管理控制器、高压配电箱和动力电池等组成。

充电连接装置连接供电端三芯插头，充电连接装置上的控制盒点亮 READY 指示灯，同时 CHARGE 指示灯闪烁，如图 4-107 所示。

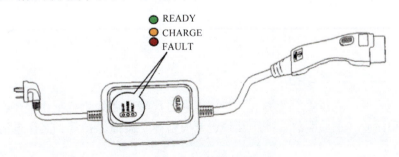

图 4-107　交流充电连接装置

交流充电口总成又称慢充口，位于行李舱门上，用于将外部交流充电设备的交流电源连接到车辆充电回路上如图 4-108 所示。车辆外部通过充电连接装置连接到交流充电设备，车辆内部通过高压电缆连接到车载充电机上。

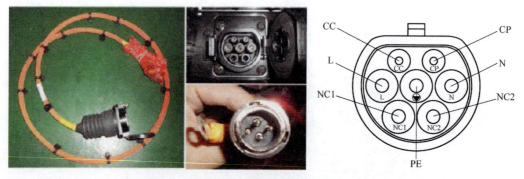

图 4-108　交流充电口总成

车载充电机（On-Board Charger Assy，OBC）位于后行李舱右部，将交流充电口传递过来的交流电源转换为直流高压电，为动力电池充电，如图 4-109 所示。

a）车载充电机

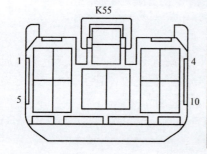

车载充电机低压10针接插件(K55)引脚定义	
引脚号码	定义
3	CANL
4	充电指示灯信号
7	接地
8	持续10A电流
9	CANH
10	充电感应信号
其余	空脚

b）接插件引脚定义

图 4-109　车载充电机

三、比亚迪秦整车安全保护

针对功能失效、高压安全等方面，对比亚迪二代秦所做的防范工作主要有电源极性反接防护、被动泄放、主动泄放、高压互锁、开关检测、碰撞保护等，其充电请求允许电路如图 4-110 所示。

1. 电源极性反接保护

当因不当操作或其他原因导致秦的高压设备的供电电压极性反转时，驱动电机控制器、DC/DC 变换器、动力电池管理器均可保护自身不被烧坏。当此极性反转的电压消除后，这些电控产品均仍可正常工作。

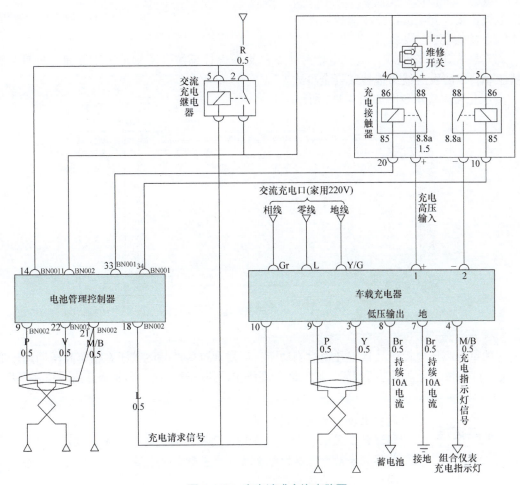

图 4-110　充电请求允许电路图

2. 碰撞保护

当车辆发生碰撞时，若电池管理控制器检测到碰撞信号大于一定阈值，则会切断高压系统主回路的电气连接，同时通知电机控制器，激活主动卸放，从而可使秦发生碰撞时的短路危险、人员电击危险降低到最低。

3. 主动泄放与被动泄放

电机控制器中含有主动泄放回路，当检测到车辆发生较大碰撞，或高压回路中某处接插件存在拔开状态，或含有高压的高压电控产品存在开盖情况时，可在5s内将高压回路直流母线电压卸放到60V以下，迅速释放危险电能，最大限度保证人员安全。

在含有主动卸放的同时，电机控制器、空调驱动控制器等内部含有高压的高压电控产品同时设计有被动卸放回路，可在2min内将高压回路直流母线电压卸放到60V以下，被动卸放作为主动卸放失效的二重保护。

4. 高压互锁

秦的高压互锁包括结构互锁和功能互锁。

（1）结构互锁

秦的主要高压接插件均带有互锁回路，当其中某个接插件被带电断开时，电池管理控制器便会检测到高压互锁回路存在断路，为保护人员安全，将立即进行报警并断开主高压回路电气连接，同时激活主动泄放回路。

（2）功能互锁

当车辆在进行充电或插上充电枪时，秦的高压电控系统会限制整车不能通过自身驱动系统驱动，以防发生线束拖拽或安全事故。

高压互锁连接示意图如图 4-111 所示。

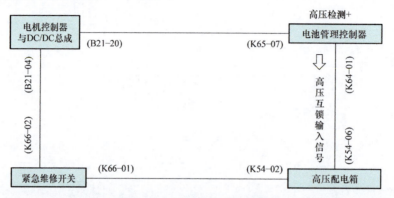

图 4-111　高压互锁连接示意图

5. 开盖检测

秦的重要高压电控产品具有开盖检测功能，当发现这些产品的盖子在整车高压回路连通的情况下打开时，会立即进行报警，同时断开高压主回路电气连接，同时激活主动卸放回路。

思维拓展

1. 简答混合动力汽车的定义。
2. 阐述什么是混合动力汽车所应用的阿特金森循环发动机。
3. 简答混合动力汽车按照其结构布置形式的分类。
4. 阐述混合动力汽车有哪些优点。
5. 简述比亚迪秦混合动力汽车高压系统的组成。
6. 图4-112所示为广汽AG5增程式电动汽车三电（发电机、驱动电机、动力电池）系统示意图，请查阅资料，解释：驱动电机的类型及特点，增程器的组成及工作模式。

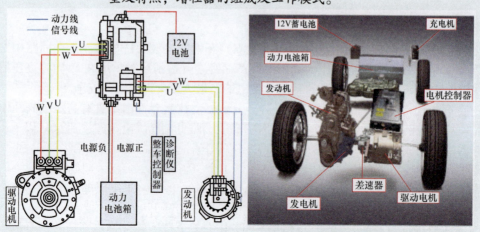

图 4-112　广汽 AG5 增程式电动汽车三电系统示意图

第五章　燃料电池电动汽车关键技术

本章任务

1. 掌握燃料电池的类型及特点，并了解其工作原理。
2. 掌握燃料电池电动汽车的类型及结构。
3. 了解燃料电池电动汽车的产业发展状况。
4. 了解燃料电池电动汽车的典型车型。

燃料电池电动汽车是电动汽车的一种，其电池的能量是通过氢气和氧气的化学作用，而不是经过燃烧，直接变成电能的。燃料电池的化学反应过程不会产生有害产物，因此燃料电池电动汽车是无污染汽车，且燃料电池的能量转换效率比内燃机要高 2~3 倍，因此从能源的利用和环境保护方面，燃料电池电动汽车是一种理想的车辆。在能源危机与环保的大背景下，新能源汽车毫无疑问受到了各国的高度重视，而作为新能源汽车中的新兴代表，燃料电池电动汽车以其节能环保的前瞻性位列其中，并将离人们的生活越来越近。本章将对燃料电池电动汽车的结构及发展现状做系统的介绍。

第一节　燃料电池电动汽车的类型与基本结构

一、燃料电池类型及其性能分析

燃料电池是一种将氢气和氧气的化学能通过电极反应直接转换成电能的装置，能量转换效率可达 60%~70%，其实际使用效率则是普通内燃机的 2 倍左右，能量转换效率高是燃料电池的主要特点之一。

燃料电池种类繁多，按照不同的特性其分类方式也不同，一般按照电解质的种类（有酸性、碱性、熔融盐类或固体电解质）来分类，因此燃料电池可分为碱性燃料电池、磷酸燃料电池、熔融碳酸盐燃料电池、质子交换膜燃料电池等。

1. 质子交换膜燃料电池

质子交换膜燃料电池（Proton Exchange Membrane Fuel Cell，PEMFC）使用固态电解质并在低温（约 80℃）条件下工作，最常用的质子交换膜是美国杜邦公司的 Nafion 质子交换膜，原理上相当于水电解的"逆"装置（图5-1）。其电池单体主要由膜电极（阳极、阴极）、质子交换膜和集流板组成。阳极为氢燃料发生氧化的场所，阴极为氧化剂还原的场所，两电极都含有加速电极电化学反应的催化剂，质子交换膜作为传递 H^+ 的介质，只允许 H^+ 通过，而 H_2 失去的电子则从导线通过。工作时相当于一个直流电源，阳极即电源负极，阴极即电源正极。

具体反应步骤为：经增湿后的 H_2 和 O_2 分别进入阳极室和阴极室，经电极扩散层扩散到达催化层和质子交换膜的界面，分别在催化剂作用下发生氧化和还原反应：

阳极：$H_2 \rightarrow 2H^+ + 2e^-$

阴极：$H_2 + 1/2O_2 \rightarrow H_2O$

电池总反应：$1/2O_2 + 2H^+ + 2e^- \rightarrow H_2O$

阳极反应生成的质子（H^+）通过质子交换膜传导到达阴极，阳极反应产生的电子通过外电路到达阴极，当电子通过外电路流向阴极时就产生了直流电。生成的水以水蒸气或冷凝水的形式由过剩的阴极反应气体从阴极室排出。

每个单电池的发电电压理论上限为1.23V。接有负载时的输出电压取决于输出电流密度，通常为0.5~1V。将多个单电池层叠组合就能构成输出电压满足实际负载需要的燃料电池堆。

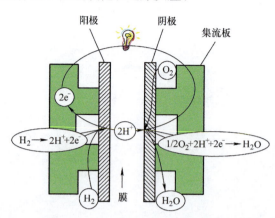

图5-1 质子交换膜燃料电池的反应原理

质子交换膜燃料电池发电过程中不产生任何污染，同时还具有工作温度低、启动快、结构简单、操作方便、可靠性高等优点，是一种清洁、高效的绿色环保电源，也是目前应用前景最为广泛、技术发展最快的燃料电池。

2. 碱性燃料电池

碱性燃料电池（Alkaline Fuel Cell，AFC）以强碱如氢氧化钾（KOH）为电解质、H_2 为燃料。纯氧或脱除微量 CO_2 的空气为氧化剂，采用对氧电化学还原具有良好催化活性的Pt/C、Ag、Ni等为电催化剂制备的多孔气体扩散电极为氧电极，以Pt-Pd/C等氢电化学氧化的电催化剂制备的多孔气体电极为燃料电极。

碱性燃料电池一般以石墨、镍或不锈钢作为碱性燃料电池的结构材料，化学反应温度为80~260℃。

碱性燃料电池的工作原理如下：

碱性燃料电池中燃料电极（负极）上产生的化学反应方程式如下：

$$H_2 + 2OH^- \rightarrow 2H_2O + 2e^-$$

碱性燃料电池中氧电极（正极）上产生的化学反应方程式如下：

$$1/2O_2 + 2e^- + H_2O \rightarrow 2OH^-$$

碱性燃料电池总的化学反应如下：

$$H_2 + 1/2O_2 \rightarrow H_2O$$

碱性燃料电池的基本结构及工作原理如图5-2所示。

碱性燃料电池是燃料电池技术发展最快的一种电池，主要为航天飞机提供动力和饮用水，在交通工具上有一定的应用前景。具有较高的效率（50%~55%），工作温度约80℃，因此启动快，但电力密度比质子交换膜燃料电池低十几倍。

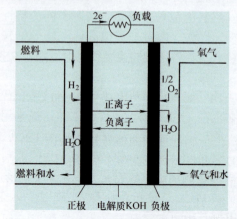

图5-2 碱性燃料电池的基本结构及工作原理

3. 磷酸燃料电池

磷酸燃料电池（PAFC）以磷酸（100%）为电解质，是由燃料电极、隔板、隔膜、空气电极氧电极和冷却板组成。

图 5-3 所示为层叠式磷酸燃料电池的基本结构，电池盒的上下两侧为燃料气体通道和空气通道，燃料气体和空气通过石墨复合材料的多孔质夹层，然后在磷酸电解质层的夹层中进行化学反应，其化学反应温度为 150~220℃。

磷酸燃料电池的工作原理如下：

磷酸燃料电池中燃料电极（负极）上产生的化学反应方程式如下：

$$H_2 \rightarrow 2H^+ + 2e^-$$

磷酸燃料电池中氧电极（正极）上产生的化学反应方程式如下：

$$1/2O_2 + 2H^+ + 2e^- \rightarrow H_2O$$

磷酸燃料电池总的化学反应如下：

$$H_2 + 1/2O_2 \rightarrow H_2O$$

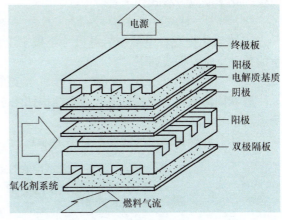

图 5-3　层叠式磷酸燃料电池的基本结构

4. 熔融碳酸盐燃料电池

熔融碳酸盐燃料电池（MCFC）通常采用含锂和钾的碳酸盐为电解质，阴极为镍的氧化物，阳极为镍合金，正常工作温度为 650℃。在这样高的温度下，电池阴、阳极的电化学反应都很快，不需要使用贵金属作为催化剂，通常以氧化镍为主。

熔融碳酸盐燃料电池的工作原理如下：

熔融碳酸盐燃料电池中燃料电极（负极）上产生的化学反应方程式如下：

$$H_2 + CO_3^{2-} \rightarrow H_2O + CO_2 + 2e^-$$
$$CO + CO_3^{2-} \rightarrow 2CO_2 + 2e^-$$

熔融碳酸盐燃料电池中氧电极（正极）上产生的化学反应方程式如下：

$$1/2O_2 + CO_2 + 2e^- \rightarrow CO_3^{2-}$$

熔融碳酸盐燃料电池的基本结构及工作原理如图 5-4 所示。

5. 固体氧化物燃料电池

固体氧化物燃料电池（SOFC）的电解质是固体氧化物，催化剂和电池的结构材料也都是固体氧化物。

燃料电池的结构材料，用 Al_2O_3、$Ca_{0.1}Zr_{0.9}O_2$ 固体氧化物作为结构材料支撑管。固体氧化物燃料电池在燃烧反应过程中的温度可达 800~1000℃，可以直接使用甲醇和烃类燃料。

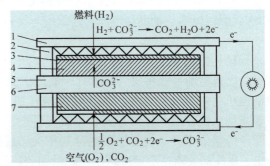

图 5-4　熔融碳酸盐燃料电池的基本结构及工作原理

1—隔板　2—波纹板　3—集电板　4—阳极
5—电解质基板　6—电解质　7—阴极

固体氧化物燃料电池的工作原理如下：

固体氧化物燃料电池中燃料电极（负极）上产生的化学反应方程式如下：

$$H_2 + O^{2-} \rightarrow H_2O + 2e^-$$

固体氧化物燃料电池中氧电极（正极）上产生的化学反应方程式如下：

$$1/2O_2 + 2e^- \rightarrow O^{2-}$$

管状固体氧化物燃料电池的基本结构如图5-5所示。

上述五种燃料电池的特性汇总见表5-1。

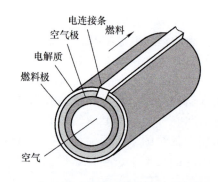

图5-5　管状固体氧化物燃料电池的基本结构

表5-1　燃料电池的主要特征参数比较

简称	类型	电解质	工作温度/℃	电化学效率（%）	燃料，氧化剂	功率输出/kW
PEMFC	质子交换膜燃料电池	固态分子膜	约80	40~60	氢气，氧气（或空气）	1
AFC	碱性燃料电池	碱溶液	60~120	60~70	氢气，氧气	0.3~5
PAFC	磷酸燃料电池	液态磷酸	170~210	40~50	天然气、沼气、过氧化氢，空气	200
MCFC	熔融碳酸盐燃料电池	熔融碳酸锂	620~660	>60	天然气、沼气、煤气、过氧化氢，空气	2000~10000
SOFC	固体氧化物燃料电池	氧离子导电陶瓷	800~1000	>60	天然气、沼气、煤气、过氧化氢，空气	100

二、燃料电池电动汽车的类型

燃料电池电动汽车（FCEV）是利用氢气和空气中的氧气在催化剂的作用下，在燃料电池中经电化学反应产生电能，并以该电能作为主要动力源驱动的汽车。

FCEV按主要燃料种类可分为直接燃料汽车和重整燃料汽车，后者以经过重整后产生的氢气为燃料。氢燃料电池汽车排放无污染，被认为是最理想的汽车，但氢的制取和存储困难。FCEV按"多电源"的配置不同，可分为纯燃料电池（PFC）驱动的FCEV，燃料电池与辅助动力电池（FC+B）联合驱动的FCEV，燃料电池与超级电容器（FC+C）联合驱动的FCEV，燃料电池、辅助蓄电池和超级电容（FC+B+C）联合驱动的FCEV。

1. 燃料电池单独驱动的FCEV

该结构只有燃料电池一个动力源，汽车的所有功率负荷都由燃料电池承担，如图5-6所示。燃料电池系统将氢气与氧气反应产生的电能通过变换器和电机控制器传给驱动电机，驱动电机将电能转化为机械能再传给减速机构，从而驱动汽车行驶。这种系统结构简单，便于实现系统控制和整体布置；系统部件少，有利于整车的轻量化；较少的部件使得整体的能量传递效率高。但是燃料电池功率大、成本高，对燃料电池系统的动态性能和可靠性提出了很高的要求，不能进行制动能量回收。

2. 燃料电池与辅助蓄电池（FC+B）联合驱动的FCEV

该结构为一典型的串联式混合动力结构，如图5-7所示。在该动力系统结构中，燃料电池和动力电池一起为驱动电机提供能量，驱动电机将电能转化成机械能传给传动系统，从而驱动汽车前进；在汽车制动时，驱动电机变成发电机，动力电池将储存回馈的能量。在燃料电池和动力电池联合供能时，燃料电池的能量输出变化较为平缓，能量需求变化的高频部分由动力电池分担。

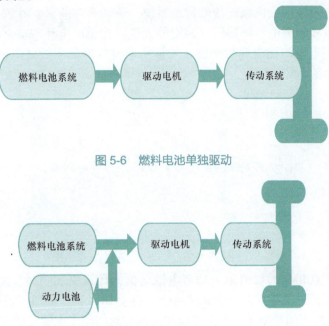

图 5-6　燃料电池单独驱动

图 5-7　燃料电池与辅助蓄电池联合驱动

目前这种结构形式应用较广，解决了诸如辅助设备供电、水热管理系统供电、能量回收等问题。主要优点是由于增加了功率密度价格相对低廉得多的动力电池组，系统对燃料电池的功率要求较纯燃料电池结构形式有很大的降低，从而大大降低了整车成本；燃料电池可以在比较好的设定工作条件下工作，工作时燃料电池的效率较高；制动能量回馈的采用可以回收汽车制动时的部分动能，该措施可能会增加整车的能量效率。但是，由于蓄电池的使用使得整车的质量增加，动力性和经济性受到影响，这一点在能量复合型混合动力汽车上表现更为明显；动力电池充放电过程会有能量损耗，系统变得复杂，系统控制和整体布置难度增加。

3. 燃料电池与超级电容器（FC+C）联合驱动的 FCEV

这种结构形式与燃料电池+动力电池结构相似，只是把蓄电池换成超级电容器，如图 5-8 所示。相对于动力电池，超级电容器充放电效率高、能量损失小，比动力电池功率密度大，在回收制动能量方面比动力电池有优势，循环寿命长，但是超级电容器的能量密度较小。

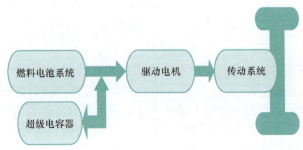

图 5-8　燃料电池与超级电容器联合驱动

4. 燃料电池、辅助动力电池和超级电容器（FC+B+C）联合驱动的 FCEV

这种结构为燃料电池、动力电池和超级电容器联合驱动的动力系统结构，也为串联式混合动力结构，如图 5-9 所示。燃料电池、动力电池和超级电容器一起为驱动电机提供能量，驱动电机将电能转化成机械能传给传动系统，驱动汽车前进；在汽车制动时，驱动电机发电，动力电池和超级电容器将储存回馈的能量。在燃料电池、动力电池和超级电容器一起供能时，燃料电池的能量输出平缓，能量需求变化的低频部分由辅助动力电池承担，高频部分由超级电容器承担。

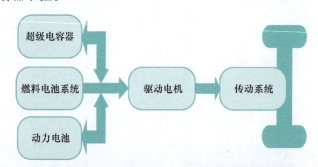

图 5-9　燃料电池 + 动力电池 + 超级电容器联合驱动

这种结构的优点相比燃料电池 + 动力电池结构的优点更加明显，尤其是在部件效率、动态特性、制动能量回馈等方面。而其缺点也一样更加明显，增加了超级电容器，系统质量将可能增加；系统更加复杂化，系统控制和整体布置的难度也随之增大。

三、燃料电池电动汽车的组成与原理

燃料电池电动汽车的动力系统主要由燃料电池堆、高压储氢罐、辅助动力源、DC/DC 变换器、驱动电机和整车控制器等组成，图 5-10 所示为丰田 FCV 量产版汽车结构及部件，这款燃料电池电动汽车拥有两个 70MPa 的高压储氢罐，搭载了一台功率 90kW、转矩 260N·m 的电机，在日本 JC08 模式下测试续驶里程可达 700km。

图 5-10　丰田 FCV 量产版汽车结构及部件

1. 燃料电池系统

燃料电池是主要动力源，它是一种不燃烧燃料而直接以电化学反应方式将燃料的化学能转变为电能的高效发电装置。图 5-11 所示为燃料电池系统部件分解图。

发电的基本原理是：电池的阳极（燃料电极）输入氢气（燃料），氢气（H_2）在阳极催化剂作用下被离解成为氢离子（H^+）和电子（e^-），H^+ 穿过燃料电池的电解质层向阴极（氧极）方向运动，e^- 因不能通过电解质层而由一个外部电路流向阴极；在电池阴极输入氧

气（O_2），氧气在阴极催化剂作用下离解成为氧原子（O），与通过外部电路流向阴极的 e^- 和燃料穿过电解质的 H^+ 结合生成稳定结构的水（H_2O），完成电化学反应并放出热量。这种电化学反应与氢气在氧气中发生的剧烈燃烧反应是完全不同的，只要阳极不断输入氢气，阴极不断输入氧气，电化学反应就会连续不断地进行下去，e^- 就会不断通过外部电路流动形成电流，从而连续不断地向汽车提供电力。

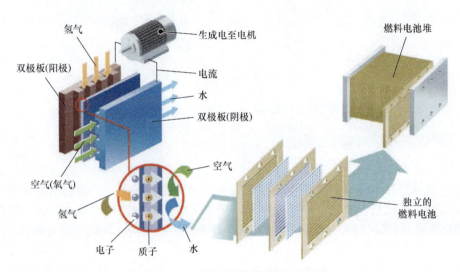

图 5-11　燃料电池系统部件分解图

2. 高压储氢罐

高压储氢罐是气态氢的储存装置，用于给燃料电池供应氢气。为保证燃料电池电动汽车的续驶里程，需要多个高压储气罐。一般轿车需要 2~4 个高压储气罐，大客车需要 5~10 个。高压储氢罐一般是由几层碳纤维铝套筒包起来制成的，罐外层是一层纤维玻璃。与传统汽车的加油过程不同，燃料电池电动汽车用一个特殊的高压配件给高压储氢罐加氢气。

3. 辅助动力源

根据 FCEV 的设计方案不同，采用的辅助动力源也不同，可以用动力电池组、飞轮储能器或超级电容器等组成双电源系统。

4. DC/DC 变换器

主要功能有调节燃料电池的输出电压（能够升到 650V）、调节整车能量分配、稳定整车直流母线电压。

5. 整车控制器

它是燃料电池汽车的大脑，由燃料电池管理系统、电池管理系统、驱动电机控制器等组成。它根据加速踏板、制动踏板等信息控制电机的功率输出及能量分配。

燃料电池电动汽车的工作原理如图 5-12 所示。储氢罐中作为燃料的氢气在汽车搭载的燃料电池中和空气中的氧气发生反应产生电能，驱动电机工作，电机产生的机械能经减速机构传给驱动轮，驱动汽车行驶。燃料电池采用的能源间接来源是甲醇、天然气、汽油等烃类化学物质，通过相关的燃料重整器发生化学反应间接地提取氢元素；直接来源就是石化裂解反应提取的纯液化氢。

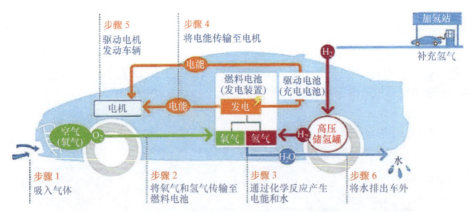

图 5-12　燃料电池电动汽车的工作原理

四、燃料电池电动汽车的关键技术

1. 燃料电池系统技术

燃料电池系统技术是燃料电池电动汽车发展的最关键技术之一。燃料电池技术发展趋势可用耐久性、低温启动温度、净输出功率密度以及制造成本四个要素来评判。降低成本也是燃料电池堆研究的目标，控制成本的有效手段是减少材料费、降低加工费等。

2. 车载储氢系统

储氢技术是氢能利用走向规模化应用的关键。目前，常见的车载储氢系统有高压储氢、低温液态储氢和储氢材料储氢三种基本方案。这三种技术在实际运用中的效果很大程度上受到材料性能的制约，见表 5-2。

表 5-2　储氢技术的比较

项目		高压储氢	低温液态储氢	储氢材料储氢	
				Ti 系储氢合金	碳纳米管
安全性		低	低	较高	
能源综合利用率		低	较低	高	
储氢能力	单位质量储氢量（%）	—	—	2	4
	单位体积储氢量/(kg/m³)	31.5	71	61	160
能量密度	质量能量/(kW·h/kg)	—	—	0.79	5.53
	体积能量/(kW·h/L)	1.24	2.8	2.4	6.32

目前，国外主流燃料电池电动汽车车型均采用 70MPa 的氢气存储和供给系统，而我国仍然维持在 35MPa 水平，影响我国燃料电池电动汽车整车续驶能力的提高。此外，国内 35MPa 的氢气存储和供给系统中的传感器、阀门等零件还依赖进口，直接导致高压储氢系统成本过高。

随着材料科学的发展，储氢技术的发展主要集中在开发密度更小、强度更高的材料，以提高储氢罐内的压力；开发绝热性能更好的材料，以减少液氢的蒸发，提高使用时的安全性；开发高容量的储氢材料，特别是碳纳米管等的制造技术。

3. 车载蓄电系统

车载蓄电系统包括铅酸电池、镍氢电池、锂离子电池等动力电池及电化学超级电容器。

铅酸电池由于其功率密度低、充电时间长，作为未来电动汽车动力系统的可能性很小。镍氢电池具有高能量密度、大功率、快速充放电、耐用性优异等特性，是目前混合动力汽车和电动汽车中应用最广的绿色动力蓄电系统。锂离子电池具有能量密度大、功率密度高、自放电小、无记忆效应、循环特性好、可快速放电等优点。

4. 电机及其控制技术

驱动电机是燃料电池电动汽车的心脏，它正向着大功率、高转速、高效率和小型化方向发展。当前驱动电机主要有感应电机和永磁无刷电机，永磁无刷电机具有较高的功率密度和效率、体积小、惯性低和响应快等优点，在电动汽车方面有着广阔的应用前景。

5. 整车布置

燃料电池电动汽车在整车布置上存在以下关键问题：燃料电池发动机及电机的相关布置；动力电池组的车身布置、储氢瓶的安全布置；高压电安全系统的车身布置问题。

6. 能源动力系统的能量管理策略

能量管理策略对燃料经济性影响很大，且受到动力系统参数和行驶工况的双重影响。完成能量管理策略的工况适应性开发后，其核心问题转变为功率分配优化，当然还必须考虑一些限制条件。按照是否考虑这些变量的历史状态，可以把功率分配策略分为瞬时与非瞬时策略两大类。

五、燃料电池电动汽车的优势及其问题

1. 燃料电池电动汽车的独特优势

毫无疑问，燃料电池电动汽车与传统汽车、混合动力汽车以及纯电动汽车相比拥有很多优势，具体体现在以下几个方面：

1）清洁无污染。采用以氢气为燃料的燃料电池，燃料经过化学反应后产生出的废物只有水，其排放废气属于零污染，可以说燃料电池电动汽车是完全意义上的"清洁汽车"。

2）燃料补充方便、快捷，续驶里程远超普通纯电动汽车。纯电动汽车充电时间较长，一次充电需要 7~8h，而且充满电后续驶里程较短。而燃料电池电动汽车可以像传统的燃油汽车一样方便地补充燃料，而且充满燃料后一般的续驶里程可达到 400km 以上，甚至超过了很多传统的燃油汽车。

3）效能高。燃料电池电动汽车有极高的能源利用效率。由于燃料电池本身就是一种效率极高的能量生成装置，加上车辆合理的设计（如再生制动系统的使用、辅助电池的应用），使得燃料电池电动汽车具有极高的能源利用效率。

4）动力性能优异。燃料电池可以持续稳定的输出电力，加上高性能电机的应用，使得燃料电池电动汽车具有极佳的动力性能。

2. 燃料电池电动汽车推广存在的问题

虽然燃料电池电动汽车有诸多的优点，但由于目前技术等方面的原因，燃料电池电动汽车的商业化推广仍然存在很多问题，概括起来主要是两方面的问题：一是性能与成本问题，二是燃料供应与基础设施问题。

（1）性能与成本问题

要想实现燃料电池电动汽车的商业化，必须使燃料电池电动汽车的性能相当于甚至优于现在的燃油汽车，同时价格与现在的燃油汽车价格持平甚至比其更低。毫无疑问，现在燃料电池电动汽车成本如此高的主要原因在于燃料电池系统本身的成本太高。

有关资料表明，只有当燃料电池的生产成本降至 50 美元 /kW 的水平，才能为消费者所接受。也就是说，当一台 80kW 的汽车用燃料电池的成本降到目前汽油发动机 3500 美元的价格时，才能创造巨大的市场效益。燃料电池成本高的主要原因是尚未形成批量生产，一旦进入大批量生产阶段，燃料电池的价格肯定会大大降低。

（2）燃料供应与基础设施问题

要想实现燃料电池电动汽车的商业化，燃料（氢气）的供应和基础设施建设问题必须得到同步解决。尽管现在有部分燃料电池电动汽车采用现场制氢的方式，但是燃料电池电动汽车最终采用的方式应该是纯氢直接供应。因为现场制氢的结构极其复杂，且不能达到真正的零排放，所以只能是一种过渡手段。氢气是一种与石油性质完全不同的物质。所以，氢气的来源、运输供应、储存和加注就成了燃料电池电动汽车商业化发展的重要问题。

现在建造能加相当于 100 万桶石油的加氢站（图 5-13）的费用是约 1000 亿美元，而这仅能满足美国现有汽车 10% 的需求，可见建造加氢站的费用是巨大的。在美国和欧洲，加氢站建设的法规在前几年就已经成型了，我国也正在积极地做相关的工作。

图 5-13　燃料电池电动汽车充电站

第二节　燃料电池电动汽车的产业发展状况

一、国际燃料电池电动汽车产业状况

1. 美国燃料电池电动汽车的产业状况

美国是新能源交通领域的领先发展者，从 20 世纪 70 年代制定《空气清洁法案》开始关注汽车燃油的清洁性，到 2002 年开始关注氢燃料电池汽车，发布《自由汽车计划》，规划在 2030 年实现批量成熟技术应用。2010 年，美国能源部用于氢燃料电池研发项目的资金得到批准，燃料电池及氢能工业重新获得了 1.74 亿美元的政府支持资金。

2. 日本燃料电池电动汽车的产业状况

日本自 1974 年开始实施《新能源开发计划（阳光计划）》以来，就已经将燃料电池技术定为国家战略。日本的燃料电池技术高度发达于 2006 年，日本制定了燃料电池汽车发展计划，明确了燃料电池电动汽车商业化发展阶段和目标，确定 2015 年开始燃料电池电动汽车商业化运行。2014 年，日本发布了《氢能源白皮书》和《氢能 / 燃料电池战略发展路线图》。

3. 欧盟燃料电池电动汽车的产业状况

欧盟于 2003 年成立了 "氢能与燃料电池技术平台"（HFP）。基于此平台后来 6 年所取得的成就和达成的共识，2008 年，欧洲委员会、欧洲工业团体和欧洲科研团体组成 "燃料电池与氢能联合执行体"，共同实施 "燃料电池与氢能技术联合行动计划"。欧盟各成员国在欧盟战略性框架指导下，纷纷采取推进燃料电池电动汽车产业发展的扶持政策。

目前，国际上具有代表性的产品包括丰田的 Mirai、本田的 Clarit 以及现代的 ix35 等量产化的典型燃料电池电动汽车，2017 年销量超过 3000 辆，几乎占当年燃料电池电动汽车全部销量的一半，其他车企如戴姆勒、大众、宝马等也将推出量产的燃料电池车型。

二、国内燃料电池电动汽车产业状况及存在的问题

我国燃料电池电动汽车产业相对于其他新能源汽车，与发达国家的差距相对较小，但是技术、市场、组织等维度都存在一定的滞后性，目前燃料电池用电催化剂、质子交换膜、炭纸等关键材料的开发停留在 "实验室" 技术。经过 "863" 计划，我国初步掌握了燃料电池关键材料、部件及电堆的关键技术，基本建立了具有自主知识产权的车用燃料电池技术平台，具备百辆级动力系统与整车生产能力。

1. 我国政府燃料电池电动汽车相关定位和目标

（1）我国对燃料电池电动汽车产业的发展定位逐渐明晰

2015 年，我国发布《中国制造 2025》规划，其中提出继续支持电动汽车、燃料电池电动汽车发展的战略目标。2016 年，我国发布《国家创新驱动发展战略纲要》，在纲要的战略任务中提到，发展引领产业变革的颠覆性技术，提出开发氢能、燃料电池等新一代能源技术。国家发改委在《能源技术革命创新行动计划（2016—2030）》中，将氢能与燃料电池技术创新列为重点任务之一，明确把制氢、储氢、加氢站、氢能分布式发电和氢燃料电池作为研发、攻关和创新战略方向，把制氢技术、氢气储运技术、氢燃料电池技术列为行动目标。总之，要打造利于环境的氢生态、氢能源、氢技术、氢产业和氢军事一系列与氢能联系的氢经济与氢社会。

（2）提出了明确的总体目标

根据 2016 年国务院颁布的 "十三五" 国家战略性新兴产业发展规划，我国燃料电池电动汽车产业总体目标为：到 2030 年，氢燃料电池汽车达到 100 万辆级；到 2020 年实现氢燃料电池汽车批量生产和规模化示范应用。为实现该目标，各部委相继提出了各项政策，推动氢燃料电池技术的发展和产业化进程。2018 年 2 月，财政部等制定了补贴标准，氢燃料电池乘用车最高补贴 20 万元/辆，氢燃料电池轻型客车、货车定额补贴上限 30 万元/辆，大中型客车、中重型货车定额补贴上限 50 万元/辆。

2. 与国外发达国家相比存在的问题

1）政府尚未针对燃料电池电动汽车产业制定相关的技术标准，如核心零部件的标准、电池的寿命、动力耦合技术等关键技术的具体标准，都亟待建立和进一步完善。

2）政府对研发体系贡献不足，燃料电池电动汽车的研发投入较为分散，未能形成整车牵头、零部件配合、基础设施协调发展的产业布局，反而更多的是研究机构牵头，国内的汽车企业分头研究、各自为战。

3）氢燃料电池的双极板、膜电极组件、膜与催化剂等关键材料技术仍有一定差距，见表 5-3。交换膜仍处于开发阶段，没有进入产业化；主要零部件成本居高不下、电池堆技术需要深度创新等因素成为产业化的阻碍。

表 5-3　我国燃料电池技术与国际差距举例

材料对比		国内	国际
催化剂	催化剂 Pt 用量	0.6g/kW	0.250g/kW
膜电极组件	最大电流密度	1.5A/cm³	2.5A/cm³
	成本	2000 元 /kW	100 元 /kW
电池堆	电池堆体积功率密度	2.2kW/L	3.0kW/L
	成本	3000 元 /kW	单台套低于 1000 元 /kW

注：数据来源：《汽车技术》。

参考阅读：本田燃料电池电动汽车关键技术

1. 本田 FCX

本田 FCX 自 1999 年首次发布 FCX-V1 燃料电池试验车后，先后经过了 FCX-V2、FCX-V3、FCX-V4 和 FCX 五代艰苦的开发历程。2002 年，FCX 世界首次取得美国政府认定；同年 9 月，FCX 世界首次获得美国环境保护厅（EPA）"零污染车辆"认定。2002 年 12 月 2 日，本田同时向日本政府和美国洛杉矶市政府交付了首批 FCX（图 5-14），成为世界上第一家实现商品化销售的燃料电池电动汽车生产厂家。

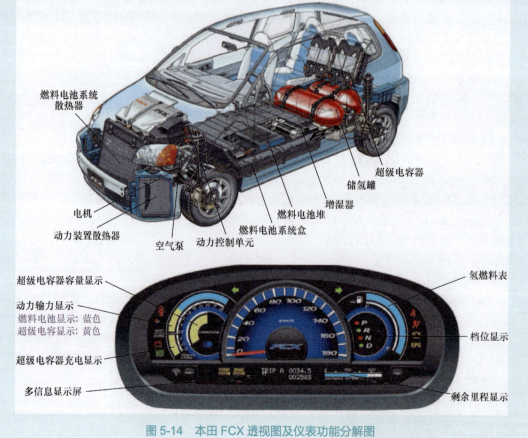

图 5-14　本田 FCX 透视图及仪表功能分解图

本田 FCX 能量管理措施为：起步和加速时，输出由燃料电池堆和超级电容器提供，超级电容器在极短的时间内辅助燃料电池达到最大的性能；轻微加速和巡航时，输出只由燃料电池提供，燃料电池负责给电机提供必需的动力，电容器不用辅助；减速时，能量被回收存储在超级电容里，超级电容能回收在制动时产生的能量，有效地提高了能源效率；怠速停车时，自动怠速停车系统将切断从燃料电池输送过来的输出，以节省燃料消耗。系统在感应到驾驶人操纵的起步信号后，可迅速由燃料电池和超级电容协同提供所需的动力。

2. 本田 FCX Clarity

本田一直认为，以氢为燃料，具备出色的续航性能和行驶性能，排放物只有水的燃料电池电动汽车，是未来社会终极的环保汽车。因此，本田从 FCX 一路研发，直到已经开始量产的 FCX Clarity（图 5-15）。FCX Clarity 具有 -30℃ 的低温起动功能，续航能力达到 620km。如今 FCX Clarity 已在日本和美国市场进行租赁销售，是一款具有真正实用价值的环保车型。

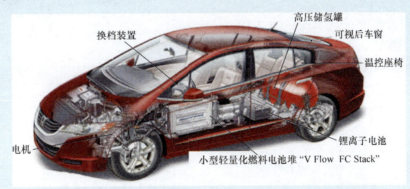

图 5-15 FCX Clarity 主要组成

FCX Clarity 以本田独创的燃料电池堆 "V Flow FC Stack" 技术为核心，实现了燃料电池电动汽车特有的未来感设计、先进的整体封装布局，以及出色的驾驭感受。不仅具备不排放 CO_2 的清洁性，还赋予汽车独特的新价值和新魅力。全车座椅均配备有冷暖空调功能的温控座椅，并采用世界首创植物型新材料 "本田生物纤维"。

FCX Clarity 采用的电机功率达 100kW，与上一代 FCX 相比，整体动力单元的质量功率密度提高 1 倍，体积功率密度提高 1.2 倍，实现了轻质小型化和高功率的高度统一。此外，节能性提高 20%，续驶里程提高 30%。其各部分结构特点如图 5-16 所示。

（1）本田新型燃料电池堆

新开发的燃料电池堆 "V Flow FC Stack"，采用本田独创的氢气和空气竖直流动的 "V Flow 电池单元构造"，还采用使氢气和空气波状流动的 "波状隔板"，和上一代 FCX 相比，性能有了飞跃性提高，并实现了轻质和小型化。新型燃料电池堆的最高功率提升至 100kW，与上一代燃料电池堆相比，体积功率密度提高 50%，质量功率密度提高 67%。另外，低温状态起动性能也得到大幅度提高，最低可在 -30℃ 正常起动。

（2）垂直气体流动（V Flow）单元结构

氢气和空气（氧气）纵向流动，生成的水在重力作用下可更顺畅地排出，由此可以防止生成的水停留在发电层面，确保了发电的持续稳定性。另外，纵向流动还可使流动通道更畅通，通道深度减少17%，电池单元更薄、体积更小。

燃料电池是由膜电极组件（MEA）组成，它依次包含在有氢气、空气和制冷剂气流通道的隔离板之间，是一个由氢气和空气电极形成的一对电极层和扩散层之间的夹层。垂直气体流动（V Flow）燃料电池堆由波浪形的垂直气流通道组成，这些气流通道负责氢气和空气的导向，在它们之前，还有水平的冷媒流动通道（图5-16a）。

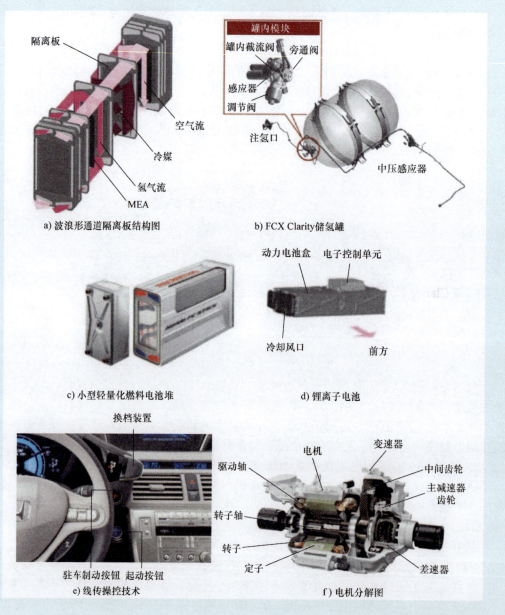

图 5-16　FCX Clarity 部分结构

（3）功能高度整合的储氢罐

FCX采用了两个储氢罐的设计，而FCX Clarity则只有一个，采用350atm储存的氢气罐，可容纳171L氢气。这能给后座乘客提供更多的空间，包括储物空间。补给系统中的截流阀、调节阀、压力感应器和其他部件都集成在一个罐内模块中，部件减少74%，这样可以让储氢罐的容量更大，让汽车行驶得更远。

（4）紧凑高效的锂离子电池占用极小空间

车辆的补充动力源和全新的锂离子电池，能在必要时提供额外的动力辅助，并能回收能量。它比FCX上的超级电容器轻40%，体积小了一半，因此可以很容易地安置于后排座椅之下。这能获得更多的后排空间和储物空间。

（5）FCX Clarity的能量管理

FCX Clarity的主要动力源是燃料电池，由氢气产生电力。随着驾驶人的各种驾驶需求，动力驱动单元（PDU）将统管电机、动力电池、燃料电池和储氢罐进行协同工作。

起步及加速动力由燃料电池提供，在有需要的时候，动力电池加入以获得良好的加速性能；轻微加速及巡航时，仅由燃料电池提供动力，以节省能耗；减速时，电机作为发电机的角色，将动能转化为电能储存于蓄电池中，同时动力电池也可以储存燃料电池产生的额外电能；怠速时，自动怠速系统切断燃料电池的电能产生。锂离子电池给如空调或其他设备补给所需的电能。

（6）变速器与电机同轴设计

电机的转子轴采用中空设计，而驱动轴则从中间穿过形成同轴构造。这样的布局可以让电机和变速器结合成为一个紧凑的整体，同时也能提高效率。更独特的轴承和更少的转子油封设计，能有效地降低摩擦，提高变速器效率，建立更直接的驾驶感觉。

（7）线传操控技术

FCX Clarity的固定齿轮比让操作变得更简单：只需要选择前进、后退和停车即可。紧凑的换档装置完全电子控制，非常特别地安装在仪表板上。换档装置、起动按钮和驻车按钮都非常容易操作。其他的操控系统同样布局合理，符合人体工程学。

第三节 燃料电池电动汽车的发展历史及现状

一、燃料电池的发展历史

燃料电池在大规模产业化之前，已经有很长的发展历史。1839年，格罗夫（Willian Grove）发明了第一个燃料电池。他把封有铂电极的玻璃管浸在稀硫酸中，先由电解产生氢和氧，接着连接外部负载，这样氢和氧就发生电池反应，产生电流。格罗夫当时就预见到，如果氢气可以被煤、木材和其他易燃材料所替代，那么燃料电池就可以作为一种商业化的电源。1896年，W.W.Jacques描绘了直接用当时的主要燃料——煤作燃料的燃料电池（DCFD），他的想法引起了公众的极大关注。但由于无法解决炭对电解质的污染，DCFD没有取得满意的效果，最终被放弃。

J.H.Reid（1902年）和P.G.L.Noel（1904年）首先开始研究碱性燃料电池（AFC），采用碱性KOH溶液作为电解质。但直到20世纪30年代末，F.T.Bacon（培根）的AFC研究工作方为燃料电池创立了声名，并在20世纪60年代早期第一个应用于太空计划，其改进后被作为阿波罗登月计划的宇宙飞船用电池。Bacon电池使燃料电池由实验走向实用，具有里程碑意义。

二、燃料电池电动汽车的国外发展现状

国外的燃料电池技术发展比较早，20世纪六七十年代美国首先将燃料电池应用于航空

航天领域，此后燃料电池逐渐向民用领域发展。

目前世界各国政府及各大汽车厂商都纷纷进行燃料电池动力汽车的研发，其中影响最大的两个的开发项目：一个是由美国能源部组织的国家燃料电池汽车研究计划；另一个是以巴拉德动力系统公司的技术为依托，由戴姆勒克莱斯勒公司、福特汽车公司等跨国公司投资合作的燃料电池动力汽车项目。

福特汽车公司在燃料电池动力汽车技术上的研发始于1990年，在1998年1月北美底特律国际汽车展上展出了P2000燃料电池概念车，使用了DBB公司生产的燃料电池堆，车速可达144.8km/h。2001年，通用汽车公司又开发了一辆以雪佛兰S-10货车为基型车的汽油重整（第三代）的质子交换膜燃料电池电动汽车。

2004年10月12~13日，必比登挑战赛在上海举行，图5-17所示为出现在上海国际赛车场的福特福克斯燃料电池电动汽车。福特汽车公司在2006年洛杉矶国际车展上推出以氢燃料电池为动力的全新Explorer，续驶里程可以达到350mi，远远超过了以其他燃料电池为动力的车型。

戴姆勒克莱斯勒公司在FCEV领域一直是世界领先的制造商，公司旗下的戴姆勒奔驰公司从20世纪90年代初期开始研究燃料电池技术，1994年戴姆勒奔驰公司与Ballard合作推出了第一辆FCEV车型，NECAR1和NECAR1，采用MB190厢式车体，装载Ballard生产的50kW质子交换膜燃料电池，一次填充燃料续驶里程为130km，最高车速90km/h。

克莱斯勒在2010年开展FCEV商业化进程。在北京"国际氢能论坛2004"开幕之际，戴姆勒克莱斯勒公司在北京天安门广场展出了以氢为燃料的燃料电池公共汽车，如图5-18所示。

图5-17 福特福克斯燃料电池电动汽车

图5-18 燃料电池公共汽车

通用公司作为世界第一大汽车制造商，一直致力于FCEV的开发。1968年推出的Electrovan是世界上第一辆FCEV。1998年推出了小型箱式车Zafira，2000年推出了HydroGen1，到2002年已发展到HydroGen3，该车型装载94kW的PEMFC，使用液氢为燃料，一次填充燃料可行驶400km，最高车速160km/h。2002年推出了全新的概念车型HY-WIRE，该车采用线控驾驶技术，它的燃料电池、电机和控制器全部集成在11in厚的板状底盘中，车身可以分离，根据驾驶人意愿可以变形成轿车、货车或SUV。通用公司计划到2020年售出10万台FCEV。通用公司其最新研发成果Sequel氢燃料电池汽车于2005年4月驶入上海国际车展，如图5-19所示。

本田开始FCEV研究始于1989年，1999年本田推出了两款FCEV车型：FCX-V1和

FCX-V2，它们分别采用金属氢化物制氢和甲醇重整制氢技术。2000 年和 2001 年本田又分别推出了 FCX-V3 和 FCX-V4，2002 年本田推出了 FCX，如图 5-20 所示。该车型是世界上第一辆获得政府商业化使用许可的 FCEV。

图 5-19　通用 Sequel 氢燃料电池汽车

图 5-20　本田 FCX

现代的 FCEV 研究起步较晚，但凭借其在电动汽车和混合动力汽车方面的丰富经验，现代赶上了世界 FCEV 研究的步伐。在 2005 年洛杉矶车展上，现代汽车公司的燃料电池电动汽车项目组发布了其配备第二代燃料电池的车型 Tucson。

丰田研究 FCEV 始于 1992 年，1996 推出了第一款 FCEV 车型——RAV4 FCEV，该车采用金属氢化物储氢技术，一次填充燃料续驶里程为 250km，最高车速为 100km/h。丰田于 1997 年推出了改进版的 RAV4 FCEV。

之后丰田在其 SUV 车型 Highlander 的平台上推出了车型系列 FCHV，如图 5-21 所示，2001 年丰田推出了 FCHV3、FCHV4 和 FCHV5 三款车型，它们分别采用了金属氢化物储氢、压缩氢气储氢及低硫汽油重整制氢技术。2002 年丰田推出了 FCHV，是日本国内第一个获得燃料电池汽车销售许可的车型，并于 2002 年 12 月 2 日在日本东京和美国加州开展租赁销售。燃料电池客车如图 5-22 所示。

图 5-21　丰田 FCHV

图 5-22　燃料电池客车

三、燃料电池电动汽车的国内研究现状

我国政府也非常重视燃料电池技术的研究，科技部于 1997 年将燃料电池列为"九五"重大科技攻关项目，"十五"国家重大科技专项之一的"电动汽车专项"将燃料电池电动汽车列为重要内容，国家投入近 9 亿元。"十一五"期间，国家继续支持"节能与新能源汽车"

的研究，主要包括电动汽车重大专题和能源领域中的高温燃料电池。以大连化学物理研究所（简称大连化物所）为牵头单位，全面开展了 PEMPC 的电池材料与电池系统研究。经过多年的发展，我国在燃料电池电动汽车上现已取得较大进展。

如今，燃料电池的功率密度已超过 1.1kW/L。同时，燃料电池还可用于固定式、便携式和船用动力等非运输车应用环境。这些开发项目所生成的协同作用将加快燃料电池在所有应用领域中的开发进程，并将大幅度降低燃料电池的生产成本。目前，我国已确立了燃料电池电动汽车发展的具体目标，2010~2020 年，争取燃料电池电动汽车的批量生产；2020~2030 年，我国电动汽车整体技术水平要基本与国际电动汽车水平相当，并且实现燃料电池电动汽车的大批量生产。

第四节　燃料电池电动汽车的典型车型

一、我国研发的燃料电池电动汽车

随着"863 计划"电动汽车重大科技专项的正式起动，全国各地掀起了一股研制和开发燃料电池电动汽车的热潮。2002 年 5 月，上海燃料电池汽车动力系统公司与同济大学新能源汽车工程中心试制成功"春晖 1 号"燃料电池电动汽车。2004 年，武汉理工大学与东风公司合作研制成功 25kW 燃料电池电动汽车——"楚天一号"；2004 年 6 月，由上汽集团、同济大学联合开发的我国第二代燃料电池轿车——"超越二号"；随后又开发了"超越三号"和"超越四号"燃料电池电动汽车，如图 5-23 所示。目前国内开展燃料电池电动汽车相关研究的机构主要有中科院大连化物所、清华大学、同济大学、武汉理工大学、中山大学等单位，并形成了多个燃料电池产业化基地。

图 5-23　"楚天一号"燃料电池电动汽车和"超越三号"东方之子燃料电池汽车

二、通用燃料电池电动汽车车型

基于欧宝赛飞利的"氢动三号"燃料电池电动汽车 HydroGen3（图 5-24），由 200 块相互串联在一起的燃料电池单元组成的燃料电池堆产生电力。燃料电池堆所产生的电能传递给电机后，通过功率为 60kW 的三相异步电机驱动车辆行驶，几乎不产生任何噪声。"氢动三号" 0~100km/h 的加速时间约为 16s，最高车速达到 160km/h。氢储存罐分为两种：一种罐为内储存的是温度为 -253℃ 的液态氢；另一种罐为内储存的是承受最高压力可达 70MPa（700bar）的压缩氢。一次充氢的续驶里程分别可达 400km 和 270km。

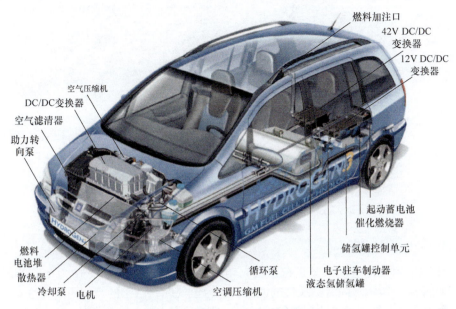

图 5-24　通用 HydroGen3 透视图

三、丰田新型燃料电池混合动力汽车

丰田新型燃料电池混合动力汽车"FCHV-adv"（图 5-25）的动力系统由燃料电池和镍氢电池组成。除了提高燃料电池汽车性能外，还降低了系统辅助装置的能耗，并且改进了再生制动系统，使燃料效率比原 FCHV 提高 25%。FCHV-adv 可在 -30℃下起动，具有良好的低温起动性能，最高车速可达到 155km/h。该车在汽车前部、后部和两侧面都安装了碰撞传感器，探测到碰撞发生的瞬间，高压储氢罐阀门即刻关闭，以防氢气泄漏。

图 5-25　丰田新型燃料电池混合动力汽车"FCHV-adv"

四、梅赛德斯 - 奔驰 Citaro 燃料电池公共汽车

梅赛德斯 - 奔驰 Citaro 燃料电池公共汽车（图 5-26）外形尺寸为 11.95m×2.55m×3.7m，可乘坐 70 人。该车采用 PEM 氢燃料电池，以氢气为核心燃料，并应用 600V 电机加以驱动，其输出功率范围可达到 200kW（269 马力），最高车速可达 80km/h，耗氢量为 17~23kg/100km，一箱燃料可以使车辆行驶 200~250km，位居世界同类产品领先水平。

图 5-26 梅赛德斯-奔驰 Citaro 燃料电池公共汽车

五、现代途胜燃料电池电动汽车

现代途胜燃料电池电动汽车搭载了最大功率 20kW 的电机,以及 16 万 cm^3 的压缩氢气储存量,如图 5-27 所示。同时据现代的说法,这台氢气燃料汽车的行驶距离高达 600 多 km。不过,这台汽车的节能率尚未达到现代的标准,目前只有 48%,离预期的 60% 还有一段差距。值得一提的是,该氢气燃料电池汽车,就算处于 -18℃ 时,也能够正常发动,而且不会出现故障。

图 5-27 现代途胜燃料电池电动汽车

六、雪佛兰 Equinox 燃料电池电动汽车

雪佛兰 Equinox 燃料电池电动汽车(图 5-28)使用了通用第四代氢燃料电池系统,该燃料电池组由 440 块电池串联组成,电力输出可达 93kW,在车载 73kW 同步电机的共同驱动下,0~100km/h 的加速时间只要 12s,最高车速可达 160km/h,其燃料电池的设计使用寿命为 2 年或 8 万 km,可以在低于 0℃ 的气候条件下正常起动及运行。

雪佛兰 Equinox 燃料电池电动汽车与上一代的燃料电池电动汽车相比,无论是在日常使用的便利性上,还是在动力系统的持久性上,都取得了长足的进步,再次印证了通用汽车在氢燃料电池电动汽车领域中的全球领导地位。

七、福田燃料电池客车

福田燃料电池客车(图 5-29)是一款集"一新、二超、三低、四高"等特点于一身的高档豪华客车。一新:独具匠心的时尚新造型;二超:超大空间、超高运营效率;三低:低油耗、低排放、低噪声;四高:高质量、高安全、高科技、高舒适。

第五章　燃料电池电动汽车关键技术

　　福田自主研发的氢燃料电池客车采用了先进的燃料电池及匹配技术，排放物为纯净的水，而且达到了可以直接饮用的程度。

图 5-28　雪佛兰 Equinox 燃料电池电动汽车

图 5-29　福田燃料电池客车

思维拓展

1. 燃料电池的定义是什么？它具有什么特点？
2. 燃料电池可分为哪几类？各自的特点是什么？
3. 按照"多电源"的配置不同，试画出FCEV的几种典型的结构图。
4. 目前燃料电池电动汽车未能及时推广的原因有哪些？
5. 第一个燃料电池是由谁发明的？其基本结构是什么？
6. 被用作阿波罗登月计划的宇宙飞船用电池是由谁发明的？它的历史意义是什么？

217

第六章　新能源汽车的维修技术

本章任务

1. 掌握电动汽车的常见故障现象，并能找出故障原因及其解决方法。
2. 了解纯电动汽车和电动客车典型车型的日常维护与保养。
3. 通过对混合动力汽车、纯电动汽车等故障实例分析，掌握解决故障的方法。
4. 了解新能源汽车的价格以及其主要优点。

电动汽车作为替代传统燃油汽车的代表，其内部结构与传统汽车有很大的不同，最大的区别在于其高压电路和动力系统，因而其相关的维修也自然与传统汽车有许多不同之处。因此，本章将从电动汽车高压电路维修安全入手，对动力系统的常见故障及其维修进行讲解，并选择纯电动汽车、混合动力汽车、增程式电动汽车车型的典型案例进行分析。

第一节　高压电路的维修安全

电动汽车上存在高电压、大电流的电路及许多高压部件，而且有漏电的可能性，为了保证维修人员自身安全和车辆、设备安全，电动汽车除了在结构和控制策略上采用安全设计外，在维修过程中也必须遵守严格的工作流程和规范。

依据国家标准 GB/T 18384.3—2015《电动汽车 安全要求 第3部分：人员触电防护》对人员触电防护要求，考虑到空气的湿度和人体在不同工作环境下的电阻，根据不同电压等级可能对人体产生的伤害和危险程度不同，在新能源汽车中将车辆电压按照类型和数值分为两个安全级别，见表6-1。

表6-1　电压的安全级别

电压安全级别	最大工作电压 /V	
	直流	交流（有效值）
A	$0 < U \leq 60$	$0 < U \leq 30$
B	$60 < U \leq 1500$	$30 < U \leq 660$

A级是较为安全的电压等级，该电压下的维护人员不需要采取特殊的防电保护。

B级对人体会产生伤害，被认为是高压。在该电压下，必须采取必要的防护设备对维护人员进行保护。

一、新能源汽车的高压类型

纯电动汽车和混合动力汽车，其高电压系统均同时具有直流高电压和交流高电压，如图6-1所示。

第六章　新能源汽车的维修技术

图 6-1　车辆的主要高压类型

直流高电压主要分布在动力电池到各个驱动部件的位置，如动力电池与驱动逆变器之间连接的有直流高电压；动力电池与高压压缩机之间连接的有直流高电压。

交流高电压主要分布在逆变器与驱动电机之间，以及充电接口与车载充电器之间。不同的是，逆变器与驱动电机之间的交流高电压通常都在 300V 左右，而充电接口与车载充电器之间的交流高电压即为外部电网的电压（220V/50Hz）。

二、高压电的标识

为防止意外触及高压系统，新能源汽车对高压部件均采用特殊的标识或颜色，以对维修人员或车主给予警示。新能源汽车通常采用两种形式进行高电压的标识警示，这包括高压警示标识和导线颜色。

每个新能源汽车的高电压组件壳体上都带有一个标记，售后服务人员或每位车主均可通过标记直观看出高电压可能带来的危险，所用警示牌基于国际标准危险电压警告标志。

如图 6-2 所示，高压警示标识采用黄色底色或红色底色，图形上布置有高压触电警示标志。

图 6-2　高压警示标识

由于高压导线可能有几米长，所以在一处或两处通过警示牌标记意义不大，售后服务人员可能会忽视这些标牌。因此，用橙色警示色标记出所有高压导线，高压导线的某些插头以及高电压安全插接器也采用橙色设计，如图 6-3 所示。

219

图 6-3　高压导线及插接器橙色警示

三、高压部件的位置

新能源汽车的高压部件主要集中在驱动系统、电源系统、充电系统以及空调与加热系统几个位置。此外，用于连接高压部件之间的导线也属于高压部件。

1. 动力电池

如图 6-4 所示，动力电池上所有的部件，包括维修开关、连接导线均具有高电压。

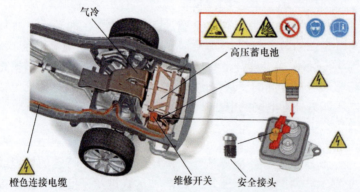

图 6-4　动力电池高电压位置

2. 逆变器

图 6-5 所示为逆变器主要高压部件的位置，逆变器的模块壳体通常采用金属全封闭设计，主要的高电压位置集中在模块电缆的接口上。

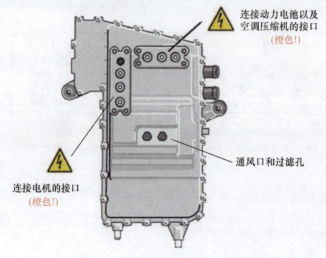

图 6-5　逆变器主要高压部件的位置

3. 电机

图 6-6 所示为驱动电机内部的高压部件位置。当电机运行时，位于电机的高压电缆、插头以及电机定子绕组上均会存在交流高电压。

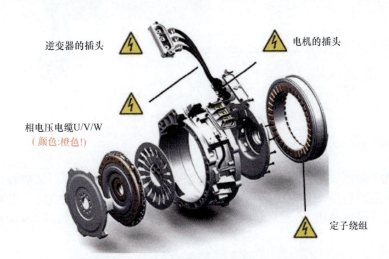

图 6-6　驱动电机内部的高压部件位置

4. 高压压缩机

空调与加热系统的高压部件包括由高压电驱动的压缩机以及高电压的 PTC 加热器。

图 6-7 所示为高压压缩机的高压部件位置。高压压缩机在运行时，位于压缩机上的高压电缆接口、高压连接电缆以及压缩机本身，均具有高电压。

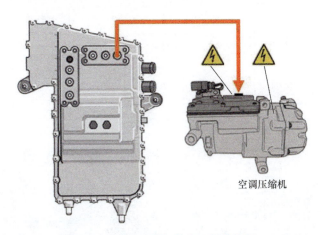

图 6-7　高压压缩机的高压部件位置

5. 充电桩与充电接口

新能源汽车充电时，充电桩和充电接口上具有高电压。需要注意的是，出于对操作者安全的考虑，在车辆未充电时，系统内部都会自动断开电路循环，也就是说，未正式充电前，充电桩和接口是安全的。图 6-8 所示为充电桩与充电接口高压部件位置。

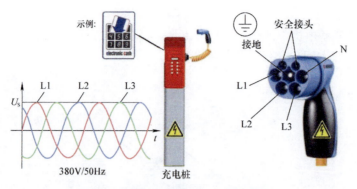

图 6-8　充电桩与充电接口高压部件位置

四、新能源汽车的高压线束

新能源汽车高压线束连接各高压部件，是保证各高压部件正常而又协调工作必需的路径。高压线束主要包括动力电池高压电缆、电机控制器电缆、快充线束、慢充线束、高压附件线束（高压线束总成）。北汽新能源汽车各段高压线束及端子如图 6-9 和图 6-10 所示。

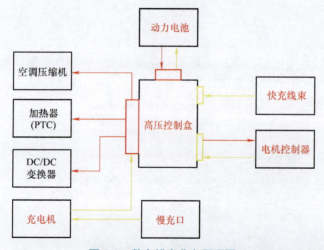

图 6-9　整车线束分布原理图

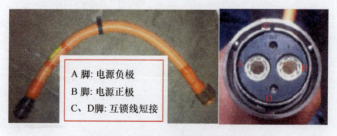

a）动力电池高压线缆：连接高压盒端与动力电池

图 6-10　北汽新能源高压线束及端子

第六章 新能源汽车的维修技术

接高压盒端
B脚位：电源正极
A脚位：电源负极
C脚位：互锁线短接
D脚位：互锁线短接

单芯插件(Y键位)
接电机控制器正极

单芯插件(Z键位)
接电机控制器负极

b) 电机控制器电缆：连接高压盒与电机控制器

接高压盒
1脚：电源负极
2脚：电源正极
中间为互锁端子

接整车低压线束
1脚：A-(低压辅助电源负极)
2脚：A+(低压辅助电源正极)
3脚：CC2(充电插接器确认)
4脚：S+(充电通信CAN_H)
5脚：S-(充电通信CAN_L)

车身搭铁点

c) 快充线束：连接快充口和高压盒

接车载充电机
1脚：L(交流电源)
2脚：N(交流电源)
3脚：PE(车身地(搭铁))
4脚：空
5脚：CC(充电连接确认)
6脚：CP(控制确认线)

d) 慢充线束：连接慢充口和车载充电机

接空调压缩机插件

接高压盒插件

接DC/DC变换器插件

接空调PTC插件

接充电机插件

e) 高压附件线束

图 6-10 北汽新能源高压线束及端子（续）

五、维修人员的自身防护

1. 高压安全防护套装

在维修新能源汽车时，除了要使用绝缘维修工具外，还要注意个人的安全防护。高压安全防护套装如图 6-11 所示。当维修人员在车底作业时，例如进行动力电池的拆装时，必须佩戴安全帽。护目镜具有眼部防护功能，维修新能源汽车时所使用的护目镜应该具有侧面防护功能，除了可以防止维修过程中产生的电火花对眼睛的伤害，还可防止电池液体的飞溅，使用前应检查护目镜镜面有无刮花或不清洁等现象。

图 6-11　高压安全防护套装

电工绝缘手套（绝缘等级 1000V/300A 以上）采用橡胶制成，新能源汽车维修中使用的绝缘手套要求能够承受 1000V 以上的工作电压，还要具备一定的抗碱性，当工作中接触来自高压动力电池组的氢氧化钾等化学物质时，能防止这些物质对人的组织伤害。绝缘手套需要定期检验，在使用前也要认真检查有无破损或脏污等现象。

绝缘安全鞋的电阻值范围为 0.1~1000MΩ，作用是使人体与地面绝缘，防止电流通过人体与大地之间构成通路对人体造成电击伤害，把触电的危险降到最小，还具有防静电、耐磨、防滑、防砸等功能。绝缘鞋也要定期检验有无破损、漏水等现象。

2. 绝缘拆装工具

新能源汽车上存在高电压、大电流的电路，因此新能源汽车上凡是涉及高压线束及零部件的拆装必须使用绝缘拆装工具。绝缘拆装工具是采用绝缘材料进行加工并适用于电气系统拆装等操作的使用工具，绝缘拆装工具必须装有耐压 1000V 以上的绝缘手柄。绝缘拆装工具套装一般包括绝缘套筒及其配件、绝缘扳手、绝缘螺钉旋具、内六角工具、手钳类及切割工具等。

3. 高压安全操作注意事项及规范

1）电动汽车维修操作人员必须持证上岗，需具备国家安监局颁发的《特种作业操作证（低压电工证）》。

2）未经过高压安全培训的维修人员，不允许对高压部件进行维护。维修新车型前，必须经过该公司培训，并通过考核。

3）高压部件修理与维护过程中，维修人员身上禁止带有手表、金属笔等金属物品。

4）车辆在充电过程中，不允许对高压部件进行拆装、维修等工作。雷雨天气时，禁止在室外对车辆进行充电、维修和维护工作。

5）电动汽车维修前必须进行高电压的终止及检验操作。当电压降至规定值以下时，才可以进行下一步的操作。

6）对高压部件进行作业前，必须确认车辆钥匙处于 LOCK 档位并将 12V 电源断开。

7）更换高压部件后，应测量搭铁是否良好。

8）电缆接口必须按照标准力矩拧紧，插接件锁止机构应到位。

9）维修时发现破损的电气设备应及时更换；更换熔断器时，必须选择同样规格的熔丝。

10）维修完毕后上电前，确认车辆无人操作。

第二节　高压电路的设计策略及故障处理

电动汽车的故障诊断思路如图 6-12 所示。电动汽车的故障处理同传统汽车故障处理的含义相似，而因为电动汽车构造的特殊性又在细节上与传统燃油汽车存在着差异。基本流程：首先应找到故障产生的部位；之后用相应的仪器进行测试，分析和研究故障产生的原因，推理验证故障的产生情况；然后进行维修，确认故障已经修复；最后进行试车，以检验故障修复的效果。

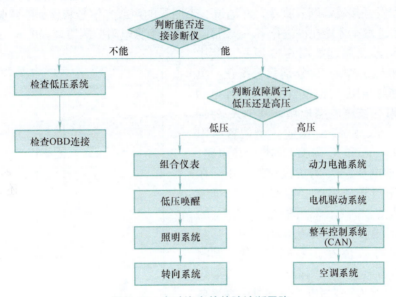

图 6-12　电动汽车的故障诊断思路

电动汽车与传统燃油汽车相比，主要采用了许多高压部件，如动力电池、电机及控制系统、电动压缩机、PTC 电加热器及充电系统等，这些部件在电动汽车的使用过程中可能同时或不同时存在高压电，为了保证电动汽车及人身的安全，必须对高压系统进行安全、合理的设计和必要的监控，以在发生异常情况下能得到及时、有效的处理。目前，电动汽车主要从以下几方面进行了安全设计和故障处理。

一、手动维修开关

在动力电池上，按照国家新能源汽车安全标准都会设计有一个串联的手动维修开关，用于人工切断整个动力电池的供电回路。当该开关被断开后，整车的高压部件将不再具有高电压，同时动力电池的总输出正负极端口也不再有高电压。需要注意的是，即使手动开关被断开，动力电池内的电池及其连接电路仍然在串联的位置还具有高电压！

手动维修开关由于能够在物理上直接切断动力电池的高压回路，所以汽车制造厂商都会将该开关设计有特殊的锁止结构，避免人为意外触发或者行驶中因为振动等因素断开。

需要注意的是，手动维修开关的断开方法一般会标示在开关上面，或者在车主的用户手册中。当断开维修开关时，动力电池的动力输出将立即中断。在操作上应当遵从以下流程：在断开电池的动力输出后，需等待 5min 才能接触高压部件。

二、绝缘性能监测及故障处理

为了保障电动汽车的使用安全及可靠运行，保证人员免遭触电风险，对电动汽车电气绝缘性能的实时监测是非常重要的。根据目前国际通用标准，电动汽车在设计时首先应确保绝缘电阻值大于 100 Ω/V，但随着汽车使用年限的增加，外部环境温度及湿度的变化，尤其是汽车发生碰撞、翻转等情况下，都有可能导致汽车高压电路与汽车底盘间的绝缘性能下降，这样的变化不但会影响汽车的运行，甚至有可能造成汽车火灾的发生或漏电的现象，直接影响汽车驾乘人员的生命安全。因此，当电池管理系统监测到绝缘电阻值低于规定值时，会通过整车控制器发送接触器断开指令，并通过一个明显的声或光信号装置提醒驾驶人，只有等该故障排除后，汽车才能允许进行下一次高压上电。绝缘电阻监测原理如图 6-13 所示。

绝缘电阻监测原理如图 6-13 所示，其中 U 为蓄电池电压，R_P 和 R_N 分别代表了正、负母线对地的绝缘电阻，虚线框图外部为纯电动汽车绝缘电阻的监测电路模型，其中 R_0 为标准偏置电阻，R_0、S_1 和 S_2 构成一个偏置电阻网络。R_1 和 R_2、R_3 和 R_4 构成了测量分压电路，U_P 为正极对地电压，U_N 为负极对地电压。在测量时，首先断开 S_1 和 S_2，获得正、负母线对地的电压值 U_P 和 U_N，然后根据 U_P 和 U_N 的大小来确定 R_0 是和 R_P 并联还是 R_N 并联。

如果所测的 U_P 值大于或等于 U_N 值，则闭合开关 S_1，断开开关 S_2，测得一组正、负母线对地电压值 U_P' 和 U_N'；由电路原理可得直流高压系统的绝缘电阻值 R_2 的计算公式，即

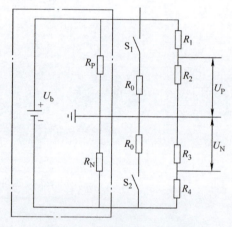

图 6-13 绝缘电阻监测原理

$$\frac{U_P}{R_P} = \frac{U_N}{R_N} \quad (1)$$

$$\frac{U_P'}{R_P // R_0} = \frac{U_N'}{R_N} \quad (2)$$

联立式（1）和式（2），解得 $R_N = (U_P U_N'/U_P' U_N - 1) R_0$，由于 $U_P \geqslant U_N$，则 $R_P \geqslant R_N$，故 R 取阻值较小的 R_N 即可。

同理，当所测的 U_P 值小于 U_N 值时，可得相应绝缘电阻值。

三、电压监测及故障处理

动力电池给电动汽车的高压部件提供了高电压、大电流的回路，但若是动力电池的电压过高或过低超过了规定值时，不但会损坏高压用电设备，长期使用还会严重降低电池使用寿命。因此，电动汽车的电路中专门设计了几个电压监测点，对高压电路系统的工作电压进行实时、准确的监测，一旦检测到电压过高或过低，电池管理系统和整车控制器会及

时切断相关回路并进行安全合理的故障处理，保障高压部件、动力电池和驾乘人员的安全。图 6-14 所示是北汽电动汽车在慢充时的电气控制原理图，其中检测点 1 和检测点 4 均为电压检测点，这两个检测点的作用是供电控制装置可通过这两个点的电压值来判断供电插头与供电插座是否完全连接。

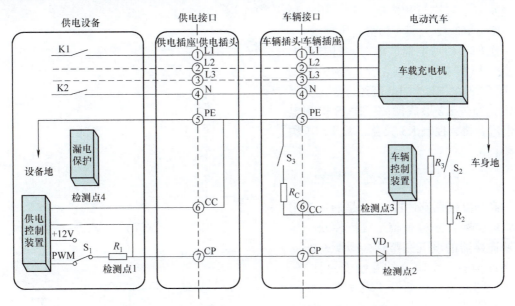

图 6-14　北汽电动汽车在慢充时的电气控制原理图

四、电流监测及故障处理

在电动汽车的运行过程中，动力电池的电流会随着道路环境及驾驶人操控的影响而发生不同的变化。例如当电流过大时，就会引起温度过分升高，不但会影响电池的寿命，还有可能引起异常的反应，危及汽车高压系统的安全。因此，设计时采用霍尔电流传感器（图 6-15）对动力电池的充放电电流进行实时监测，一旦检测到电流异常（超过规定值时），高压管理系统就会及时切断所有高压回路并发出声光报警，提示驾乘人员及时采取相应的措施。

图 6-15　霍尔电流传感器

五、高压接触器状态检测及故障处理

根据电动汽车整车设计策略，任何电动汽车在动力电池与外部高压回路之间都应配置高压接触器，这些高压接触器必须是可控的并有自我保护切断高压回路的功能，以保证在驾驶人无行驶意图或充电意图时，车辆除电池内部之外的高压系统是不带高压电的。只有当驾驶人将车辆钥匙打到 START 档或对动力电池进行充电时，接触器才可能会闭合。

当系统自检到存在安全事件时，如高压系统自检到部件的互锁开关断开、部件或高压电缆存在对车辆绝缘电阻过低、车辆发生过碰撞且安全气囊已弹出，则系统会根据自身设定的检验程序断开控制单元控制接触器，自动切断高压回路。此时整车除动力电池外，其他高压用电设备上就不再有高电压，也是安全的。

高压接触器的触点还可能会发生闭合或断开失效，这种情况下将有可能引起不正常的控制，严重时会给汽车和人身安全造成危险。因此设计时，高压管理系统应能对高压接触器触点状态进行安全有效的实时监控，当高压接触器触点发生闭合或断开失效故障时，会发出声光报警，提示操作人员根据故障的级别对故障进行相应的处理。图6-16中，K1、K2、K3、K4均为高压接触器。

例如当动力电池放电时，打开点火开关，VCU控制K1闭合，BMS控制K2闭合，动力电池的电流经过预充电阻限流，经过K2形成回路，BMS检测电压电流合格，控制K3吸合、断开，车辆起动。

六、高压互锁回路检测及故障处理

高压互锁回路（HVIL）是通过使用电气的信号，来检查整个高压模块、导线及连接器的电气完整性，即所有的高压部件构成一个闭合的互锁安全回路，若某处的高压互锁断开（表示某一高压部件的低压或高压连接断开），高压管理系统检测到某处连接断开或没有达到预期的可靠性时，高压管理系统将直接或通过整车控制器断开相应的高压接触器，切断动力电池的输出并发出声光报警，使高压无法上电，直到该故障完全排除，如图6-17所示。这个设计是针对高压电路连接的可靠程度提出的。

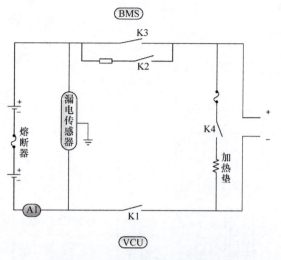

图6-16　高压接触器控制原理

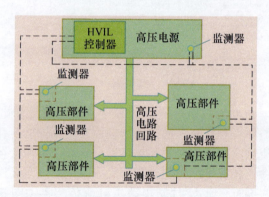

图6-17　高压互锁

七、充电检测及故障处理

充电时，整个驱动系统必须处于断电状态。电路设计的策略是当高压管理系统接收到有效的充电指令后，该系统首先检测驱动系统相关接触器是否处于断开状态，若处于断开状态，才闭合充电继电器。否则，充电继电器将不会闭合，且高压管理系统将发出声光报警以提示相关人员，直至故障排除。

第三节　动力电池系统常见故障及案例分析

动力电池是电动汽车的主要能量来源，动力电池系统是一个结构复杂的系统，它包括大量由单体电芯组成的电池模组、电池管理系统，以及多种传感器、高压继电器、线束及插接件构成的电气和结构组件等。在动力电池系统中，从故障发生的部位看，动力电池系统故障主要分为三类：单体电池故障、电池管理系统故障、线路或连接件故障。

一、单体电池故障

1）单体电池 SOC 偏低和单体电池 SOC 偏高。这两种情况的单体电池性能是正常的，无须更换。当单体电池 SOC 偏低时，应对该单体电池单独进行补充充电；当单体电池 SOC 偏高时，需对该单体电池进行单独补充放电。

2）单体电池容量不足和单体电池内阻偏大。单体电池容量不足会限制整个电池组的容量，进而影响车辆续驶里程；单体电池内阻偏大会严重影响电池的电化学性能，这两种故障会导致电池性能衰退严重，应立即更换。

3）单体电池内部短路或者外部短路。在剧烈的振动下，电池上的活性物质、接线柱、外部连线和焊点可能会折断或脱落，单体电池极性装反等原因都会造成单体电池内部短路或外部短路，这种故障非常严重，会影响行车安全，需立即排除。

二、电池管理系统故障

电池管理系统（BMS）通过对电压、电流及温度等电池性能参数进行实时监控采样，并将结果反馈给整车控制器，能完成动力电池系统的过电压、欠电压、过电流保护；继电器控制 SOC 和 SOH 的估算、充放电管理、均衡控制、故障报警及处理、与其他控制器通信、高压回路绝缘检测、热管理等多种功能。电池管理系统故障种类繁多，主要包括以下三类。

1）器件故障：如继电器、加热器或冷却系统损坏引起的故障；电池管理控制器自身故障等。

2）电池信息采集故障：如总电压测量故障、单体电压测量故障、温度测量故障、电流测量故障等。

3）线路损坏故障：如电池信息采样线破损、CAN 通信线路故障、电源线路故障等。

三、线路或连接件故障

电池箱和电动汽车的电气连接比较容易出现故障，在电动汽车运行过程中，由于车辆的振动使电插接器在经历长时间后容易产生虚接，出现易烧蚀、接触不良等故障；电池间的连接螺栓可能会出现松动，导致电池间接触电阻增大，发生电池间虚接故障；单体电池之间可能发生相对跳动，造成两电池间的连接片折断等。

四、动力电池系统故障维修案例分析

1. 故障现象

一辆 2017 款吉利帝豪 EV300 纯电动汽车 BMS 通信线路出现故障。

2. 基本检查程序

（1）完成车辆基本防护与检查（油、电、液）

经过检查后，确认油、液正常，蓄电池电压正常。

（2）连接故障诊断仪，读取故障信息

将点火开关置于 OFF 档，将诊断仪 BTXD001 连接至车辆诊断接口上，将点火开关置于 ON 档，启动诊断仪，用诊断仪读取并清除 DTC。读取到故障代码 U0AC47D，显示不能充电的原因是：A-CAN 总线故障。

3. 诊断步骤

电路简图如图 6-18 所示。

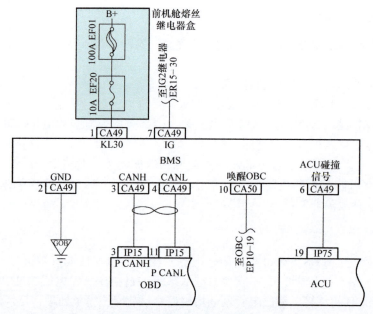

图 6-18 通信线路电路简图

（1）检查 BMS 的通信线路

操作点火开关使电源模式至 OFF 状态，断开 BMS 线束插接器 CA49（图 6-19），用万用表测量 BMS 线束插接器 CA49 端子 4 和诊断接口 IP15（图 6-20）端子 11 之间的电阻，以及 CA49 端子 3 和诊断接口 IP15 端子 3 之间的电阻，标准值应小于 1Ω；若不符合标准，应修理或更换线束；若符合，进行下一步。

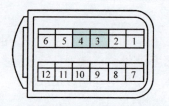

图 6-19 CA49 BMS-A 线束插接器

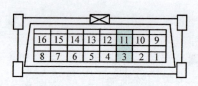

图 6-20 IP15 诊断接口

（2）进行 P-CAN 网络完整性检查

操作点火开关使电源模式至 OFF 状态，用万用表测量诊断接口 IP15 端子 3 和 11 之间的电阻，标准值应在 55~67.5Ω 之间；若不符合标准，优先排除 CAN 总线不完整故障；若符合，则进行下一步。

（3）更换 BMS

操作点火开关使电源模式至 OFF 状态，断开蓄电池负极电缆，拆卸维修开关，拆卸电池包，更换电池包 BMS，确认故障排除。

（4）故障排除

经过以上步骤排查后，系统正常，诊断结束。

第四节 动力总成系统常见故障及案例分析

电动汽车动力总成系统主要由整车控制系统、驱动电机及控制系统、自动变速器及控制系统组成。

一、整车控制器（VCU）

整车控制器是纯电动汽车电控系统的核心，它通过采集加速踏板信号、制动踏板信号及车辆其他部件信号，进行及时分析并做出相应判断，给予下层各部件控制器动作指令，驱动车辆正常行驶。整车控制器能实现车辆驱动控制、整车能量优化管理、制动能量回收控制、CAN网络的维护和管理、故障诊断和处理以及车辆状态监测等功能。整车控制器常见故障如下：

1）CAN通信故障。CAN线包括高压CANH和低压CANL线。常出现的故障有：由电源电压低引起控制器无法正常工作；节点故障，即某个电控单元本身有故障；链路故障，如CAN线短路或断路导致数据无法正常传输。

2）控制信号故障。如档位控制器信号故障、P档电机故障、P档电机控制器故障、加速踏板位置传感器故障、制动踏板位置传感器故障、漏电传感器或绝缘监测误报等。

3）整车控制系统电源故障。如DC/DC变换器故障、高低压线束断路或接插件损坏、高压互锁故障等。

二、驱动电机系统

驱动电机系统由驱动电机及电机控制器组成，是纯电动汽车动力总成系统的核心部件之一。电动机驱动系统的故障主要分为电机故障与电机控制器故障。

1. 电机故障

电机能将电能转换为机械能，是实现车辆驱动的关键部件，是典型的机电混合体，目前电动汽车上多采用永磁同步电机。此外，电机的运行还与其负载情况、环境因素等有关，因此电机故障要比其他设备的故障种类更多、更复杂。通常而言，电机故障可分为机械故障与电气故障。机械方面的主要故障有定子铁心损坏、转子铁心损坏、气隙、轴承损坏和转轴损坏，其故障现象为由振动、润滑不充分、转速过高、负载不平衡、过热而引起的磨损、压痕、腐蚀、电蚀、机械卡住和开裂等；电气方面的故障则主要是定子绕组故障与转子绕组故障，故障原因包括电动机绕组短路、断路、接地、接触不良、电源电压过高、过低或三相不平衡和鼠笼断条等。这些故障都可能造成电机起动困难或不起动、电机运行温度过高或电机运行时振动和噪声过大。

2. 电机控制器（MCU）故障

电机控制器连接在动力电池与驱动电机之间，进行能量传输，是电动汽车的核心部件之一。它还可以连接到整车的CAN总线上，与整车控制器、数字仪表板、动力电池管理系统等进行通信以交换数据，接收指令。它从整车控制器获得整车的需求，从动力电池获得电能，经过自身逆变器的调制，控制驱动电机电压、电流、频率等参数，使得电机的运行状态符合整车控制器的需要。由于内部结构的复杂性，电机控制器故障成为电机驱动系统故障的主要原因。电机控制器的故障主要包括以下几类。

1）电机控制器电源电路故障。例如高压配电箱及高压输入线故障、电机控制器低压工作电源电路故障、高压互锁检测电路等。

2）电机控制器及其搭铁故障。例如电机控制器各端子及内部输入电路、控制器的内部搭铁控制电路及外部搭铁故障，输入接地线故障，直流母线接地错误等。

3）IGBT故障。IGBT内部可能会出现整流二极管短路、直流侧电容短路、晶闸管短路等故障。

4）传感器电路故障。可能由于电机温度传感器、加速踏板位置传感器、制动踏板位置传感器等出现故障，导致出现温度超限报警、相电流过电流、过电压以及欠电压等高压电气系统故障。

三、自动变速器系统

自动变速器系统由机械变速器、换档执行机构及控制系统组成，是纯电动汽车动力总成系统的核心部件之一。该装置的故障主要出在机械、液压方面和传感器上面，此处不再赘述。

四、动力总成系统故障维修案例分析

1. 故障现象

一辆 2017 款吉利帝豪 EV300 纯电动汽车，点火开关打开后，驱动电机无法正常运行。

2. 基本检查程序

（1）完成车辆基本防护与检查（油、电、液）

经过检查后，确认油、液正常，蓄电池电压正常。

（2）连接故障诊断仪，读取故障信息

将点火开关置于 OFF 档，将诊断仪 BTXD001 连接至车辆诊断接口上，将点火开关置于 ON 档，启动诊断仪，用诊断仪读取和清除 DTC。读取到故障代码 P0A9000，显示驱动电机不能正常运行的原因是电流控制不合理，怀疑是驱动电机三相线束故障。

3. 诊断步骤

驱动电机与电机控制器三相线束连接简图如图 6-21 所示。

（1）检测驱动电机三相线束相互短路故障

将点火开关置于 OFF 档，断开蓄电池负极电缆，拆卸维修开关，断开驱动电机三相线束插接器 EP61，如图 6-22 所示，断开 PEU 三相线束插接器 EP62，如图 6-23 所示，分别用万用表测量 EP61 三个端子 1-2、2-3、1-3 相互之间的阻值，标准值应为 20kΩ 或更高：若测量值不符合标准，则应修理或更换线束；若符合，则进行下一步。

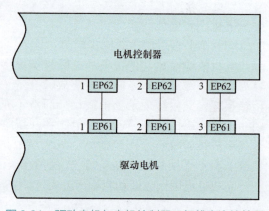

图 6-21 驱动电机与电机控制器三相线束连接简图

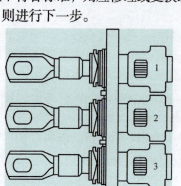

图 6-22 EP61 接电机总成线束插接器

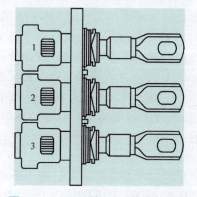

图 6-23 EP62 接 PEU 线束插接器

（2）检测驱动电机三相线束断路故障

将点火开关置于 OFF 档，断开蓄电池负极电缆，拆卸维修开关，断开驱动电机三相线束插接器 EP61、PEU 三相线束插接器 EP62，用万用表分别测量 EP61 和 EP62 三个对应端子 1-1、2-2、3-3 之间的阻值，标准值应小于 1Ω；若测量值不符合标准，则应修理或更换线束；若符合，则进行下一步。

（3）检测驱动电机三相线对地短路故障

将点火开关置于 OFF 档，断开蓄电池负极电缆，拆卸维修开关，断开驱动电机三相线束插接器 EP61、PEU 三相线束插接器 EP62，用万用表分别测量 EP61 三个端子 1、2、3 与车身接地之间的电阻，标准值应为 20kΩ 或更高；若测量值不符合标准，则应修理或更换线束；若符合，则进行下一步。

（4）更换电机控制器

将点火开关置于 OFF 档，断开蓄电池负极电缆，拆卸维修开关，更换电机控制器，确认故障是否排除。

（5）故障排除

经过以上步骤排查后，系统正常，诊断结束。

五、北汽 EV160 纯电动汽车无法起动的故障诊断

1. 故障现象

客户在早晨起动北汽 EV160 纯电动汽车时，发现车辆无法起动，同时组合仪表的蓄电池警告灯点亮。

2. 故障分析

北汽 EV160 蓄电池警告灯点亮，表示蓄电池电压过高、过低或 DC/DC 系统有故障。用诊断仪检测数据，接通起动开关显示 DC/DC 变换器无输出电压。北汽 EV160 的 DC/DC 变换器有一系列保护功能，避免因异常的电流、电压、温度等损坏设备。DC/DC 变换器输出的低压直流电作为工作电源供电给整车控制器、电池控制器、电机控制器等，是动力系统的重要部件，若 DC/DC 变换器不能输出足以驱动以上核心部件的工作电压，则会导致动力系统控制部件不能正常工作，出现车辆无法起动。

3. 故障诊断流程（端子及元件见图 6-24 和图 6-25）

1）使用诊断仪读取故障代码和数据流，主要读取并分析整车控制器（VCU）数据：供电电压，即直流母线电压实际值 U_1~U_3 的高压是否正常，动力电池系统数据是否正常。

2）使用万用表电压档测量低压蓄电池静态电压，并记录。若电压低于 9V，则更换蓄电池；若电压大于 12V，则进行下一步检查。

3）将点火开关旋转至起动档，测量低压蓄电池电压，若低压蓄电池电压未变化，则检查 DC/DC 变换器及相关线束，若电压上升至 13.8~14V，则检查蓄电池警告灯故障或 DC/DC 变换器低压控制端故障。

4）断开 DC/DC 变换器高压输入端接插件并检查。

观察高压输入端接插件是否存在破损或高压互锁短接端子是否退针，若接插件存在松动或退针，则更换接插件。

测量 DC/DC 变换器高压输入端线束侧接插件 B 脚和 A 脚（B 脚—电源正极；A 脚—电源负极；中间脚—高压互锁短接端子）是否有动力电池组输出电压。

测量 DC/DC 变换器低压控制端接插件 B 脚（电源状态信号输出）电压：若电压为 12V

高电平，则更换 DC/DC 变换器；若是低电平，则进行下一步检查。

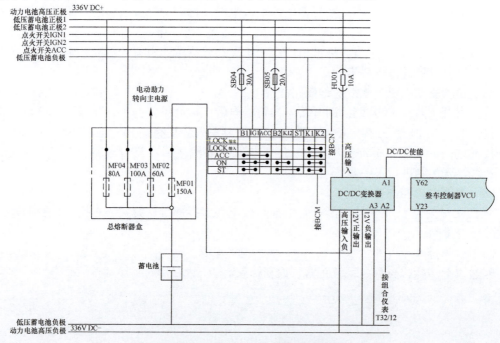

图 6-24　北汽 EV160 起动系统电路

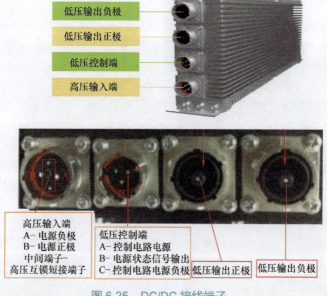

图 6-25　DC/DC 接线端子

5）断开 DC/DC 变换器低压控制端接插件并检查。

观察低压控制端接插件是否存在破损或者退针，若接插件存在松动或退针，则更换接插件。

测量 DC/DC 变换器低压控制端接插件 A（控制电路电源正极 12V）电源电压是否正常，若电压为 0~1V，则更换 DC/DC 变换器。

6）断开 DC/DC 变换器低压输出正极端接插件并检查。

观察低压输出正极端接插件是否存在破损或者退针，若接插件存在松动或退针，则更换接插件。

测量低压输出正极端电压是否为 13.8~14V，若电压低于该值，则更换 DC/DC 变换器。

7）维修后试车，恢复正常，清除故障代码。

> **维修心得**：故障维修从修理手册出发，依据电路图确定故障范围，对相关部件按照维修手册进行检查，然后通过排除法缩小范围，通过数据对比找到其主要问题，检查并解决问题。在本案例中应注意 DC/DC 变换器检查流程。

第五节　充电系统常见故障及案例分析

一、慢充系统常见故障

慢充系统包含的主要部件有外部供电设备、慢充口、慢充线束、车载充电机、高压控制盒、动力电池等。它能将 220V 单相交流电通过车载充电机整流变换为高压直流电，给动力电池充电。慢充系统常见故障有慢速充电口故障、充电连接确认线或充电控制确认线断路、低压供电及唤醒故障、车载充电机故障、电池管理系统（BMS）故障、高压互锁信号断路、绝缘监测误报、CAN 通信故障、动力电池组加热故障、高压保险熔断、高压插接器及线缆连接故障等。

二、快充系统常见故障

快充系统由快充桩、快充口、高压控制盒、动力电池及它们之间的连接线束组成。快充桩将外部 380V 交流电转化为高压直流电并通过充电枪送到快充口，快充口再通过线束将高压直流电送到高压控制盒，高压控制盒通过动力电池高压线束输送到动力电池，实现对动力电池的快速充电，一般在 0.5h 内可充至电池容量的 80%。快充系统的常见故障有快速充电口故障、充电连接确认线断路、充电控制确认线断路、低压辅助电源故障、低压唤醒故障、充电通信 CANL 或充电通信 CANH 故障、电池管理系统（BMS）故障、高压互锁信号断路、绝缘监测误报、动力电池组加热故障、搭铁点搭铁不良、熔丝损坏、高压控制盒或电子电力箱故障等。

三、充电系统故障维修案例分析

1. 故障现象

一辆 2017 款吉利帝豪 EV300 纯电动汽车无法快速充电。

2. 基本检查程序

（1）完成车辆基本防护与检查（油、电、液）

经过检查后，确认油、液正常，蓄电池电压正常。

（2）连接故障诊断仪，读取故障信息

将点火开关置于 OFF 档，将诊断仪 BTXD001 连接至车辆诊断接口上，将点火开关置于 ON 档，启动诊断仪，用诊断仪读取和清除 DTC。读取到故障代码 P21E023，显示不能充电的原因是 CC 硬件信号异常。

3. 诊断步骤

快充系统电路简图如图 6-26 所示。

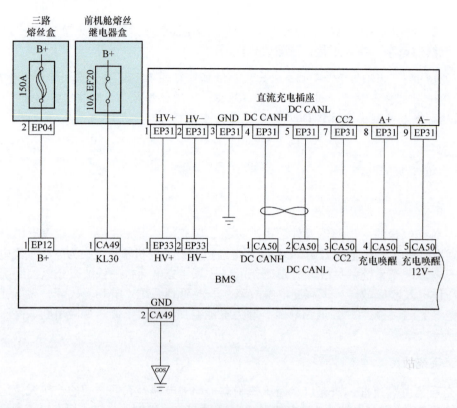

图 6-26　快充系统电路简图

（1）检查充电枪与充电口插针是否松动

将点火开关置于 OFF 档，拆卸维修开关，检查充电枪插针或充电口插针是否松动；若有松动，则更换故障的充电枪或充电口；若没有，则进行下一步。

（2）检查 BMS 与直流充电口之间的 CC 信号线

将点火开关置于 OFF 档，拆卸维修开关，断开 BMS-B 线束插接器 CA50（图 6-27），断开直流充电插座线束插接器 EP31（图 6-28），用万用表测量 CA50 端子 3 和 EP31 端子 7 之间的电阻，标准值应小于 1Ω；若不符合标准，则应修理或更换线束；若符合，则进行下一步。

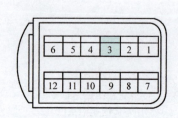

图 6-27　BMS-B 线束插接器 CA50

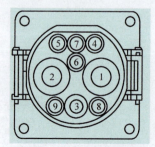

图 6-28　直流充电插座线束插接器 EP31

（3）检查 BMS 电源线路

将点火开关置于 OFF 档，断开 BMS-A 线束插接器 CA49（图 6-29），将点火开关置于 ON 档，用万用表测量 BMS 线束插接器 CA49 的 1 号端子和车身可靠接地之间的电压，标准值应为 11~14V，用万用表测量 BMS 线束插接器 CA49 的 7 号端子和车身可靠接地之间的电压，标准值应为 11~14V；若不符合标准，则应修理或更换线束；若符合，则进行下一步。

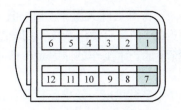

图 6-29　CA49 BMS-A 线束插接器

（4）检查 BMS 接地线路

将点火开关置于 OFF 档，断开 BMS 线束插接器 CA49，用万用表测量 BMS 线束插接器 CA49 的 2 号端子和车身可靠接地之间的电阻，标准值应小于 1Ω；若不符合标准，则应修理或更换线束；若符合，则进行下一步。

（5）更换 BMS。

将点火开关置于 OFF 档，断开蓄电池负极电缆，拆卸电池包，更换电池包 BMS，确认故障是否排除。若没有，则更换直流充电接口。

（6）故障排除

经过以上步骤排查后，系统正常，诊断结束。

第六节　空调系统常见故障及案例分析

空调系统故障主要表现为制冷系统不工作或工作不正常，制热系统不工作或工作不正常，可能的原因有以下几方面：

1）CAN 通信故障。空调控制器在压缩机运行过程中会不断接收来自 CAN 总线信息，若在 5s 内未接收到有效的 CAN 指令，则判定为 CAN 通信故障，压缩机将执行停机操作。

2）过电压故障。当空调控制器输入电压大于设定值时，控制器通过 CAN 总线将上报过电压故障。

3）欠电压故障。当空调控制器输入电压低于设定值时，控制器通过 CAN 总线将上报欠电压故障。

4）过电流保护。当控制器在运行过程中，若由于某种原因造成系统输出相电流变大达到硬件设定值时，控制器立刻停止运行，并通过 CAN 总线上报过电流故障信息。

5）过热报警。控制器通过温度传感器可以实时监测工作温度。当工作温度大于 90℃ 时，控制器将停止压缩机工作并通过 CAN 总线上报过热报警信息。

6）线路故障。由于通电回路中的电线出现短路、断路或搭铁等故障，导致空调系统出现故障。

一、吉利帝豪纯电动汽车电动空调系统案例分析

一辆 2017 款吉利帝豪 EV300 纯电动汽车，点火开关打开后，空调系统不能正常工作。

1. 基本检查程序

（1）完成车辆基本防护与检查（油、电、液）

经过检查后，确认油、液正常，蓄电池电压正常。

（2）连接故障诊断仪，读取故障信息

将点火开关置于 OFF 档，将诊断仪 BTXD001 连接至车辆诊断接口上，将点火开关置于 ON 档，启动诊断仪，用诊断仪读取和清除 DTC。读取到故障代码 P150316，显示空调系统不能正常工作的原因是冷却时进水口温度过高。

2. 诊断步骤

空调供电系统电路简图如图 6-30 所示。

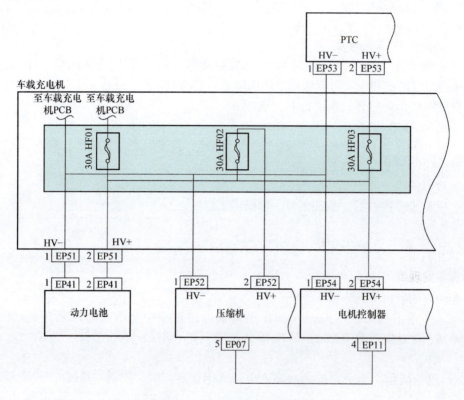

图 6-30　空调供电系统电路简图

（1）检查车载充电机内部熔断器

操作启动开关，使电源模式至 OFF 状态，断开蓄电池负极电缆，拆卸维修开关，拆卸车载充电机盒上盖，用万用表测量车载充电机盒熔断器 HF02、HF03 两端的电阻，标准值应小于 1Ω；若测量值不符合标准，应检修熔断器，则更换同等规格的熔断器；若符合，则进行下一步。

（2）检查 PTC、压缩机与车载充电机之间的线路

操作启动开关，使电源模式至 OFF 状态，断开 PTC 线束插接器 EP53（图 6-31）、压缩机线束插接器 EP52（图 6-32），用万用表分别测量 EP53 和 EP52 两个对应端子 1-1、2-2 之间的电阻值，标准值应小于 1Ω；若测量值不符合标准，则应修理或更换线束；若符合，则进行下一步。

（3）更换 PTC

操作启动开关，使电源模式至 OFF 状态，断开蓄电池负极电缆，更换 PTC：若系统正常，则诊断结束；若不正常，则进行下一步。

第六章 新能源汽车的维修技术

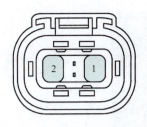

图 6-31 PTC 线束插接器 EP53

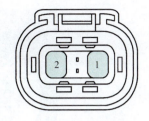

图 6-32 压缩机线束插接器 EP52

（4）更换压缩机

操作启动开关，使电源模式至 OFF 状态，断开蓄电池负极电缆，更换压缩机：若系统正常，则诊断结束；若不正常，则进行下一步。

（5）更换车载充电机

操作启动开关，使电源模式至 OFF 状态，断开蓄电池负极电缆，更换车载充电机，若系统正常，则诊断结束。

经过以上步骤排查后，系统正常，诊断结束。

二、北汽纯电动汽车电动空调系统案例分析

1. 故障现象

一辆北汽 EV160 纯电动汽车，把点火开关旋至 ON 档，打开空调 A/C 开关，风量开至最大，观察发现鼓风机工作正常，但无冷风，汽车仪表无高压绝缘性故障报警。

2. 基本检查程序

通过进一步检查，发现空调压缩机不工作，初步判断为空调压缩机或其控制系统的问题，决定对空调压缩机及其控制线路进行诊断，查找故障原因，并修复排除故障。北汽 EV160 纯电动汽车的空调压缩机是空调制冷系统制冷剂循环的动力，它由高压电驱动，压缩机控制器安装在压缩机上，受整车控制器 VCU 控制。压缩机的高压上电受到低压控制系统控制，空调压缩机高压电不能上电，无法正常工作，多是由于低压控制系统的故障引起的，因此，空调压缩机的电气故障诊断重点从低压电路控制系统着手。北汽 EV160 纯电动汽车空调系统控制电路的原理及压缩机的结构如图 6-33 和图 6-34 所示。

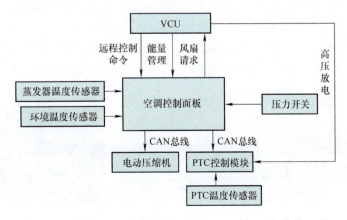

图 6-33 北汽 EV160 纯电动汽车空调系统控制电路的原理

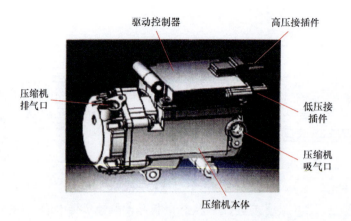

图6-34　北汽EV160纯电动汽车空调电动压缩机的结构

3. 诊断步骤

北汽EV160汽车空调电动压缩机电路简图如图6-35所示。

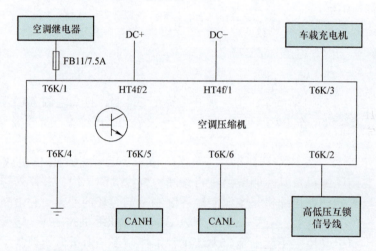

图6-35　北汽EV160汽车空调电动压缩机电路简图

（1）拆卸空调压缩机低压插接器和高压插接器

压缩机维修诊断涉及高压电，维修人员要有相应的高压从业资格证，并且要穿橡胶绝缘鞋，戴绝缘手套，严格按照高压电的操作规范操作才能确保人身安全。将点火开关处于OFF状态，举升汽车，拆下空调压缩机低压线束插接器T6K（图6-36），识别高压线束插接器HT4f（图6-37），其中高压端子B与DC+对应，为高压电源正极，A与DC-对应，为高压电源负极。

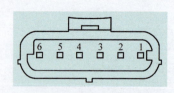

图6-36　空调压缩机低压线束插接器T6K

图6-37　空调压缩机高压线束插接器HT4f

（2）搭铁线的测量

用万用表测量低压插接器 4 号脚与车身之间的电阻，其正常电阻值应不超过 1Ω。如果电阻无穷大，则故障为搭铁线断路。若搭铁线有故障，则压缩机控制器无法控制压缩机工作。

（3）CAN 总线电阻的测量

用万用表测量低压插接器 5 号脚与 6 号脚之间的电阻，其正常电阻值约 60Ω。若电阻为无穷大，则故障为 CAN 总线断路；若电阻接近于零，则可能为 CANH 与 CANL 短路或与其连接的相关部件有短路现象。

（4）CAN 总线的搭铁短路测量

用万用表分别测量低压插接器 5 号脚与车身、6 号脚与车身之间的电阻，电阻值应为无穷大，若电阻接近于零，则说明故障为导线有搭铁现象。导线搭铁短路的原因往往是由导线绝缘胶老化、磨损导致导线的金属直接与车身相通。

（5）高压互锁信号线的测量

用万用表测量空调压缩机低压接口内部 2 号脚与 3 号脚之间的电阻，电阻值应小于 1Ω。如果电阻值为无穷大，则说明故障为互锁信号线断路。

（6）12V 低压电源线测量

将点火开关旋至 ON 档，用万用表测量低压插接器 1 号脚的直流电压，电压值应为 9~14V。如果测得电压为零，则检查 FB11/7.5A 熔丝、空调继电器，若熔丝及继电器良好，那么应检查低压连接器 1 号脚与 FBI1/7.5A 熔丝之间是否断路。

（7）空调压缩机高压线 A、B 线电流的测量

连接空调压缩机低压插接器，把点火开关旋至 ON 档，打开空调 A/C 开关，把风量开至最大，用数字钳形表分别测量 A 线和 B 线的电流，电流值应为 1~1.5A，若电流值为零，检查动力电池高压线插接器以及高压控制盒高压线束插接器，如果插接器正常，则空调压缩机内部控制器故障。

（8）修复及检验

对检查出的故障点进行修复或更换元件，连接空调压缩机高压插接器与低压插接器，装复蓄电池负极，确保各元件连接正常。将点火开关旋至 ON 档，打开空调 A/C 开关，将风量开至最大，空调系统应工作正常；用压力表组测量空调系统高低管路压力，低压为 0.25~0.35MPa，高压为 1.3~1.5MPa。不开空调时，系统低压侧与高压侧压力平衡，压力约为 0.6MPa。

三、比亚迪秦混合动力汽车空调故障案例

一辆比亚迪秦混合动力汽车，在上 OK 档电时出现发动机会起动一下，后自动切换回 EV 模式，空调不制冷，且此时电动压缩机不工作，机械压缩机能工作。

比亚迪秦车型采用双压缩机，包括一个机械压缩机和一个电动压缩机，空调主要零部件位置如图 6-38 所示。

比亚迪秦空调系统故障诊断流程如下：

1. 空调不制冷

1）EV 模式以及 HEV 模式都不制冷（电动压缩机、机械压缩机都不工作）：整车上 OK 档电，用诊断仪 ED400 读取到"空调控制器故障代码"。

① 出现"B2A2F 空调管路压力故障"：用诊断仪查看"空调控制器系统压力值"，"若系统压力 > 3.2MPa 或 < 0.25MPa"，则检查相应的管路；若管路无故障，则重新加注制冷剂，制冷剂加注量为 620g。注：正常情况下，压缩机没开启时的压力为 0.65~0.75MPa。

图 6-38 比亚迪秦空调主要零部件位置示意图

② 若出现 "B2A2D 主控制器控制的鼓风机故障",则排查鼓风机线路及熔丝。

③ 若出现 "B2A24 蒸发器温度传感器断路" 或 "B2A25 蒸发器温度传感器短路",则排查蒸发器传感器线路。

④ 若出现 "操作空调按键无响应",则查看空调熔丝。

2)电动压缩机不工作,机械压缩机能工作

① 在上 OK 档电时出现发动机会起动一下,后自动切换回 EV 模式。用绝缘测试仪测量电动压缩机和 PTC 水加热器的绝缘电阻,若其中有一个模块的绝缘电阻小于 10MΩ,则更换绝缘电阻小于 10MΩ 的零部件。

② 上 OK 档电开空调起动发动机或关闭空调自动切换回 EV 模式:通过空调自诊断(同时按下 "AUTO" 和 "OFF" 按键持续 3s 以上),查看屏幕上显示的故障码:若显示数字为 "70",则检查高压电池管理器(高压 BMS);若显示数字为 "71",则检查到电动压缩机这路高压插接件是否对接好;若显示数字为 "71" "60",则检查电动压缩机低压插接件是否对接好或低压线束是否有问题;若显示数字为 "72",则检查到 PTC 水加热器这路高压插接件是否对接好;若显示数字为 "72" "61",则检查电动压缩机低压插接件是否对接好或低压线束是否有问题;若显示数字为 "71" "72",则检查高压配电箱里面的空调保险;若显示数字为 "71" "72" "60" "61",则检查电动压缩机及 PTC 水加热器的低压插接件及线路。

③ 若用诊断仪检查到电动压缩机里面有 B2AB0(电流采样电路故障)、B2AB1(电机缺相故障)、B2AB2(IPM/IGBT 故障)、B2AB3(内部温度传感器故障)等故障代码中的任何一个或多个,更换相应故障模块。

④ 电动压缩机一直尝试起动:

a. 若电动压缩机尝试起动压力偏高,且有间隙性制冷效果,检查电子风扇是否工作。

b. 若电动压缩机一直尝试起动,且报 B2AB5(起动失败故障)、电动压缩机转速小于 1000r/min,则检查电动压缩机进气、排气管路是否扭曲。若无扭曲,则更换电动压缩机。若更换电动压缩机后故障还存在,则更换电动压缩机排气管。

3)电动压缩机能工作,机械压缩机不能工作:

① 检查机械压缩机的低压插接件和线束是否有问题。
② 检查机械压缩机管路是否正常，压缩机本身是否抱死等。

2. EV 模式下不能采暖，HEV 模式下能正常采暖

1）若开 PTC 时出现，发动机会起动一下，后自动切换回 EV 模式；用绝缘电阻测试仪测试电动压缩机和 PTC 水加热器的绝缘电阻，若有模块的绝缘电阻小于 10MΩ，则更换此部件。

2）若自诊断无故障代码，则 PTC 能正常工作，但不吹暖风，排查 PTC 水道管路或电动水泵是否故障。

3. 其他问题

EV 模式能正常制冷、HEV 模式吹热风且报 B2A2B 故障代码（主驾驶侧冷暖电动机故障），检查线束（冷暖混合控制电动机—空调控制器、冷暖混合控制电动机—车身地）是否短路，且还要检查冷暖电动机。

> **维修心得**：在维修过程中，很多时候不能只依照常规进行诊断维修，还要参照厂方最新的技术规范，才能检查全面且不留下安全隐患。

第七节　混合动力电动汽车常见故障及案例分析

相对于传统燃油汽车，混合动力汽车在传统燃油汽车的基础上增加了一套电力驱动系统，这使得汽车无论是在构造上还是在电控系统上均变得更加复杂。另外，为了实现低油耗和低排放的目标，混合动力汽车增加了新的功能，与此相应也会增加新的传感器、执行器等部件。若系统中的任何一个器件出了故障，则都可能会导致整个系统运行出现问题，轻者致使汽车性能严重下降或不能起动，重者导致重大的安全事故。因此，对于混合动力汽车来说，故障的种类更多，尤其是电路方面的故障概率越来越高，为维修人员的检测与维修增加较大的难度。

一、混合动力汽车的常见故障

混合动力汽车动力系统主要由控制系统、驱动系统、辅助动力系统和电池组等部分构成，具体包括传统汽车的发动机、变速器、传动系统、油路、油箱等，也包括电动汽车的电池、电机、控制电路等。常见故障如下：

1）电池故障。整车控制器、电池控制器、相关监测单元、电池组、电池管理系统等多个方面都可能出现故障。

2）执行器故障。执行器进行的是控制操作，控制信号是输出信号，ECU 向执行器发出一个控制信号，执行器要有一条专用回路向 ECU 反馈其执行情况。当 ECU 得不到反馈信号或与期望值不符合时，便认为该执行器已经不能正常工作。

3）传感器故障。传感器故障类型主要有对地短路、对电源短路、传感器性能不佳或损坏等。

4）CAN 通信故障。包括总线关闭故障，即控制器不能和总线进行正常的通信；数据帧发送超时故障，即在特定时间内，CAN 数据帧没有发送出去；信号错误，即通信过程中出现信号传输错误。

5）控制器本身故障。各控制器自身出现了故障或损坏。

6）充电机故障。混合动力汽车的充电机与电池管理系统相连,既可以是车载充电机,也可以是车外独立充电,车载充电机、充电接口或它们之间的连接线都有可能出现故障。

7）转矩检测故障。混合动力系统控制器本身通过对两个动力源进行能量的合理分配来达到优化排放和油耗的目的,转矩检测故障主要是用来检测系统的需求转矩和实际的输出转矩之差是否能够维持在一个比较合理的范围。

二、漏电传感器故障案例

漏电传感器的功能是检测车辆高压系统的绝缘阻抗,并根据绝缘阻抗的不同程度输出两级水平保护信号。图 6-39 所示为比亚迪秦汽车上的漏电传感器线束连接。

一辆比亚迪秦混合动力汽车,OK 档上电,显示 SOC 为 83%,发动机起动,无法使用 EV 模式,动力系统故障灯亮,仪表提示"请检查动力系统"。

1. 诊断流程

把车开进维修间,检查起动电池电压及整车低压线束供电是否正常。标准电压值为 11~14V,如果电压值低于 11V,在进行下一步之前进行充电、更换起动电池或检查整车低压线束。对接好插接件,整车 ON 档上电,进入电池管理控制器故障代码诊断。读取到漏电传感器失效故障或与漏电传感器通信故障。

2. 故障排查

1）用诊断仪读取整车各模块软硬件版本号、整车故障代码并记录。

2）清除整车故障代码后对车辆重新上电。

3）用诊断仪读取高压电源管理器数据流,显示电池组漏电状态:严重漏电。

4）车辆 ON 档上电,诊断仪读取高压电池管理器数据分压接触器状态,显示为断开,进行下一步操作。漏电传感器的引脚排列及定义如图 6-40 所示。

5）将漏电传感器低压接插件拔下,漏电故障消除,插上后漏电出现。

6）断开漏电传感器的绝缘母线引出端子,依旧报"严重漏电故障"。

3. 结论

漏电传感器故障,更换漏电传感器后,车辆恢复正常。

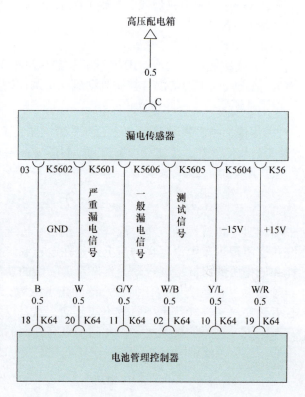

图 6-39 比亚迪秦汽车上的漏电传感器线束连接

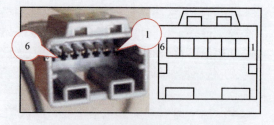

图 6-40 漏电传感器引脚排列及定义

1——一般漏电信号　2——严重漏电信号　3——GND
4——+15V 电源　5——-15V 电源　6——自检信号

三、IGBT 温度高导致无 EV 模式案例

一台比亚迪秦满电状态下 EV 模式行驶几分钟后，突然自动切换到 HEV 模式，人为也无法再切回 EV 模式，仪表没有故障提示。

1. 原因分析

在电机控制器与直流总成内部，有三组单元在工作时会产生热量，分别为 IPM（控制器内部智能功率控制模块）、IGBT（电机驱动模块）、电感。因此，在电机控制器与直流总成内部有相应的水道对这三个部分进行冷却。导致 IGBT 高温报警的原因有电机冷却系统防冻液不足或有空气、电机电动水泵不工作、电机散热器堵塞、驱动电机控制及直流总成本身故障。

2. 维修步骤

1）使用 ED400 或 VDS1000 读取到在车辆切换 HEV 模式瞬间，驱动电机控制器中的 IGBT 温度达到 102℃，而此时电机冷却液温度、电机温度、IMP 温度分别为 50℃、60℃、72℃；故确认为 IGBT 温度过高导致无 EV 模式。

2）检查电机冷却系统，电动水泵可以正常工作。

3）进一步检查发现，冷却液流动不明显、循环不畅，造成电机控制器得不到有效冷却，致使 IGBT 温度迅速上升。

4）仔细检查冷却系统发现，发动机散热器进水管与电机散热器进水管接反，重新装配好试车，故障排除。

3. 维修小结

通过数据分析可以准确确认电机控制器及直流总成内部零部件的工作温度。因秦车型冷却循环连接较为复杂，若报 IGBT 温度过高，除重点检查冷却系统是否有空气、冷却液是否充足等外，还特别注意检查水管是否接错。

四、电机控制器故障案例

一辆比亚迪秦上电后 OK 灯点亮，SOC 为 83%，EV 模式行驶中自动切换到 HEV 模式，发动机起动，无法使用 EV 模式，仪表提示：请检查动力系统。

1. 原因分析

比亚迪秦的电机控制器通过采集加速踏板位置、制动踏板、档位、模式等信号，控制动力输出并具有多种功能，如遥控驾驶、回馈充电、行车发电、巡航控制等。当比亚迪秦汽车电机控制器出现故障时，整车通常表现为无 EV 模式，仪表报"请检查动力系统"，检测故障时，需用诊断仪进入"电机控制器"模块读取数据流，有两种情况：一种为系统无应答，需要进行全面诊断；另一种为可进入相应模块读取相应故障代码，此时根据相应故障代码进行诊断。

2. 故障排查

1）用诊断仪读取整车各模块软硬件版本号、整车故障代码并记录。

2）清除整车故障代码后对车辆重新上电。

3）试车故障再次出现读取数据流，驱动电机控制器报：P1B1100（旋变故障—信号丢失）、P1B1300（旋变故障—信号幅值减弱）。

4）在电机控制器 62Pin 插接件线束端，分别测量电机旋变阻值，参考标准：正弦 B21-45 与 B21-30 两脚阻值为（14±4）Ω、余弦 B21-46 与 B21-31 两脚阻值为（14±4）Ω、励磁 B21-44 与 B21-29 两脚阻值为（8.1±2）Ω。结果正常。

5）检查电机控制器 62Pin 接插件端子、旋变小线端子，结果正常。

6）更换电机控制器与直流总成后，车辆恢复正常。

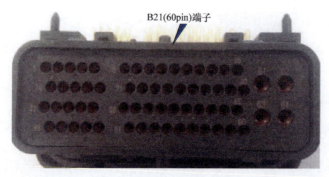

图 6-41　B21 接插件端子

参考阅读：新能源汽车维修工具

1. 汽车专用万用表

万用表是三用表约定俗成的叫法。所谓三用，一般指测电阻、交直流电流（但是一般指针式万用表只能测直流电流，而数字式万用表交直流都可以测试）和交直流电压。新能源汽车维修采用高阻抗的汽车专用万用表。

2. 专用调试电源

1）专用调试电源可替代电池，其优点有 36V、48V 通用，具有短路保护、过电流保护，当电动汽车电路有短路现象时，不会引起线路燃烧，控制器正负极接反时也不会损坏控制器。

2）电动汽车性能检测仪能检测出电动汽车和充电器的主要性能参数（8 项参数），初步确定电动汽车和充电器是否有故障以及故障的范围，而且不用拆卸一个螺钉。可以测量电机的空转的电流、电动汽车的行驶电流、电动汽车的起动电流、控制器的欠电压保护，以及充电器的低压/高压/充电电流等。

3）WS-1F 无刷驱动系统检测配线仪是一台智能化的多功能仪器。它集位置传感器（霍尔）检测、电机电角度（60°、120°）检测、电机线圈检测、电机功率检测、无刷控制器检测（60°、120°）等功能于一体，最实用的功能是可准确快速地完成控制器与电机的自动配线（15s 左右），并且显示出来，更换一个无刷控制器只需 5min。

3. 钳形电流表

如图 6-42 所示，钳形电流表的工作部分主要由一只电流表和穿心式电流互感器组成，穿心式电流互感器铁心制成活动开口，且呈钳形，故名钳形电流表。它是一种不需断开电路就可直接测电路交流电流的携带式仪表。当握紧钳形电流表扳手时，电流互感器的铁心可以张开，被测电流的导线进入钳口内部作为电流互感器的一次绕组。在新能源汽车维修与诊断时，经常会需要测量驱动系统的导线（如逆变器与电机之间）中的交变电流，这时可使用钳形电流表进行间接测量。

4. 绝缘电阻测试仪

新能源汽车在电气安全设计方面有一项核心内容，即需要对高压电气系统相对车辆底盘的电气绝缘性能进行实时检测。电气绝缘性能检测时需要使用专用的绝缘测试仪器，以测量高压电缆及零部件对车身的绝缘电阻是否位于规定值范围内。选用绝缘电阻测试仪时，规定绝缘电阻表的电压等级应高于被测物的绝缘电压等级。图 6-43 所示是北京运华科技公司研发的新能源汽车高压测量仪，它不但能测量新能源汽车高压系统的高电压，也可用于测量绝缘电阻，还适用于现场电力设备以及供电线路的测量和检修。

图 6-42　钳形电流表

图 6-43　新能源汽车高压测量仪

5. 故障诊断仪

汽车故障诊断仪是一种能对汽车故障进行检测和诊断的专业仪器，也称为解码器、故障扫描仪等，能实时检测和诊断车辆故障，并对车辆故障的解决方法提供帮助，同时也能进行车辆的日常检测，实时掌握车辆的状况和性能。不同车型采用的诊断仪器不同，诊断仪器应能与被检测车辆的控制模块（车载电脑）通信。图 6-44 所示为北汽新能源汽车故障诊断仪。

6. 维修工位布置

新能源汽车维修时必须具有单独的高压维修专用工位，采用特殊的颜色与其他工位进行区分。如图 6-45 所示，维修作业前需铺设绝缘地垫和设置安全隔离警示；维修工位上必须配有安全防护用品和干粉灭火器；维修时要设监督人员并避免无关人员靠近。

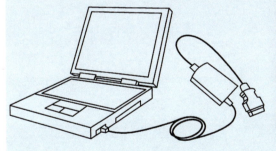

图 6-44　北汽新能源汽车故障诊断仪

图 6-45　新能源汽车维修场地围蔽

课后思考题

1. 电动汽车蓄电池经常没电的原因有哪些？
2. 作为电动汽车的重要部件，驱动电机不转的原因有哪些？
3. 电动汽车的高压电路有什么特点？维修时应注意哪些问题？
4. 总结电动汽车动力系统故障的分析思路。
5. 学习高压互锁故障案例，从中你有什么体会？
6. 对于一辆吉利帝豪EV300纯电动汽车，报冷却时温度过高，找出其故障原因，并谈谈从中的收获。
7. 查阅一款电动汽车的维修资料，总结其动力系统保养维修规范。

参考文献

[1] 殷承良,张建龙.新能源汽车整车设计:典型车型与结构[M].上海:上海科学技术出版社,2013.
[2] 张舟云,贡俊.新能源汽车电机技术与应用[M].上海:上海科学技术出版社,2012.
[3] 赵振宁,王慧怡.新能源汽车技术[M].北京:人民交通出版社,2013.
[4] 石川宪二.新能源汽车技术及其未来[M].康龙云,余开江,译.北京:科学出版社,2012.
[5] 中国汽车技术研究中心,北京国能赢创能源信息技术有限公司,节能与新能源汽车年鉴编制办公室.节能与新能源汽车年鉴2012[M].北京:中国经济出版社,2012.
[6] 崔胜民,韩家军.新能源汽车概论[M].北京:北京大学出版社,2011.
[7] 赵航,史广奎.混合动力电动汽车技术[M].北京:机械工业出版社,2012.
[8] 陈清泉,孙逢春,祝嘉光.现代电动汽车技术[M].北京:北京理工大学出版社,2002.
[9] 余志生.汽车理论[M].4版.北京:机械工业出版社,2006.
[10] 陈家瑞.汽车构造[M].5版.北京:机械工业出版社,2009.
[11] HUSAIN IQBAL.纯电动及混合动力汽车设计基础[M].林程,译.北京:机械工业出版社,2012.
[12] 王文伟,毕荣华.电动汽车技术基础[M].北京:机械工业出版社,2010.
[13] 陈全世,仇斌,谢起成等.燃料电池电动汽车[M].北京:清华大学出版社,2005.
[14] 郑为民.汽车零部件检测与维修[M].北京:化学工业出版社,2013.
[15] 崔胜民.新能源汽车技术解析[M].北京:化学工业出版社,2016.
[16] EHSANI MEHRDAD,GAO YIMIN,EMADI ALI.现代电动汽车、混合动力汽车和燃料电池汽车——基本原理、理论和设计[M].倪光正,倪培宏,熊素铭,译.北京:机械工业出版社,2018.